Ulrich Sailer (Hrsg.)   Nachhaltige Unternehmensführung

Ulrich Sailer (Hrsg.)

Nachhaltige Unternehmensführung

Aktuelle Fragen zur Umsetzung der Nachhaltigkeit

Bibliografische Information der Deutschen Nationalbibliothek:

Die Deutsche Nationalbibliothek verzeichnet diese Publikation in der Deutschen Nationalbibliografie; detaillierte bibliografische Daten sind im Internet über http://dnb.dnb.de abrufbar.

Herstellung und Verlag:
BoD – Books on Demand, Norderstedt

ISBN: 978-3-7347-8400-2

Vorwort des Herausgebers

Wie funktioniert eigentlich Nachhaltigkeit im Unternehmen und wie wird ein Unternehmen nachhaltig geführt? Hierzu existieren eine Vielzahl sehr unterschiedlicher Tools, Methoden, Standards, Kodizes und Überzeugungen. Manches ist dabei gesetzlich verpflichtend, manches wird gesellschaftlich erwartet, anderes wünschen Kunden und wieder anderes ist dem Management und den Mitarbeitern wichtig. Die Volkswirtschaft und ganze Branchen verändern sich durch die Nachhaltigkeit, vor allem große Unternehmen berichten umfassend über ihr Engagement, sämtliche Beratungs- und vor allem Wirtschaftsprüfungsgesellschaften weisen „Sustainability"-Geschäftsfelder aus und schließlich bieten auch die örtlichen Handwerker eine ganze Reihe umweltfreundliche Produkte und Dienstleistungen an. Nicht wenige Hochschulen integrieren die Nachhaltigkeit in die Ausbildung und im Betriebswirtschaftsstudium wird in Ethikkursen über anständiges Management diskutiert. Trotz der immer wieder vorgetragenen Kritik, dass der Begriff der Nachhaltigkeit nicht klar definiert sei oder dieser gar eine fragwürdige wissenschaftliche Kategorie darstelle, ist die Nachhaltigkeit in der Gesellschaft und in der Wirtschaft längst angekommen.

Zu vielen grundlegenden Fragen des Nachhaltigkeitsmanagements gibt es überraschenderweise noch keine oder zumindest keine befriedigenden Antworten. Hierbei handelt es sich oftmals um ganz naheliegende Fragen, etwa derart: Geht die Nachhaltigkeit zu Lasten des wirtschaftlichen Erfolgs? Sind Kunden in großer Zahl tatsächlich auch bereit, für nachhaltige Produkte mehr zu bezahlen? Wenn jedes Unternehmen etwas weniger Ressourcen einsetzt und etwas weniger Emissionen verursacht, ist das zwar gut, leistet dies aber einen nennenswerten Beitrag zur Abwehr des Klimawandels und der Ressourcenverknappung? Kann man der Nachhaltigkeitsberichterstattung der Unternehmen überhaupt vertrauen oder ist dies zum großen Teil nur Greenwashing? Kann ein Kunde beim täglichen Einkauf nachhaltige von nicht nachhaltigen Produkten zuverlässig unterscheiden? Es sind eher solche grundlegenden Fragen, die das Nachhaltigkeitsmanagement beeinflussen, als Spezialfragen zur Ökobilanz, zu ISO 14001 oder die Diskussion, ob die drei Dimensionen der Nachhaltigkeit als Säulen oder besser als Dreieck dargestellt werden sollten.

Studierende der Betriebswirtschaftslehre an der Hochschule für Wirtschaft und Umwelt Nürtingen-Geislingen haben sich im Wahlmodul „Nachhaltige Unternehmensführung" einige grundlegende Fragen zur Nachhaltigkeit im Unternehmen gestellt. Im Zeitraum von Oktober 2014 bis Februar 2015 wurden in Dreier- bzw. Vierergruppen diese Fragen entwickelt, untersucht und ausgearbeitet. Die Ergebnisse sind in diesem Buch enthalten. Das Seminar wurde nach der Methodik des „Forschenden Lernens" organisiert. Dem entsprechend haben die Studierenden die Forschungsfrage eigenständig gesucht und in Form gegenseitiger Vorstellungen und gemeinsamer Diskussionen zunehmend präzisiert. Die Anforderung war, dass das Thema für einen Nachhaltigkeitsmanager in einem Unternehmen neuartig und hilfreich sein muss.

Neben dem laufenden Coaching, das durch den Dozenten wie auch durch die Gruppe der Studierenden selber erfolgte, wurde die Veranstaltung durch eine Vorlesung zu den Grundlagen der nachhaltigen Unternehmensführung und durch mehrere Gastvorträge aus dem Nachhaltigkeitsmanagement ergänzt.

Folgende Fragen wurden untersucht:

- Können Unternehmen nachhaltig sein, auch wenn sie
  dem Kapitalmarktdruck ausgesetzt sind?
- Lohnen sich nachhaltige Innovationen auch wirtschaftlich?
- Ist der Cradle to Cradle-Ansatz, der echte Nachhaltigkeit ermöglicht,
  für Unternehmen tatsächlich machbar?
- Wie sinnvoll sind Nachhaltigkeits-Gütesiegel für die Kunden?
- Kann das Personalmanagement einen Beitrag
  zur nachhaltigen Entwicklung leisten?
- Verschaffen Nachhaltigkeitsberichte Transparenz über
  das nachhaltige Engagement von Unternehmen?

Bei der Gestaltung und Umsetzung des Buchprojektes unterstützte mich Herr Gregor Funk, wofür ich ihm herzlich danke. Über Rückmeldungen und Anregungen von der Leserschaft würde ich mich freuen.

Prof. Dr. Ulrich Sailer
Controlling – Nachhaltigkeit – Finance

Hochschule für Wirtschaft und Umwelt Nürtingen-Geislingen
Fakultät Betriebswirtschaft und Internationale Finanzen
Sigmaringer Straße 14
72622 Nürtingen

ulrich.sailer@hfwu.de

Inhaltsübersicht

Vorwort des Herausgebers 5
Abbildungsverzeichnis.. 8
Tabellenverzeichnis 9
Abkürzungsverzeichnis... 9

Alper Altundas, Metus Memeti, Jonas Rau, Jochen Schrag
1 Erschwert der Kapitalmarkt nachhaltiges Wirtschaften? 11

Oliver Frey, Michael Munz, Julia Stilz
2 Nachhaltigkeitskriterien und deren Wirkung auf
  die Wirtschaftlichkeit von Innovationen... 41

Fabienne Rau, Ronja Rolle, Lisa Welsch
3 Cradle to Cradle – Lohnt sich die Einführung eines
  nachhaltigen Produktdesigns für ein Unternehmen?...................... 67

Martin Andreas, Larissa Freitag, Markus Haerter, Birgit Schmidt
4 Die Bedeutung der Gütesiegel in der Kaffeebranche
  aus der Sicht der Verbraucher... 93

Markus Feiler, Katharina Olenberg, Michael Rau
5 Nachhaltiges Personalmanagement vor dem Hintergrund des
  demografischen Wandels und der Personalknappheit 123

Steffen Bauer, Gregor Funk, Carsten Gerwig, Daniel Schorb
6 Bietet die Global Reporting Initiative eine ausreichende Vergleichbarkeit
  von Nachhaltigkeitsberichten? 147

Abbildungsverzeichnis

Abb. 1-1: 3-Säulen-Modell der Nachhaltigkeit 17
Abb. 1-2: Nachhaltigkeitsdreieck...18
Abb. 1-3: Bestandteile einer nachhaltigen Geldanlage 20
Abb. 2-1: Innovationsbewertung innerhalb des Innovationsprozesses................47
Abb. 2-2: Umweltbewusstsein deutscher Konsumenten 52
Abb. 2-3: Auswertung Brutto Umsatzrendite mit Extremwert 58
Abb. 3-1: Der biologische und der technische Kreislauf......................................75
Abb. 3-2: Die fünf Kategorien der Produktbewertung..79
Abb. 3-3: Zertifizierungsstufen nach Cradle to Cradle 80
Abb. 4-1: EU-Bio-Siegel..95
Abb. 4-2: Bio-Siegel 96
Abb. 4-3: Fairtrade 96
Abb. 4-4: Rainforest..97
Abb. 4-5: 4C Association 97
Abb. 4-6: UTZ Certified 98
Abb. 4-7: Melitta: MISSION eco & care 98
Abb. 4-8: Jacobs: Jacobs Cares..99
Abb. 4-9: Lidl: Fairglobe 100
Abb. 4-10: Aldi: One World 100
Abb. 4-11: Export von Rohkaffee 104
Abb. 4-12: Bekanntheit der Gütesiegel im Alter von 16 – 30 Jahren 109
Abb. 4-13: Kenntnis der Bedeutung der Gütesiegel im Alter der 16 – 30 Jährigen 110
Abb. 4-14: Bekanntheit der Gütesiegel im Alter von 31 - 60 Jahren................110
Abb. 4-15: Kenntnis der Bedeutung der Gütesiegel im Alter der 31 – 60-Jährigen....111
Abb. 4-16: Bekanntheit der Gütesiegel im Alter der über 60-Jährigen.............112
Abb. 4-17: Kenntnis der Bedeutung der Gütesiegel im Alter der über 60- Jährigen ..112
Abb. 4-18: Anteile über das Vertrauen in die Gütesiegel...................................113
Abb. 4-19: Anteile der Häufigkeit der Gütesiegel 113
Abb. 4-20: Die Anteile an Informationswunsch 114
Abb. 4-21: Anteile der Transparenz der Gütesiegel 115
Abb. 4-22: Anteile der Kriterien für die Kaufentscheidung..............................115
Abb. 4-23: Häufigkeit des Kaufes von Kaffee mit Gütesiegeln?.......................116
Abb. 4-24: Gründe für den Kauf von Kaffeeprodukten mit Gütesiegeln 117
Abb. 5-1: Altersaufbau 1950 und 2015 in Deutschland 129
Abb. 6-1: Screenshot Linde „Vergleich ausgewählter Kennzahlen".................156
Abb. 6-2: Screenshot VW „Mein Bericht"...156
Abb. 6-3: Helvetia Wesentlichkeitsmatrix 163
Abb. 6-4: Ausschnitt Daimler Kennzahlen 164
Abb. 6-5: Ausschnitt Daimler Ziele 167
Abb. 6-6: Ausschnitt Coca-Cola Wasserverbrauch..169

Tabellenverzeichnis

Tabelle 1-1: In der Studie berücksichtigte Ressourcen 27
Tabelle 1-2: Aktionärsstruktur am Beispiel BWM 29
Tabelle 1-3: Kapitalmarktabhängige Unternehmen 29
Tabelle 1-4: Kapitalmarktunabhängige Unternehmen 29
Tabelle 1-5: Erster Schritt der Berechnung des Sustainable Value 30
Tabelle 1-6: Zweiter Schritt der Berechnung des Sustainable Value........................... 31
Tabelle 1-7: Dritter Schritt der Berechnung des Sustainable Value 31
Tabelle 1-8: Vierter Schritt der Berechnung des Sustainable 32
Tabelle 1-9: Berechnung des Ertrags-Kosten-Verhältnisses für BMW im Jahr 2013 ... 33
Tabelle 1-10: Ranking nach Sustainable Value und Ertrags-Kosten-Verhältnis 34
Tabelle 1-11: Kapitalmarktabhängige Unternehmen.. 35
Tabelle 1-12: Kapitalmarktunabhängige Unternehmen 35
Tabelle 2-1: innovative und nachhaltig innovative Unternehmen............................... 57
Tabelle 4-1: Vergleich der relevanten Gütesiegel... 101

Abkürzungsverzeichnis

AG   Aktiengesellschaft
CERES   Coalition for Environmentally Responsible Economies
CFO   Chief Financial Officer
DAX   Deutscher Aktienindex
DIN   Deutsches Institut für Normung
DM   Diversity Management
EU   Europäische Union
GIZ   Gesellschaft für internationale Zusammenarbeit
GRI   Global Reporting Initiative
IfM   Institut für Mittelstandsforschung
IIRC   Integrated Reporting Council
ILO   Internationale Arbeitsorganisation
Inc.   incorporated
ISO   Internationalen Organisation für Standardisierung
KMU   Kleine und mittlere Unternehmen
NPM   nachhaltiges Personalmanagement
OECD   Organisation für Wirtschaftliche Zusammenarbeit und Entwicklung
UN   Vereinte Nationen
UNEP   Umweltprogramm der Vereinten Nationen
UNGC   Global Compact der Vereinten Nationen
WLB   Work-Life-Balance

1 Erschwert der Kapitalmarkt nachhaltiges Wirtschaften?

von Alper Altundas, Metus Memeti, Jonas Rau, Jochen Schrag

Ergebnis

Ein geringes Nachhaltigkeitsengagement wird oftmals dadurch begründet, dass der wirtschaftliche Druck seitens des Kapitalmarktes kaum einen Spielraum hierfür ermögliche. Vom Kapitalmarkt abhängige Unternehmen könnten demnach nicht wirklich nachhaltig sein. Dabei gibt es aber weder „den" Kapitalmarkt noch „das" Ziel der Kapitalgeber. Zudem nehmen neben dem Kapitalmarkt auch die weiteren Stakeholder Einfluss auf das Unternehmen. Die Untersuchung zeigt, dass Unternehmen mit stabiler Beteiligungsstruktur und geringen kurzfristigen Abhängigkeiten vom Kapitalmarkt im Durchschnitt etwas nachhaltiger sind als Unternehmen mit einem hohen Streubesitz. Allerdings verhindert eine hohe Abhängigkeit vom Kapitalmarkt kein ausgeprägtes nachhaltiges Engagement, wie die Beispiele BASF oder Daimler zeigen.

Inhaltsverzeichnis

1.1　Einleitung...12
　1.1.1　Problemstellung..12
　1.1.2　Gang der Untersuchung...13
1.2　Zielkonflikt zwischen dem eindimensionalen Shareholder-Value-Ansatz und einem multidimensional-nachhaltigen Wirtschaften......................14
　1.2.1　Shareholder-Value-Ansatz..14
　1.2.2　Nachhaltiges Wirtschaften...16
　1.2.3　Zielkonflikt..18
1.3　Erfolgsdruck: Einflussnehmende Faktoren auf dem Kapitalmarkt...........19
　1.3.1　Abgrenzung des traditionellen und nachhaltigen Kapitalmarktes.....19
　1.3.2　Klassifizierung der Investorenarten...............................21
　1.3.3　Einflussfaktoren – traditioneller Kapitalmarkt....................23
　　1.3.3.1　Private Anleger..23
　　1.3.3.2　Finanzinvestoren: Banken und Investmentfonds...................24
　　1.3.3.3　Strategische Investoren: (Groß-) Unternehmen und Staat.........25
　1.3.4　Einflussfaktoren – nachhaltiger Kapitalmarkt......................26

1.4 Sustainable-Value-Studie **27**
  1.4.1   Gruppenbildung – methodisches Vorgehen 28
     1.4.1.1   Kapitalmarktabhängige Unternehmen.. 29
     1.4.1.2   Kapitalmarktunabhängige Unternehmen 29
  1.4.2   Scoringmodell in Anlehnung an den Sustainable-Value-Ansatz 30
  1.4.3   Berücksichtigung der Unternehmensgröße 32
1.5   Resultat... **34**
1.6   Fazit... **36**

1.1 Einleitung

1.1.1 Problemstellung

Seit jeher ist Wachstum bei börsennotierten Aktiengesellschaften ein ausschlaggebender Faktor zur Erreichung der Unternehmensziele. Dabei kann man den Eindruck gewinnen, dass das Wachstum keine Grenzen kennt. Dieses Phänomen resultiert zum einen aus dem Wettbewerbsdruck der Unternehmen und zum anderen aus den Anforderungen, die der Kapitalmarkt an die sich hier refinanzierenden Unternehmen stellt. Diese beinhalten u.a. die Maximierung des Shareholder Value. Daraus kann abgeleitet werden, dass vom Kapitalmarkt ein Erfolgsdruck ausgeht.

Andererseits ist die Berücksichtigung von ökologischen und sozialen Aspekten neben den ökonomischen Zielsetzungen aus dem unternehmerischen Entscheidungskalkül von heute nicht mehr wegzudenken. Die Eingriffe, die vorgenommen werden, um den wirtschaftlichen Zielen näher zu kommen, haben oft eine negative Auswirkung auf das ökologische und soziale Umfeld. Bei einer eindimensionalen Fokussierung auf die ökonomischen Ziele werden ein massiver Ressourcenverbrauch und eine übermäßige Belastung der Umwelt, sowie ein unfairer Umgang mit Humankapital in Kauf genommen. Die Berücksichtigung der Faktoren Ökonomie, Ökologie und Soziales sind wesentliche Bestandteile einer nachhaltigen Unternehmensführung. Die Notwendigkeit eines nachhaltigen Wirtschaftens resultiert daraus, dass man mit verschiedensten Anspruchsgruppen umgehen und deren legitimen Interessen weitestgehend befriedigen muss, um von diesen die „license to operate" zu erhalten. Damit ist die Erlaubnis von möglichst allen Anspruchsgruppen gemeint, die einem Unternehmen freies Handeln garantiert. Diese Erlaubnis wird durch sogenannte „Stakeholderdialoge" gefördert, indem das Unternehmen verschiedene Stakeholder zum Austausch ihrer teils divergierenden Interessen einlädt und diese in sein Zielsystem integriert. Hierdurch wird ein nachhaltiges Wirtschaften ermöglicht. Ein Hemmnis hierfür ist u.a. die Umstellung von herkömmlichen zu innovativen und ressourcenschonenden Verfahrensweisen, welche dem Unternehmen keinen unmittelbaren Nutzen liefert. Deshalb werden sie meist nur als Kostenfaktor betrachtet und weniger als Chance einer nachhaltigen Existenzsicherung. Wird also nachhaltiges Wirtschaften durch den Erfolgsdruck der Kapitalgeber erschwert oder ist dieses miteinander vereinbar?

In dieser Arbeit wird das Ziel verfolgt, börsennotierte Aktiengesellschaften auf ihre Nachhaltigkeitsleistung hin zu untersuchen. In diesem Zusammenhang sollen Abhängigkeiten, Einflüsse und Interessen, die vom Kapitalmarkt ausgehen und einen Erfolgsdruck auf die Unternehmen ausüben, dargestellt werden. Hierzu wurden zwei Hypothesen aufgestellt:

Hypothese 1:
Wenn ein Unternehmen eine börsennotierte Aktiengesellschaft ist, besteht ein Erfolgsdruck vom Kapitalmarkt.

Hypothese 2:
Wenn eine börsennotierte Aktiengesellschaft vom Kapitalmarkt abhängig ist (hohe „Freefloat-Quote", niedrige Quote an Großinvestoren), ist ein nachhaltiges Wirtschaften nicht möglich.

Wenn eine börsennotierte Aktiengesellschaft weniger vom Kapitalmarkt abhängig ist (geringe „Freefloat-Quote", hohe Quote an Großinvestoren), ist ein nachhaltiges Wirtschaften möglich.

Die Hypothesen werden in den folgenden Kapiteln aufgegriffen und inhaltlich analysiert. Die folgenden Untersuchungen sollen dazu führen, die Hypothesen zu be- oder zu widerlegen.

Wir beschränken uns auf die Rechtsform der Aktiengesellschaft, da hier der Bezug zum Kapitalmarkt am ausgeprägtesten ist. Damit sind auch die Einflüsse auf die Unternehmensführung am stärksten. Um die Frage zu klären, ob nachhaltiges Wirtschaften vom Erfolgsdruck des Kapitalmarkts erschwert wird, werden hier zwei Unternehmensgruppen gebildet: eine „kapitalmarktabhängige" und eine „kapitalmarktunabhängige" Gruppe. Dabei erfolgt die Gruppeneinteilung durch die bestehende Aktionärsstruktur, die den Grad der Abhängigkeit vom Kapitalmarkt definiert. Anhand dieser Gruppen wird eine empirische Untersuchung vorgenommen, um die Forschungsfrage neben den theoretischen Ausführungen auch quantitativ zu belegen. Die Untersuchung wird anhand der Automobilindustrie durchgeführt. Sie bietet mit die beste Datenlage für eine Analyse der Nachhaltigkeitsleistungen.

1.1.2 Gang der Untersuchung

Um die Frage zu beantworten, ob nachhaltiges Wirtschaften vom Erfolgsdruck des Kapitalmarkts erschwert wird, weist die vorliegende Arbeit folgende Struktur auf:

Das zweite Kapitel befasst sich mit dem Shareholder-Value-Ansatz und dessen Eindimensionalität in Bezug auf Nachhaltigkeitsleistungen. Zudem wird das konträre Modell des Stakeholder-Ansatzes beschrieben und ein Vergleich der beiden Modelle vorgenommen. Dadurch können die in der Arbeit benutzten Begriffe des nachhaltigen und traditionellen Wirtschaftens definiert werden.

Das dritte Kapitel widmet sich der Untersuchung eines möglichen Erfolgsdrucks vom Kapitalmarkt auf die Unternehmungen. Zuerst wird eine Abgrenzung des nachhaltigen und traditionellen Kapitalmarktes vorgenommen. Für den folgenden Abschnitt bildet diese Unterteilung die Wissensgrundlage und zugleich die weitere Struktur des Kapitels. Dabei werden zunächst die relevanten Kapitalmarktteilnehmer identifiziert und klassifiziert. Darauffolgend soll im Einzelnen geklärt werden, ob und inwiefern die identifizierten Marktteilnehmer einen Erfolgsdruck auf die sich dort refinanzierenden Aktiengesellschaften ausüben.

Im vierten Kapitel wird die Nachhaltigkeitsleistung der Unternehmen anhand der ausgewählten Gruppen untersucht, um die theoretischen Ausführungen quantitativ zu ergänzen. Die quantitative Untersuchung wurde unter Zuhilfenahme eines Scoringmodells durchgeführt. Die dafür notwendigen ökonomischen, sozialen und ökologischen Unternehmensdaten wurden analysiert, bewertet und interpretiert. Im fünften Kapitel werden die Ergebnisse der empirischen Untersuchung kritisch betrachtet. Zuletzt werden in Kapitel sechs die wesentlichen Erkenntnisse im Hinblick auf Forschungsfrage bewertet und die Grenzen der Untersuchung benannt.

1.2 Zielkonflikt zwischen dem eindimensionalen Shareholder-Value-Ansatz und einem multidimensional-nachhaltigen Wirtschaften

Um herauszustellen, ob bei Aktiengesellschaften ein Erfolgsdruck vom Kapitalmarkt – speziell von den Eigenkapitalgebern – besteht und ob dieser ein nachhaltiges Wirtschaften erschwert, soll hier der Zielkonflikt zwischen dem eindimensionalen Shareholder-Value-Ansatz und einem multidimensional – nachhaltigen Wirtschaften aufgezeigt werden, indem diese zwei Konzepte erklärt und divergierende Interessen verschiedener Stakeholder dargelegt werden.

1.2.1 Shareholder-Value-Ansatz

Im Folgenden soll nicht auf die Berechnung des Shareholder Value eingegangen werden, sondern viel mehr auf die Art und Weise, wie der Shareholder-Value-Ansatz das Unternehmen, dessen Führung und die Unternehmensziele beeinflusst.

Die Eigenkapitalgeber stellen in Unternehmen die oberste Entscheidungsinstanz dar. Dementsprechend ist es unumgänglich, die Interessen der Kapitalgeber zu verfolgen und zu befriedigen. Aus diesem Grunde richtet der Großteil der Aktiengesellschaften seine Unternehmensziele am Shareholder-Value aus, das 1986 von Alfred Rappaport begründet wurde. Nach Rappaport ist die Orientierung am Shareholder Value das wichtigste, eventuell sogar das einzige Ziel der Unternehmensführung. (vgl. Schittenhelm 2013, S. 183)

Der Shareholder-Value-Ansatz besagt, dass ein Unternehmen primär die Interessen der Aktionäre zu verfolgen habe. Dies bedeutet, dass die Interessen der Eigentümer und Kapitalgeber, den Wert ihres angelegten Kapitals zu steigern, über anderen Interessen stehen. Die Interessen der übrigen Stakeholder werden lediglich in dem Maße erfüllt, wie gesetzliche Mindeststandards vorliegen. (vgl. Gabius 2013, S. 256f.)

An sich ist die Idee der Shareholder-Value-Orientierung, den Kapitalwert des Investors zu maximieren, nicht kritisch, sondern vielmehr erforderlich. Wenn die Rendite des Aktionärs geringer ausfällt als die Zinsen, die er erhielte, wenn er sein Kapital z.B. an einer Bank anlegt, würde der Aktionär mit der Investition in die Aktie keinen Mehrwert schaffen, sondern Kapital vernichten. Deshalb ist es obligatorisch für jede Aktiengesellschaft, die Investition für den Anleger lohnend zu machen. Dabei scheint die einfachste und am weitesten verbreitete Variante der Shareholder-Value-Ansatz zu sein. Jedoch werden gesellschaftliche Normen durch das Konzept nicht oder nicht ausreichend beachtet, wodurch das Konzept in weiten Teilen der Gesellschaft als unanständig gilt. (vgl. Sailer 2012, S. 83)

Es lässt sich also schließen, dass der Shareholder-Value-Ansatz ausschließlich eine finanzwirtschaftliche Betrachtung des Unternehmens liefert (vgl. Ernst 2013, S. 44). Weitere Perspektiven wie die Gesellschaft oder die Umwelt, die gerade in Zeiten der aufstrebenden Nachhaltigkeit für ein Unternehmen von großer Bedeutung sind, werden vom Management zu Gunsten von noch mehr Rendite für die Shareholder vernachlässigt.

Nicht immer selbstverständlich ist aber, dass das Management eines Unternehmens im Sinne der Aktionäre handelt. Der Principal-Agent-Konflikt behandelt genau dieses Problem. Der Agent, also das Management, verfügt über weitreichende Entscheidungskompetenzen und Handlungsspielräume, um ihre eigenen Ziele zu verwirklichen. Der Principal hat nicht die Möglichkeit, die Agenten vollständig zu überwachen, wodurch das Eigentum und die Kontrolle teilweise auseinanderfallen.

Durch die Corporate-Governance-Kodizes wird die Machtposition der Manager geschwächt und es werden die Informationsasymmetrien und Interessendivergenzen zwischen den Shareholdern und dem Management reduziert. Dies geschieht dadurch, dass dem Management die Verantwortung für ihr Handeln übertragen wird und gesetzliche Normen es verpflichten, das Unternehmen im Sinne eines ehrbaren Kaufmanns zu führen. Es findet also eine Art nachhaltige Regelung bezüglich der Beziehung Shareholder – Management statt, die Vertrauen schafft.

Was ist aber mit den Interessengegensätzen zwischen dem Unternehmen und der Öffentlichkeit, der Umwelt, der Gesellschaft, der Mitarbeiter und vieler weiterer Stakeholder, deren Interessen im Shareholder-Value-Konzept nicht oder nicht ausreichend berücksichtigt werden? Um auch diese auszugleichen bedarf es mehr, als nur der Shareholder-Value-Orientierung.

1.2.2 Nachhaltiges Wirtschaften

Um die Beziehungen des Unternehmens zu allen weiteren in irgendeiner Weise beteiligten und betroffenen Gruppierungen zu verbessern, was dem Prinzip der Nachhaltigkeit entspricht, benötigt es weit mehr, als nur die Beachtung des Shareholder Value.

Deshalb soll hier im Sinne der Nachhaltigkeit erklärt werden, inwieweit ein Unternehmen nachhaltig wirtschaften sollte, damit es möglichst alle Stakeholder miteinbeziehen kann. Hierbei soll zunächst auf die Nachhaltigkeit selbst eingegangen werden, um dann anhand des Stakeholder Ansatzes zu erläutern, inwiefern dieser besser dazu geeignet ist, nachhaltig zu wirtschaften.

Sehr wahrscheinlich ist, dass Hans Carl von Carlowitz 1713 zum ersten Mal den Begriff „nachhaltig" benutzt hat. In seinem Werk zur Forstwirtschaft „Sylvicultura oeconomica" spricht er sinngemäß davon, dass man pfleglich mit dem Holz umgehen und alle Verschwendung vermeiden solle, damit eine nachhaltende und beständige Nutzung des Waldes gewährleistet ist (vgl. Lexikon der Nachhaltigkeit 2014). Das Wort „nachhaltig" bedeutet also, dass etwas für längere Zeit bestehen bleibt, andauert oder auch, dass etwas zurückgehalten wird, damit man in schlechten Zeiten darauf zurückgreifen kann. 1953 entwickelte Howard R. Bowen mit dem Buch „Social Responsibilities of the Businessman" das Konzept der Corporate Social Responsibility, also der Sozialverantwortung der Unternehmen, woraus u.a. Arbeitnehmerschutzgesetze entwickelt wurden (vgl. Raupp/Jarolimek/Schultz 2011, S. 9). Ein weiteres wichtiges Ereignis war die Gründung der Weltkommission für Umwelt und Entwicklung 1983, deren Vorsitzende die ehemalige Ministerpräsidentin von Norwegen Gro Harlem Brundtland war. Das Ziel war die Erstellung eines Berichtes über die Leitbildbeschreibung der nachhaltigen Entwicklung von Unternehmen. Dieser Bericht – auch bekannt als Brundtland-Bericht – wurde 1987 unter dem Namen „Our common future" veröffentlicht und die Definition von „nachhaltiger Entwicklung" gilt heute als die Meistgebrauchte. Hier heißt es, dass eine Entwicklung dann nachhaltig ist, wenn diese den Bedürfnissen der heutigen Generation entspricht. Dabei dürfen aber die Möglichkeiten künftiger Generationen, ihre eigenen Bedürfnisse zu befriedigen und einen eigenen Lebensstil zu wählen, nicht gefährdet werden. Darauf folgend müssen Ziele in Bezug auf wirtschaftliche und soziale Entwicklung auf Dauerhaftigkeit ausgerichtet werden. (vgl. Lexikon der Nachhaltigkeit 2014)

Hier kommt deutlich zum Vorschein, dass eine wirtschaftliche Entwicklung auf Dauerhaftigkeit ausgerichtet werden soll. Um auf Carlowitz zurückzugreifen, muss eine wirtschaftliche Entwicklung also nachhaltig sein.

Die Perspektiven der Nachhaltigkeit können gut am sogenannten „3-Säulen-Modell" erklärt werden:

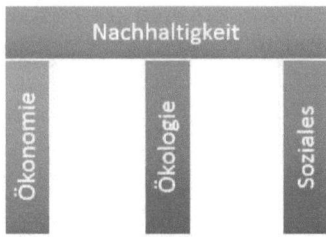

Abb. 1-1: 3-Säulen-Modell der Nachhaltigkeit
Quelle: eigene Darstellung

Ökonomie:
Es soll dadurch ein dauerhafter Wohlstand geschaffen werden, indem sorgsam mit Ressourcen umgegangen wird, Bildung gefördert wird und für den wirtschaftlichen Erfolg notwendige günstige Rahmenbedingungen geschaffen werden.

➔ Umsetzung z.B. möglich durch den Einsatz innovativer Maschinen/Prozesse oder dem Ausbau des Ausbildungssystems (vermehrt für Weiterbildung sorgen), wie auch Shareholder Value

Ökologie:
Bewahrung der Natur und der Umwelt für kommende Generationen, indem auf Klimaschutz, Energie- und Ressourcenverbrauch, Abfälle und Emissionen geachtet wird.

➔ Umsetzung z.B. durch Investitionen in erneuerbare Energien, Recycling, Einbeziehung von Gruppierungen, deren Interesse mit höchster Priorität in der Ökologie liegt

Soziales:
Eine zukunftsfähige wie auch lebenswerte Gesellschaft schaffen, mit dem Ziel, dass sich die darin Lebenden entfalten und am gemeinschaftlichen Geschehen teilnehmen können.

➔ Umsetzung z.B. durch Orientierung an der internationalen Menschenrechtscharta der UN, Verbesserung von Mitarbeiterschutz und –sicherheit, Einbeziehung von Gruppierungen, deren Interesse mit höchster Priorität im sozialen Bereich liegt. (vgl. Sailer 2013, S. 26f.).

Ausgehend von dieser Dachkonstruktion wird Nachhaltigkeit von drei Säulen gestützt. Die isolierte Anordnung der drei Säulen legt zudem nahe, dass es keinerlei Interdependenzen gibt. Tatsächlich beeinflusst soziales und ökologisches Engagement sehr häufig den ökonomischen Erfolg. Ein weiterer Punkt, den das Modell durch die Höhe der Säulen zum Ausdruck bringt, ist die gleich große Bedeutung der drei Perspektiven. Deren Bedeutung kann sich von Unternehmen zu Unternehmen aber unterscheiden.

Durch die Darstellung als Säulen könnte zudem der Eindruck entstehen, dass die Nachhaltigkeit auch noch auf zwei Säulen stabil stehe.

Von Kritikpunkten wie diesen kann man im sogenannten „**Nachhaltigkeitsdreieck**", durch die integrierte Darstellung aller drei Perspektiven in einem Dreieck, nicht mehr sprechen:

Abb. 1-2: Nachhaltigkeitsdreieck
Quelle: eigene Darstellung

Nachhaltiges Wirtschaften sollte demnach so verstanden werden, dass alle drei Perspektiven ineinander übergehen, voneinander abhängig und unterschiedlich wichtig für das jeweilige Unternehmen sind. Von großer Bedeutung können bei einem kapitalmarktabhängigen Unternehmen die ökonomischen Ziele sein, um die Shareholder zu befriedigen. In diese Ziele sollten dann Maßnahmen zur ökologischen Verantwortung und einem sozialen Engagement integriert werden, um nicht nur die Shareholder, sondern auch alle übrigen relevanten Stakeholder zufrieden zu stellen. Dann kann man vom Stakeholderansatz sprechen. Dieser spiegelt die Sichtweise wider, die alle relevanten Stakeholder in die Entscheidungen des Unternehmens einbindet, damit sie den Entscheidungen und Handlungen des Unternehmens vertrauen. Nur so ist ein nachhaltiges Wirtschaften gewährleistet. Indem man auf die Stakeholder eingeht und zeigt, dass man deren individuelle Interessen in den Unternehmenszielen, den Unternehmensgrundsätzen und Kodizes berücksichtigt, erhält man die „**license to operate**", also die gesellschaftliche Akzeptanz des unternehmerischen Handelns.

1.2.3 Zielkonflikt

Zusammenfassend kann gesagt werden, dass der Konflikt zwischen dem Shareholder und dem Management im Shareholder-Value-Ansatz nicht ohne das Principal-Agent-Konzept durch die Einführung von wichtigen Kodizes und Gesetzen gelöst werden kann. Nur durch dieses kann in einer nachhaltigen Art und Weise die Machtposition des Managements eingedämmt werden.

Um nachhaltig zu wirtschaften reicht der eindimensionale Shareholder-Value-Ansatz nicht aus. Alle weiteren Stakeholderbeziehungen werden nicht berücksichtigt, was dem Prinzip der Nachhaltigkeit widerspricht, da diese versucht, die Interessen aller in irgendeiner Weise beteiligten und betroffenen Gruppierungen zu befriedigen.

Der Konflikt zwischen dem Shareholder-Value-Ansatz und einem nachhaltigen Wirtschaften besteht also darin, dass in ersterem eine eindimensional monetäre Perspektive eingenommen wird. Dies ist häufig mit einer negativen Beeinflussung der anderen beiden Nachhaltigkeitsziele verbunden. Es werden zu Gunsten *eines* Stakeholders viele andere benachteiligt, was nicht im Sinne des nachhaltigen Wirtschaftens ist. Vielmehr sollte sichergestellt werden, dass über die Wahrung der Anteilseignerinteressen hinaus, die Interessen aller Stakeholder bewahrt werden.

1.3 Erfolgsdruck: Einflussnehmende Faktoren auf dem Kapitalmarkt

Dieses Kapitel widmet sich der Frage, ob und inwiefern vom Kapitalmarkt ein Erfolgsdruck auf die Unternehmen wirkt. Hierzu wird zunächst eine Unterteilung des Kapitalmarktes in einen traditionellen, sowie in einen nachhaltigen Kapitalmarkt vorgenommen. Im Rahmen der Arbeit wird unter der Begrifflichkeit des nachhaltigen Kapitalmarktes der Teil des Kapitalmarktes verstanden, in dem mit nachhaltigen Anlageprodukten gehandelt wird. Die folgenden Abschnitte dienen zur Klassifizierung der Investoren, sowie zur Darstellung der Abhängigkeiten, Einflüsse und Interessen, die vom Kapitalmarkt - und dessen Akteuren - ausgehen und einen Erfolgsdruck auf die Unternehmen ausüben können.

1.3.1 Abgrenzung des traditionellen und nachhaltigen Kapitalmarktes

Kapitalmärkte ermöglichen börsennotierten Unternehmen ihre Fremd- und Eigenkapitalfinanzierung zu sichern und stellen somit eine Finanzierungsquelle dar. Klassische Kapitalanlagen, die an der Börse gehandelt werden, stehen in einer Wechselbeziehung aus Rendite, Sicherheit und Liquidität. Nachhaltige Investments beinhalten zusätzlich noch soziale und ökologische Kriterien.

Variablen klassischer Geldanlagen:

Rentabilität: Welchen Kapitalertrag soll die Investition bringen?

Liquidität: Wann soll das angelegte Geld dem Investor wieder zur Verfügung stehen?

Sicherheit: Welches Risiko wird mit dem Investment eingegangen?

Nachhaltige Investments ergänzen die Kriterien um drei weitere soziale/ethische Aspekte:

1. Umwelt und ökologische Aspekte (E)
2. Soziale und gesellschaftliche Aspekte (S)
3. Verantwortliche Unternehmensführung (G)

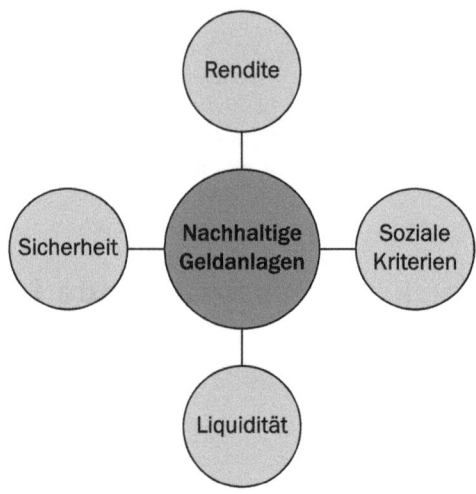

Abb. 1-3: Bestandteile einer nachhaltigen Geldanlage
Quelle: eigene Darstellung

Was sind nachhaltige Investments?

Die neue, ergänzende Dimension der sozialen Kriterien soll die Investoren bei ihren Investments für Nachhaltigkeit sensibilisieren. "Nachhaltiges Investment" ist die allgemeine Bezeichnung für eine nachhaltige, verantwortliche, ethische, soziale, ökologische Geldanlage. (vgl. Forum Nachhaltige Geldanlagen)

Verantwortungsvolle Investoren wollen ihr Geld ethisch verdienen und nicht in Unternehmen investieren, die der Nachhaltigkeit wenig Bedeutung beimessen. Anleger sollen sich fragen, in welche Unternehmen sie investieren möchten? Wo investiert ihre Bank ihr Geld? Passen diese Investments zu ihren sozialen und ethischen Wertvorstellungen? Die Beliebtheit der nachhaltigen Kapitalanlagen ist zu spüren. Laut dem Forum für Nachhaltige Geldanlagen lag das Anlagevolumen in Deutschland, Österreich und der Schweiz Ende 2011 bei 103,5 Mrd. Euro, Tendenz steigend. (vgl. oekom research AG 2013, S. 11)

Sind soziale und ethische Wertvorstellungen mit dem Kapitalertrag vereinbar?

Nachhaltige Geldanlagen müssen sich immer wieder mit Vorurteilen auseinandersetzen, dass sie bezüglich ihrer Anlagenzusammensetzung, durch Ausschlusskriterien, eingeschränkt sind und sich so nicht diversifiziert aufstellen können. Einige Ausschlusskriterien sind z.B. Tabak, Alkohol oder Rüstung. Die Einschränkung der Anlagenzusammensetzung könnte somit zu mehr Risiko und weniger Rendite führen.

Jedoch sind verantwortungsvolle und nachhaltige Investoren immer mehr der Meinung, dass zusätzliche Kriterien wie soziale und ethische Wertvorstellungen dazu beitragen die Risiken gering zu halten und eine Auseinandersetzung mit den Gefahren zu verstehen hilft, um welche Anlagerisiken es sich handelt.

Für den folgenden Abschnitt bildet die Unterteilung in den traditionellen und nachhaltigen Kapitalmarkt die Wissengrundlage und zugleich die weitere Struktur des Kapitels. Im Rahmen der Arbeit wird unter der Begrifflichkeit des nachhaltigen Kapitalmarkts der Teil des Kapitalmarktes verstanden, in dem mit nachhaltigen Anlageprodukten gehandelt wird. Im Einzelnen soll geklärt werden, ob und inwiefern die Marktteilnehmer einen Erfolgsdruck auf die sich dort refinanzierenden Unternehmungen ausüben. Weiterhin wird eine Unterteilung in Marktteilnehmer des traditionellen sowie des nachhaltigen Kapitalmarktes vorgenommen. Diese Differenzierung ist notwendig, da gemäß der Erläuterungen über den Shareholder- und Stakeholder-Ansatz die Erwartungen der Marktteilnehmer bezüglich der Unternehmensperformance unterschiedlich sind. Zudem beschränkt sich die Betrachtung auf den Aktienmarkt als Teilsegment des Kapitalmarkts, da dieser den Unternehmenserfolg am ehesten abbilden kann.

Es gilt folgende Fragen zu beantworten:

- Wie lassen sich die Marktteilnehmer (z.B. Aktionäre) klassifizieren?
- Besteht ein Erfolgsdruck ausgehend vom Markt?
- Wie wird "Unternehmenserfolg" von den Marktteilnehmern definiert?
- Welche Marktteilnehmer sind direkt oder indirekt am Erfolg des Unternehmens interessiert?
- Welche Möglichkeiten zur Einflussnahme auf die Unternehmung haben diese Marktteilnehmer?
- Was sind die Folgen, sofern dem Erfolgsdruck nicht nachgekommen wird?

1.3.2 Klassifizierung der Investorenarten

Die klassischen Investorengruppen des Aktienmarktes lassen sich in private und institutionelle Anleger unterteilen. Dabei zählen zu den institutionellen Anlegern:

- Strategische Investoren: Unternehmen die aus dem produzierenden Gewerbe und nichtfinanziellen Dienstleistungssektor kommen sowie öffentliche Haushalte
- Finanzinvestoren: Banken, Investmentfonds, Versicherungen und sonstige finanzielle Investoren

Für die weiteren Betrachtungen der Kapitalmarktteilnehmer wird die o.g. Klassifizierung eingehalten und teilweise verfeinert.

Laut dem Monatsbericht (9/2014) der Bundesbank über die Eigentümerstruktur des deutschen Aktienmarktes werden rund 11% des investierten Kapitals von den inländischen privaten Haushalten gestellt. Weitere 18% von der Gruppe der inländischen strategischen Investoren, sowie ca. 11% von inländischen Finanzinvestoren. Besonders hervorzuheben sind innerhalb der inländischen Finanzinvestoren die Banken mit 2,7%, sowie die Investmentfonds mit einem Anteil von 6,3%. Der Bericht weist zudem darauf hin, dass der verbleibende Anteil der investierten Mittel am Aktienmarkt von ausländischen Investoren gehalten wird. Dabei ist auch hier festzustellen, dass die institutionellen Anleger einen überwiegenden Anteil ausmachen. (vgl. Deutsche Bundesbank Eurosystem 2014)

Klassisch hat ein Aktionär als Eigenkapitalgeber einen Mindestrenditeanspruch (aus Unternehmenssicht: Eigenkapitalkosten), der vergleichbar mit der Rendite einer risikolosen Staatsanleihe ist. Da der Eigenkapitalgeber zusätzlich die unternehmerischen Risiken übernimmt, sind diese mittels eines Risikozuschlags einzupreisen. In der Praxis haben sich verschiedene Berechnungsmethoden dieser Renditeansprüche durchgesetzt. Die gängigen Methoden zur Berechnung der Renditeansprüche sind das Capital Asset Pricing Model (CAPM) sowie das Arbitrage Pricing Model (APM). Auf die Methodik der Berechnungsansätze soll hier nicht weiter eingegangen werden. (vgl. Schmeisser/Rönsch/Zilch 2009, S. 15)

Um allen Anspruchsgruppen eines Unternehmens gerecht zu werden, findet auch am traditionellen Kapitalmarkt der Stakeholder-Ansatz immer größeren Zuspruch. Nichtsdestotrotz steht für die kapitalistisch orientierten Unternehmen die Steigerung des Shareholder-Value im Vordergrund. Gründe dafür sind unter anderem folgende Entwicklungen:

- Globalisierung: Diese führt zu stärkerem Wettbewerb und damit zu einem erhöhten Finanzierungsbedarf der Unternehmen. Kapital stellt ein knappes Gut dar, das nur über die internationalen Kapitalmärkte gedeckt werden kann. Eine dementsprechende Wertorientierung der Unternehmen ist erforderlich, um für Investoren attraktiv zu sein.

- Unternehmen als Investitionsobjekte: institutionelle Investoren halten mitunter immer größere Unternehmensanteile. Die Machtposition der Investoren führt damit zu einer wertorientierten Unternehmensführung um deren Interessen nachzukommen. (vgl. Schmeisser/Rönsch/Zilch 2009, S. 6)

Im Allgemeinen sollen die Renditeerwartungen der Eigenkapitalgeber, wie oben dargestellt, maximal erfüllt werden. In der theoretischen Betrachtungsweise lässt sich damit aus Sicht der Shareholder der "Unternehmenserfolg" als Steigerung des Marktwertes des Eigenkapitals definieren. (vgl. Burgy 2013, S. 66)

In der Realität sind die Interessen der aufgeführten Investorengruppen jedoch keineswegs homogen und auf kurzfristige Kursgewinne oder hohe Gewinnausschüttungen ausgerichtet. So wird Kleinanlegern bzw. Minderheitsaktionären als vorrangiges Interesse die Maximierung des Aktienkurses unterstellt. Dem Staat wird hingegen unterstellt, mit einem Investment stärker gesellschaftliche Ziele, wie den Erhalt von Arbeitsplätzen, zu verfolgen (vgl. Furch 2011, S. 54). Auch die Möglichkeiten der Einflussnahme auf die Unternehmensleitung unterscheiden sich u.a. aufgrund der Machtverhältnisse erheblich. Ein wirtschafspsychologischer Zusammenhang ist etwa das Phänomen der "rationalen Apathie". Das Phänomen kommt vorwiegend bei Minderheitsaktionären vor und gründet auf der Logik, dass die Einflussnahme eines Investors auf die Unternehmensleitung mit Kosten für diesen verbunden ist. Aufgrund des geringen Kapitalanteils und der verhältnismäßig hohen Kosten, wird sich ein Minderheitsaktionär in der Regel gegen eine direkte Einflussnahme entscheiden. Daher wird die direkte Einflussnahme vorwiegend den institutionellen Investoren mit entsprechend größeren Kapitalanteilen überlassen (vgl. Kehren 2006, S. 1).

Aus der Kombination der Interessen der jeweiligen Investorengruppe sowie deren Einflussmöglichkeiten auf die Unternehmensleitung, lässt sich ein möglicher Erfolgsdruck ableiten. Wie stark dieser Erfolgsdruck tatsächlich auf die Unternehmung wirkt, wird nachfolgend untersucht. Dafür werden die relevanten Investorengruppen genauer beleuchtet.

1.3.3 Einflussfaktoren – traditioneller Kapitalmarkt

Aus der Kombination der Interessen der jeweiligen Investorengruppe, sowie deren Einflussmöglichkeiten auf die Unternehmensleitung, lässt sich ein möglicher Erfolgsdruck ableiten. Wie stark dieser Erfolgsdruck tatsächlich auf die Unternehmung wirkt, wird nachfolgend untersucht. Dafür werden zuerst die relevanten Investorengruppen des traditionellen Kapitalmarktes genauer beleuchtet und anschließend die des nachhaltigen Kapitalmarktes in Abschnitt 1.3.4.

1.3.3.1 Private Anleger

Zu den privaten Anlegern sollen an dieser Stelle vorwiegend die privaten Haushalte gezählt werden. Diese sind geprägt durch einen hohen Streubesitz und Investments bis maximal 2% der Unternehmensanteile. Der geringe Anteil am Grundkapital schränkt die Einflussmöglichkeiten auf die Unternehmensleitung gemäß der gesetzlichen Mitbestimmungsrechte ein (vgl. Furch 2011, S. 55). Erst ab einem Anteil von 5% spricht man von einem "erheblichen" Anteil, der eine direkte Einflussnahme möglich macht (vgl. Barclay/Holderness 1989). Die Mitbestimmungsrechte eines Aktionärs sind in §119 AktG geregelt. Unter anderem hat ein Aktionär im Rahmen der Hauptversammlung das Recht über die Besetzung des Aufsichtsrats mitzuentscheiden. Indirekt kann er dadurch Einfluss auf die Unternehmensleitung ausüben, da diese wiederum vom Aufsichtsrat besetzt wird. Da die Anzahl der Stimmrechte nach dem Prinzip "one share, one vote" verteilt wird, ist die Machtposition eines privaten Anleger jedoch gering. Erschwerend kommt das bereits erwähnte Phänomen der "rationalen Apathie" hinzu (vgl. Burgy 2013, S. 69). Nicht zu unterschätzen ist jedoch sein Anlagemotiv, das hauptsächlich in der wertmäßigen Maximierung seiner Unternehmensanteile liegt. Verfehlt die Unternehmensleitung dieses Ziel, sind private Anleger eher gewillt zu desinvestieren, als beispielsweise institutionelle Investoren die auch strategische Ziele mit dem Investment verfolgen (vgl. Furch 2011, S. 55).

Zusammenfassend lässt sich feststellen, dass die Gruppe der privaten Anleger einen geringen aktiven Erfolgsdruck auf die Unternehmen ausübt.

1.3.3.2 Finanzinvestoren: Banken und Investmentfonds

Nachfolgend werden die bedeutendsten Mitglieder der finanziell orientierten Investoren betrachtet. Hierbei handelt es sich zum einen um Banken, zum anderen um Fondsgesellschaften. Dabei treten Banken selbst als Investoren auf oder erhalten über die von ihnen verwalteten Kundendepots weitreichende Einflussmöglichkeiten auf die Unternehmensleitung. Da Bankkunden i.d.R. ein Wissensdefizit im Bereich des Aktiengeschäfts aufweisen, erlauben sie der depotführenden Bank, ihre Stimmrechte auszuüben (sogenannte Depotstimmrechte). Das steigert den Einfluss der Banken auf Unternehmen, ohne selbst im Aktienbesitz zu sein. Auch Banken streben mit ihren Investments eine wertmäßige Maximierung der gehaltenen Unternehmensanteile an. Im Gegensatz zu dem Interesse privater Anleger sind oftmals strategische Ziele, wie beispielsweise die Absicherung von Risiken aus dem Kreditgeschäft, gleichbedeutend (vgl. Furch 2011, S. 60). Investmentfonds bündeln Gelder vieler Anleger und investieren diese Mittel in diverse Wertpapiere. Die Anleger partizipieren entsprechend ihrer erworbenen Fondanteile an Gewinnen (vgl. BVI Bundesverband Investment und Asset Management e.V.). Die nun gebündelten Anlagevolumina lassen die direkten Einflussmöglichkeiten der Investmentfonds auf Unternehmen rapide ansteigen. Die weltweit größte Investmentfondgesellschaft "BlackRock" verwaltetet etwa ein Vermögen von ca. 4,6 Billionen $. Beinahe in jedem DAX 30-Unternehmen ist die Fondsgesellschaft mit 5% oder mehr investiert. Die Höhe der gehaltenen Unternehmensanteile ermöglicht eine entscheidende Einflussnahme auf die Wahl des Vorstands und die Besetzung des Aufsichtsrats. Offiziell bezeichnen sich die Fondgesellschaften als "(...)treuhänderische Verwalter im Dienste der Anleger(...)" (vgl. Hiller von Gaertringen 2014). Um das Abwandern der Anleger zu verhindern, sind vor allem Investmentfonds gezwungen, eine konsequente Strategie zur Wertsteigerung zu verfolgen. Dementsprechend steigt auch der Erfolgsdruck gegenüber den Unternehmen, an denen die Fonds beteiligt sind. Vor allem die Höhe der erworbenen Unternehmensanteile und der damit verbundene Gewinn an Mitspracherechten führt zu einem hohen Einfluss der Finanzinvestoren auf die Unternehmensleitung. Einzig ein möglicherweise langfristige Anlagehorizont der Investoren (sogenanntes "geduldiges Kapital") senkt den kurzfristigen Erfolgsdruck auf die Unternehmen. (vgl. Furch 2011, S. 55).

1.3.3.3 Strategische Investoren: (Groß-) Unternehmen und Staat

Nicht primär finanziell orientierte Investoren erwarten grundsätzlich auch einen finanziellen Erfolg in Form von Dividenden und Kurssteigerungen. Allerdings ist bei dieser Investorengruppe nicht die Wertmaximierung das vorherrschende Anlagemotiv. Betrachtet man den Staat, so lassen sich u.a. folgende Anlagemotive feststellen:

- Verfolgung sozialpolitischer Ziele, wie die Sicherung von Arbeitsplätzen und damit die Senkung der Arbeitslosenquote
- Verfolgung raumordnungspolitischer Ziele, wie die "(...)regionale Entwicklung, den Städtebau oder den Ausbau der Infrastruktur(...)" (vgl. Bundeszentrale für politische Bildung) (vgl. Universität Hamburg, Institut für Geld und Kapitalverkehr 2002)

Ein Beispiel für die sozialpolitische Zielsetzung stellt das Land Niedersachsen dar, das mit 12,7% an der Volkswagen AG beteiligt ist. Es ist anzunehmen, dass öffentliche Haushalte dadurch eher sekundär am Erfolg des Unternehmens interessiert sind. Das Interesse am wirtschaftlichen Erfolg hängt stark mit der Vermeidung negativer Auswirkungen auf das Land und die Region zusammen (z.B. Anstieg der Arbeitslosenquote, Steuerausfälle).

In Bezug auf Unternehmen, die als institutionelle Investoren auftreten, gelten ähnliche, dem Renditegedanken übergeordnete Interessen bzw. Anlagemotive. Zum einen kann über eine vertikale Beteiligung eine stabile Abnehmer-Lieferantenbeziehung geschaffen werden. Zum anderen ermöglicht eine horizontale Beteiligung (z.B. VW und Audi) die Realisierung von Synergien. Gegenteilig kann ein Unternehmen durch diese Beteiligungen auch verhindern, dass Wettbewerber ihrerseits strategisch wichtige Partner übernehmen.

Der von dieser Investorengruppe ausgehende Erfolgsdruck ist durch die genannten Anlagemotive als vergleichsweise schwach einzuschätzen (vgl. Universität Hamburg, Institut für Geld und Kapitalverkehr 2002).

Während private Anleger und Finanzinvestoren gewinnorientiert sind und eine entsprechende Wertorientierung der Unternehmung erwarten, gilt dies nicht in gleichem Maße für strategische Investoren oder für den Staat. Es kann angenommen werden, dass aus der Gruppe der Finanzinvestoren die Investmentfonds den größten Erfolgsdruck auf Unternehmen ausüben. Private Anleger werden aufgrund der negativen Kosten-Nutzen-Relation, die bei Ausübung ihrer Stimmrechte vorliegt, auf eine direkte Beeinflussung der Unternehmung verzichten. Die geringe Loyalität zu ihrem Investment und kurzfristige Möglichkeit der Desinvestition setzt die Unternehmen jedoch einem passiven Erfolgsdruck aus.

1.3.4 Einflussfaktoren – nachhaltiger Kapitalmarkt

Zu Beginn des Kapitels wurde der immer stärker an Bedeutung gewinnende nachhaltige Kapitalmarkt definiert. Grundsätzlich treten dort die gleichen Investorengruppen auf, wie auf dem traditionellen Kapitalmarkt. Auch die Erzielung einer Mindestverzinsung zuzüglich eines Risikozuschlags ist die generelle Zielsetzung der dort agierenden Investoren. Das übergeordnete Anlagemotiv schlägt sich jedoch vor allem in dem äußerst günstigen Rendite-Risiko-Verhältnis nieder, das der nachhaltige Kapitalmarkt bietet. In zahlreichen Studien, u.a. der Deutschen Bank aus dem Jahr 2012, wurde dieser Zusammenhang nachgewiesen. Es wurde festgestellt, dass die Beteiligung an einem nachhaltig agierenden Unternehmen zu niedrigeren Kapitalkosten und einem geringeren Risiko führt.

Zudem können Investoren, hier vor allem private Anleger, ihre persönlichen Wertvorstellungen in ihre Anlageentscheidung integrieren. Durch eine entsprechend ausgerichtete Unternehmenskommunikation können dadurch aber auch institutionelle Investoren profitieren. (Groß-) Unternehmen, die als Investoren auftreten, können ihre Reputation stärken. Investmentgesellschaften bieten Nachhaltigkeitsfonds an, gewinnen so neue Anlegergruppen und verbessern ihr Rendite-Risiko-Verhältnis.

Die Kombination aus den Interessen und Einflussmöglichkeiten der Investorengruppen definiert den möglichen Grad des Erfolgsdrucks auf die Unternehmung. Die Interessen der Investoren wurden zuvor weitreichend erläutert. Wie aber können Teilnehmer des nachhaltigen Kapitalmarktes neben den traditionellen Möglichkeiten wie z.B. Ausübung der Stimmrechte, Einfluss auf die Unternehmen ausüben? Zum einen werden Ausschlusskriterien genutzt, die Unternehmen den Zugang zum nachhaltigen Kapitalmarkt verwehren. So wird sich beispielsweise eine Unternehmung der Rüstungsindustrie nicht über den nachhaltigen Kapitalmarkt finanzieren können. Des Weiteren wird mittels eines Best-in-Class Ansatzes das jeweils beste Unternehmen einer Branche (aus nachhaltiger Sichtweise) als Investitionsobjekt ausgewählt.

Schlussfolgernd ist zu erkennen, dass Erfolg und damit auch Erfolgsdruck auf diesem Markt nicht vorwiegend über den ökonomischen Leistungsbegriff definiert wird. Vielmehr geht es darum, dass Unternehmen nachhaltige Erfolge erzielen (z.B. Reduktion des CO_2 Ausstoßes), die allen Stakeholdern zugutekommen. Einerseits ist der Erfolgsdruck auf Unternehmen seitens des nachhaltigen Kapitalmarktes relativ gering, da die Relevanz des traditionellen Kapitalmarktes immer noch überwiegt. Andererseits sind die Auswirkungen möglicher Reputationsschäden für Unternehmen nicht zu unterschätzen, sofern den Forderungen nach einer nachhaltigen Ausrichtung nicht nachgekommen wird. Je stärker sich der Nachhaltigkeitsgedanke (und damit der nachhaltige Kapitalmarkt) in der Gesellschaft durchsetzt, umso mehr wird sich der Erfolgsdruck bezüglich einer nachhaltigen Ausrichtung auf die Unternehmen erhöhen. (vgl. oekom research AG 2013) Das nachfolgende Kapitel beschreibt den Umfang der Studie und die genaue Herangehensweise der quantitativen Untersuchung.

1.4 Sustainable-Value-Studie

Das Ziel der Studie ist es, ein quantifiziertes Ergebnis über die Nachhaltigkeitsleistung der ausgewählten Unternehmen zu erhalten, weshalb der Sustainable-Value-Ansatz nach Figge & Hahn herangezogen wurde. Näheres zum Sustainable-Value-Ansatz wird im Laufe der Arbeit erklärt. Die Auswahl geeigneter Unternehmen in der vorliegenden empirischen Studie umfasst 10 Unternehmen aus der deutschen Automobilbranche. Die Studie umfasst sowohl Automobilhersteller, als auch Zulieferer. Grundlage für die Auswahl der folgenden Unternehmen sind verschiedene Kriterien, um geeignete Unternehmen mit vorhandenen Daten und Informationen zu erhalten. Zunächst wurde die Liste der 100 größten Automobilzulieferer Deutschlands betrachtet. Aus dieser Liste wurden nicht relevante Unternehmen, die eine andere Unternehmensform, als eine Aktiengesellschaft hatten, nicht berücksichtigt. Darüber hinaus wurden die DAX 30 Unternehmen analysiert. Ein weiteres entscheidendes Kriterium in der Auswahl geeigneter Unternehmen war die Verfügbarkeit von ökonomischen, ökologischen und sozialen Daten in ausreichender Menge. Hierzu mussten Geschäftsberichte, Bilanzen, Gewinn- und Verlustrechnungen und Nachhaltigkeitsberichte, soweit vorhanden, herangezogen werden, um quantitativ und qualitativ hochwertige Daten zu generieren. Nach Berücksichtigung dieser Kriterien verblieben Unternehmen: BMW, Daimler, Volkswagen, Bayer, Evonik, Lanxess, ZF Friedrichshafen, Continental, ThyssenKrupp und BASF.

Der Vorteil des Sustainable-Value-Ansatzes ist die umfassende Bewertung des Einsatzes ökonomischer, ökologischer und sozialer Ressourcen in Unternehmen. Im Rahmen der vorliegenden Studie wurden sechs verschiedene Indikatoren betrachtet, die sich aus diesen drei Bereichen zusammensetzen (siehe Tabelle 1-1). (vgl. Figge/Hahn 2009, S. 18)

Ökologische Ressourcen	Soziale Ressourcen	Ökonomische Ressourcen
CO_2-Emisionen	Anzahl der Mitarbeiter	Kapitaleinsatz
Wassereinsatz	Anzahl der Arbeitsunfälle	
Abfallerzeugung		

Tabelle 1-1: In der Studie berücksichtigte Ressourcen

Aufgrund von unzureichender Verfügbarkeit oder Unvollständigkeit der Daten konnten weitere ökologische oder soziale Aspekte nicht in die Studie aufgenommen werden.

1.4.1 Gruppenbildung – methodisches Vorgehen

Das methodische Vorgehen in der Gruppenbildung wurde anhand der Aktionärsstruktur vorgenommen. Dabei spielt der Anteil des sogenannten Freefloat eine entscheidende Rolle.

Freefloat beschreibt den Anteil der Aktien einer Aktiengesellschaft, die im sogenannten Streubesitz sind und somit für den freien Handel an der Börse zugänglich sind. Diese können nur in kleineren Paketen an der Börse gehandelt werden. Charakteristisch für den Streubesitz ist zudem, dass er hauptsächlich durch die Investoren-Gruppe der privaten Anleger repräsentiert wird. Gemäß den Ausführungen in Kapitel 1.3 übt diese Investoren-Gruppe einen starken Druck auf eine Unternehmung aus, wirtschaftliche Erfolge zu erzielen und schafft damit einen höheren Abhängigkeitsgrad vom Kapitalmarkt als beispielsweise nicht finanziell orientierte Investoren. Dabei ist zu beachten, dass Privatpersonen, die erhebliche Anteile einer Unternehmung halten (mehr als 5%) als Großaktionäre gelten. Da die Interessenlagen und Einflussmöglichkeiten von Großaktionären und typischen Streubesitzaktionären (Anteile unter 5%) teilweise konträr verlaufen, werden im Rahmen dieser Arbeit private Anleger, die erhebliche Anteile halten, nicht als Teil des Freefloats angesehen. Die Freefloat-Quote wird damit das Maß für die Einteilung der zu untersuchenden Unternehmensgruppen. Ein hoher Freefloatanteil führt damit zur Einteilung in die Gruppe der kapitalmarktabhängigen Unternehmen, während ein niedriger Freefloatanteil Kapitalmarktunabhängigkeit indiziert. Die gebildeten Gruppen werden in den nachfolgenden Kapiteln detaillierter beschrieben. Festzuhalten ist dennoch, dass die Nutzung der Freefloat-Quote als Gruppierungsmaß nicht als absolut anzusehen ist. Vielmehr müssen durch die heterogenen Aktionärsstrukturen der ausgewählten Unternehmen in einzelnen Fällen weitere Gruppierungsüberlegungen angestellt werden. Beispielhaft wird dieses Vorgehen nachfolgend anhand der BMW AG erläutert.

Trotz des hohen Anteils an Freefloat in der Aktionärsstruktur gehört BMW zur Gruppe der kapitalmarktunabhängigen Unternehmen, da die weitere Aktionärsstruktur ebenso ausschlaggebend ist. Bei BMW liegt der Besitz von nicht frei handelbaren Aktien zu 46,7% in den Händen der Familie Quandt (siehe Tabelle 1-2). Diese hat aufgrund ihrer hohen Unternehmensanteile weitreichende Einflussmöglichkeiten. Da solch hohe Investments auf ein langfristiges Engagement der Investoren schließen lassen, wird angenommen, dass das Unternehmen eher durch längerfristig ausgerichtete Anlegerziele geprägt ist. Damit ist der Grad der Abhängigkeit vom Kapitalmarkt, trotz einer hohen Freefloat-Quote, als gering einzuschätzen.

Aktionär	Anteil
Stefan Quandt	17,40%
Johanna Quandt	16,70%
Susanne Klatten	12,60%
BlackRock, Inc.	3,44%
The Capital Group Companies, Inc.	2,99%
Freefloat	46,87%

Tabelle 1-2: Aktionärsstruktur am Beispiel BWM

1.4.1.1 Kapitalmarktabhängige Unternehmen

Nach der Untersuchung der Aktionärsstruktur der einzelnen Unternehmen ergeben sich folgende kapitalmarktabhängige Unternehmen:

Kapitalmarktabhängig	Freefloatquote
Daimler	80,78 %
Bayer	74,39%
Lanxess	78,20%
Coninental	47,48%
BASF	91,72%
ThyssenKrupp	52,75%

Tabelle 1-3: Kapitalmarktabhängige Unternehmen

1.4.1.2 Kapitalmarktunabhängige Unternehmen

Zu den Kapitalmarktunabhängigen Unternehmen zählen folgende Unternehmen:

Kapitalmarktunabhängig	Freefloatquote
BMW	46,87%
VW	9,90%
Evonik	23,12%
ZF Friedrichshafen	0,00%

Tabelle 1-4: Kapitalmarktunabhängige Unternehmen

1.4.2 Scoringmodell in Anlehnung an den Sustainable-Value-Ansatz

„Der Sustainable Value misst den nachhaltigen Einsatz ökonomischer, ökologischer und sozialer Ressourcen und drückt das Ergebnis in einer einzigen integrierten, monetären Kennzahl aus. Dafür greift der Ansatz auf bekannte Ansätze der Unternehmensbewertung zurück. Der Sustainable Value misst den Einsatz ökologischer und sozialer Ressourcen genauso, wie Unternehmen heute den Kapitaleinsatz bewerten. Im wertorientierten Management wird davon ausgegangen, dass der Einsatz von Kapital immer dann Wert schafft, wenn dies mehr Rendite bringt als der Einsatz an einer anderen Stelle. Damit geht der Sustainable Value weg von der Schadensorientierung bisheriger Ansätze und betrachtet ökologische und soziale Ressourcen stattdessen als knappe Ressource, die wertbringend eingesetzt werden müssen." (Figge/Hahn 2009, S. 8)

Zur Berechnung des Sustainable Value benötigt man fünf Schritte:

a) Welche Ressourcenmenge setzt das Unternehmen ein?
b) Welchen Ertrag erzielt das Unternehmen mit diesen Ressourcen?
c) Welchen Ertrag hätte der Benchmark mit diesen Ressourcen erzielt?
d) Welchen Wertbeitrag schafft jede einzelne vom Unternehmen eingesetzte Ressource?
e) Wie viel Sustainable Value schafft ein Unternehmen mit seinem Set an Ressourcen?

Nachfolgend werden diese fünf Schritte aufgeführt. (vgl. Figge/Hahn 2007, S. 15f.)

a) Welche Ressourcenmenge setzt das Unternehmen ein?

Im ersten Schritt wird ermittelt, welche Menge einer Ressource ein Unternehmen in einem Jahr eingesetzt hat. In der vorliegenden Studie soll das Vorgehen anhand der Kohlendioxidemissionen im Jahr 2013 von BMW gezeigt werden. Das Vorgehen für die anderen Ressourcen ist dann entsprechend. (vgl. Figge/Hahn 2007, S. 16)

Ressource	Menge	Effizienz	Ertrag	Wertbeitrag
		Unternehmen		
CO_2-Emissionen	1.322.316 t			
		Benchmark		

Tabelle 1-5: Erster Schritt der Berechnung des Sustainable Value

b) Welchen Ertrag erzielt das Unternehmen mit diesen Ressourcen?

Im zweiten Schritt wird untersucht, wie viel Ertrag das Unternehmen mit der im ersten Schritt beschriebenen Ressourcenmenge erzielt. In der vorliegenden Studie wird dabei die Nettowertschöpfung vom Unternehmen in Betracht gezogen. Die Nettowertschöpfung setzt sich aus dem Gewinn, den Zinszahlungen, den Gewinnsteuern und dem Personalaufwand zusammen. (vgl. Figge/Hahn 2007, S. 16f.)

BMW erzielte somit im Jahr 2013 eine Nettowertschöpfung von rund 17,3 Mrd. €. Wird dieser geschaffene Ertrag mit der eingesetzten Ressource (CO_2-Emsissionen) ins Verhältnis gesetzt, so erhält man die Effizienz des Ressourceneinsatzes. Somit ergibt sich für BMW für das Jahr 2013 eine CO_2-Effizienz von 13.119 € Nettowertschöpfung pro Tonne emittiertem CO_2. (vgl. Figge/Hahn 2007, S. 16f).

Ressource	Menge		Effizienz	Ertrag	Wertbeitrag
		Unternehmen	13.119 €	17.348.000.000 €	
CO_2-Emissionen	1.322.316 t				
		Benchmark			

Tabelle 1-6: Zweiter Schritt der Berechnung des Sustainable Value

c) Welchen Ertrag hätte der Benchmark mit diesen Ressourcen erzielt

Im dritten Schritt wird ermittelt, wie viel Ertrag der Benchmark mit den vom Unternehmen eingesetzten Ressourcen erzielt hätte. Hierfür muss ein Benchmark definiert werden. Dieser wird in der vorliegenden Studie aus der Effizienz des Ressourceneinsatzes aller 10 untersuchten Unternehmen ermittelt. Der Benchmark errechnet sich aus dem Quotienten der Summe aller Nettowertschöpfungen und der Anzahl der Unternehmen (vgl. Figge/Hahn 2007, S. 17f.)

Ressource	Menge		Effizienz	Ertrag	Wertbeitrag
		Unternehmen	13.119 €	17.348.000.000 €	
CO_2-Emissionen	1.322.316 t				
		Benchmark	10.614 €	14.034.540.000 €	

Tabelle 1-7: Dritter Schritt der Berechnung des Sustainable Value

d) Welchen Wertbeitrag schafft jede einzelne vom Unternehmen eingesetzte Ressource?

In diesem Schritt wird die Frage beantwortet, welchen Ertrag der Benchmark im Vergleich zum Unternehmen mit der eingesetzten Ressource vom Unternehmen erzielt hätte. Im Fall der Kohlenstoffdioxidemissionen von BMW erhält man einen positiven Wertbeitrag. Folglich hat BMW im Jahr 2013 mit den eingesetzten CO_2-Emissionen ca. 3,3 Mrd. € mehr Ertrag erwirtschaftet, als der Benchmark mit der gleichen Menge eingesetzter Ressourcen erzielt hätte. (vgl. Figge/Hahn 2007, S. 20)

Ressource	Menge		Effizienz	Ertrag	Wertbeitrag
		Unternehmen	13.119 €	17.348.000.000 €	
CO_2-Emissionen	1.322.316 t				3.313.460.000 €
		Benchmark	10.614 €	14.034.540.000 €	

Tabelle 1-8: Vierter Schritt der Berechnung des Sustainable

e) Wie viel Sustainable Value schafft ein Unternehmen mit seinem Set an Ressourcen?

Im fünften Schritt wird ermittelt welchen Gesamtwert das Unternehmen mit allen eingesetzten Ressourcen erzielt. Das Bündel aller Ressourcen setzt sich aus den vorher definierten Ressourcen zusammen. Nach der Summierung aller geschaffenen positiven oder negativen Wertbeiträge ist es wichtig, dass am Ende der gesamte Wertbeitrag um die Anzahl der eingesetzten Ressourcen dividiert wird. Durch dieses Vorgehen, werden die Ressourcen gemäß ihrer Effizienz auf Benchmarkebene gewichtet. (vgl. Figge/Hahn 2007, S. 20f.) BMW hat im Jahr 2013 mit einem Bündel aus sechs geprüften Ressourcen einen positiven Sustainable Value von 3.311.888.919 € geschaffen.

„Insgesamt zeigt der Sustainable Value, wie viel mehr (bei einem positiven Sustainable Value) oder weniger (bei einem negativen Sustainable Value) Ertrag ein Unternehmen mit seinen Ressourcen im Vergleich zu einem Benchmark erzielt. Demnach schaffen Unternehmen dann Wert, wenn sie ihre Ressourcen effizienter einsetzen als der Benchmark." (Figge/Hahn 2007, S. 22)

1.4.3 Berücksichtigung der Unternehmensgröße

Um eine Vergleichbarkeit der Unternehmen anzustellen, ist ein weiterer Schritt notwendig. Entscheidend für die Vergleichbarkeit der Unternehmen ist es, dass die Unternehmensgröße mit einbezogen wird. Der Sustainable Value ist eine absolute Größe und macht eine Vergleichbarkeit zwischen den Unternehmen daher nicht möglich. Es tritt die Problematik auf, dass größere Unternehmen auch größere Mengen an Ressourcen einsetzen und diese erzielen dadurch auch einen größeren (positiven oder negativen) Sustainable Value. Um das Problem zu umgehen, wird das Ertrags-Kosten-Verhältnis (EKV) eingeführt. Dieses Verhältnis setzt den Ertrag eines Unternehmens ins Verhältnis zu den verursachten Opportunitätskosten. Die Opportunitätskosten sind die Differenz aus der Nettowertschöpfung des Unternehmens und dem erzielten Sustainable Value des Unternehmens. (vgl. Figge/Hahn 2007)

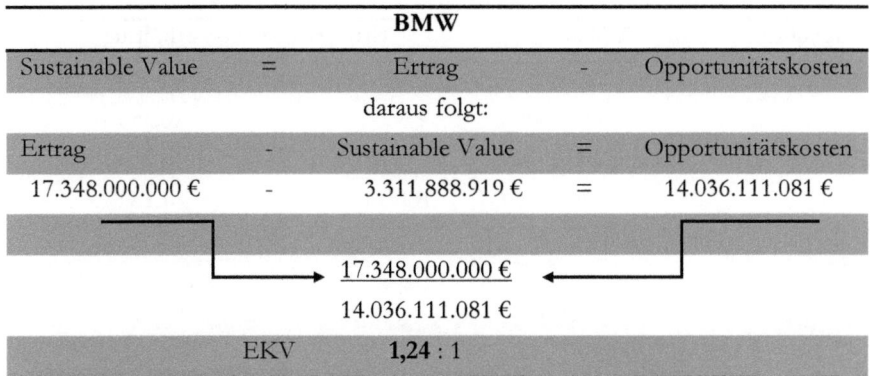

BMW				
Sustainable Value	=	Ertrag	-	Opportunitätskosten
		daraus folgt:		
Ertrag	-	Sustainable Value	=	Opportunitätskosten
17.348.000.000 €	-	3.311.888.919 €	=	14.036.111.081 €
		17.348.000.000 €		
		14.036.111.081 €		
EKV	1,24 : 1			

Tabelle 1-9: Berechnung des Ertrags-Kosten-Verhältnisses für BMW im Jahr 2013

Das Ertrags-Kosten-Verhältnis errechnet den Faktor, um den der Ertrag eines Unternehmens über, bzw. unter den Opportunitätskosten liegt. Somit zeigt das Ertrags-Kosten-Verhältnis deutlich, um welchen Faktor ein Unternehmen seine Ressourcen effizienter, bzw. weniger effizient als der Benchmark einsetzt. Liegt das EKV über eins, dann setzt das Unternehmen seine Ressourcen effizienter ein als der Benchmark und schafft somit einen positiven Sustainable Value. Ein EKV unter eins bedeutet, dass ein Unternehmen seine Ressourcen weniger effizient als der Benchmark nutzt und somit Sustainable Value vernichtet. (vgl. Figge/Hahn 2007)

Bei der Berechnung des EKV anhand von BMW ergibt sich ein Wert von 1,24. BMW setzt somit seine Ressourcen um den Faktor 1,24 effizienter ein als der Durchschnitt der hier untersuchten Unternehmen.

Alle vorangegangenen Schritte zur Berechnung des Sustainable Value und des Ertrags-Kosten-Verhältnisses müssen analog für alle relevanten Ressourcen und Unternehmen durchgeführt werden.

1.5 Resultat

Die folgende Tabelle zeigt die Ergebnisse aus dem Jahr 2013 nach dem absoluten Sustainable Value und nach Berücksichtigung der Unternehmensgröße.

absoluter Sustainable Value		Ertrags-Kosten-Verhältnis	
Unternehmen	2013	Unternehmen	2013
VW	32.660.804.580 €	VW	3,35 : 1
BMW	3.311.888.919 €	BMW	1,24 : 1
BASF	2.520.704.016 €	BASF	1,18 : 1
Daimler	658.026.511 €	Daimler	1,04 : 1
Bayer	-269.903.921 €	Bayer	0,98 : 1
Continental	-3.554.157.710 €	Continental	0,75 : 1
ThyssenKrupp	-5.558.040.392 €	ThyssenKrupp	0,60 : 1
Evonik	-8.646.272.167 €	Evonik	0,38 : 1
ZF Friedrichshafen	-10.100.110.662 €	ZF Friedrichshafen	0,28 : 1
Lanxess	-12.641.732.122 €	Lanxess	0,10 : 1

Tabelle 1-10: Ranking nach Sustainable Value und Ertrags-Kosten-Verhältnis

Wie man der Tabelle 1-10 entnehmen kann ist es wichtig, dass man die Unternehmensgröße zur Vergleichbarkeit der Unternehmen berücksichtigt. Wird dieser zusätzliche Schritt nicht berücksichtigt, kann es eventuell zu Verschiebungen im Ranking kommen. Im vorliegenden Fall kommt es nach der Berechnung des EKV und der Berücksichtigung der Unternehmensgröße zu keiner Veränderung des Rankings. Volkswagen hat den höchsten absoluten Sustainable Value und erreicht ebenfalls unter Berücksichtigung der Unternehmensgröße das beste Ergebnis in dieser Studie.

Um auf die ausgehende Forschungsfrage einzugehen und zu zeigen, ob kapitalmarktunabhängige Unternehmen nachhaltiger wirtschaften können als kapitalmarktabhängige, wird die obere Tabelle 1-10 gesplittet. Die beiden nachfolgenden Tabellen zeigen die Unternehmen, untergliedert nach ihrer Abhängigkeit bzw. Unabhängigkeit vom Kapitalmarkt.

absoluter Sustainable Value		Ertrags-Kosten-Verhältnis	
Unternehmen	2013	Unternehmen	2013
BASF	2.520.704.016 €	BASF	1,18 : 1
Daimler	658.026.511 €	Daimler	1,04 : 1
Bayer	-269.903.921 €	Bayer	0,98 : 1
Continental	-3.554.157.710 €	Continental	0,75 : 1
ThyssenKrupp	-5.558.040.392 €	ThyssenKrupp	0,60 : 1
Lanxess	-12.641.732.122 €	Lanxess	0,10 : 1

Tabelle 1-11: Kapitalmarktabhängige Unternehmen

In der Tabelle der kapitalmarktabhängigen Unternehmen führt der Automobilzuliefe-rer BASF mit einem EKV von 1,18 die Tabelle an. Gefolgt vom Automobilhersteller Daimler mit einem positiven Ergebnis von 1,04. Die nachfolgenden Unternehmen sind Bayer, Continental, ThyssenKrupp und Lanxess, die jeweils einen negativen EKV aufweisen.

absoluter Sustainable Value		Ertrags-Kosten-Verhältnis	
Unternehmen	2013	Unternehmen	2013
VW	32.660.804.580 €	VW	3,35 : 1
BMW	3.311.888.919 €	BMW	1,24 : 1
Evonik	-8.646.272.167 €	Evonik	0,38 : 1
ZF Friedrichshafen	-10.100.110.662 €	ZF Friedrichshafen	0,28 : 1

Tabelle 1-12: Kapitalmarktunabhängige Unternehmen

In der Tabelle 1-12 der kapitalmarktunabhängigen Unternehmen ist zu erkennen, dass die Werte der Ertrags-Kosten-Verhältnisse im Durchschnitt etwas höher sind als bei den kapitalmarktabhängigen Unternehmen. Spitzenreiter der Gruppe mit einem Ertrags-Kosten-Verhältnis von 3,35 ist VW. BWM landet auf Platz 2 mit einem EKV von 1,24. Evonik und ZF Friedrichshafen folgen mit negativen Ertrags-Kosten-Verhältnissen. Aber auch kapitalmarktabhängigen Unternehmen ist es möglich, Sustainable Value und ein Ertrags-Kosten-Verhältnis größer als eins zu schaffen. Dies ist bei BASF und Daimler der Fall.

Grundsätzlich ist zu erkennen, dass alle Automobilhersteller einen positiven absoluten Sustainable Value haben und ein positives Ertrags-Kosten-Verhältnis aufweisen. Im Vergleich dazu haben nahezu alle Automobilzulieferer ein negatives Ertrags-Kosten-Verhältnis. Lediglich BASF weist ein positives Ertrags-Kosten-Verhältnis auf.

1.6 Fazit

Zu Beginn der Arbeit wurde die Frage gestellt, ob ein Erfolgsdruck vom Kapitalmarkt bei Aktiengesellschaften besteht und ob dieser ein nachhaltiges Wirtschaften erschwert. Um diese Fragen zu beantworten, wurde zunächst auf die Problematik der Definition von nachhaltigem Wirtschaften und traditionellem Wirtschaften eingegangen. Dabei wurde festgestellt, dass im Mittelpunkt des traditionellen Wirtschaftens der Shareholder-Value-Gedanke steht. Im Gegensatz dazu ist nachhaltiges Wirtschaften in Unternehmen nur durch die Berücksichtigung aller Anspruchsgruppen möglich. Durch die Betrachtung der Marktteilnehmer des traditionellen, sowie des nachhaltigen Kapitalmarktes konnten Rückschlüsse auf den Grad des Erfolgsdrucks, der auf die betrachteten Unternehmen wirkt, gezogen werden. Durch die Betrachtung der Interessen und Einflussmöglichkeiten der Marktteilnehmer konnte ein Erfolgsdruck ermittelt werden. Es ist jedoch zu erkennen, dass keine eindimensionale Ausprägung des Erfolgsdrucks vorliegt. Dabei überwiegt die eindimensionale Ausprägung am traditionellen Kapitalmarkt, während beim nachhaltigen Kapitalmarkt eine multidimensionale Ausprägung zu beobachten ist.

Als nächstes galt es, die Nachhaltigkeitsleistungen der festgelegten Unternehmensgruppen einander gegenüber zu stellen. Eine Schwierigkeit dabei war, eine Methode zu finden, die einen möglichst objektiven Vergleich der Nachhaltigkeitsleistungen zulässt. Der Sustainable-Value-Ansatz von Figge & Hahn erfüllt dieses Kriterium durch seine relativ simple Methodik, die Flexibilität und die damit verbundene Anpassung an die inhaltliche Auslegung der Studie. Beispielsweise konnte dadurch der Benchmark an die zur Verfügung stehende Datenlage angepasst werden. Zudem werden die schwer quantifizierbaren Nachhaltigkeitsaspekte messbar gemacht und eine Aufrechnung ermöglicht. Nach Ermittlung und Gegenüberstellung der Sustainable Value-Werte und der Ertrags-Kosten-Verhältnisse der ausgewählten Unternehmen lassen sich folgende Schlussfolgerungen ableiten, wobei zu beachten ist, dass die Festlegung des Branchenbenchmarks, sowie die relevanten Parameter zur Berechnung der einzelnen Effizienzen Einfluss auf die Resultate nehmen:

Die kapitalmarktunabhängigen Unternehmen weisen im Schnitt einen höheren absoluten Sustainable Value auf, während kapitalmarktabhängige Unternehmen absolut gemessen geringere Werte aufweisen. Auch nach Relativierung der Unternehmensgröße, mittels des Ertrags-Kosten-Verhältnisses, sind keine signifikanten Abweichungen festzustellen. Das Ertrags-Kosten-Verhältnis ist hierbei das relevante Bewertungskriterium zur Erstellung des Unternehmensrankings. Innerhalb der Gruppe der kapitalmarktunabhängigen Unternehmen hat Volkswagen in Relation zum festgelegten Branchenbenchmark das beste Effizienzverhältnis von 3,35:1 und wirtschaftete mit den eingesetzten Ressourcen somit um den Faktor 3,35 besser als der Benchmark. In der Gruppe der kapitalmarktabhängigen Unternehmen führt BASF mit einem Effizienzverhältnis von 1,18:1. Damit weisen die kapitalmarktunabhängigen Unternehmen eine höhere Nachhaltigkeitsleistung auf und wirtschaften nachhaltiger als kapitalmarktabhängige. Allerdings erkennt man auch, dass trotz erhöhtem Kapitalmarktdruck ein überdurchschnittlicher Sustainable Value geschaffen werden kann.

Darüber hinaus ist zu erkennen, dass alle Automobilhersteller positive Werte aufweisen und somit im Vergleich zu den anderen Unternehmen „nachhaltiger" gewirtschaftet haben. Die Automobilzulieferer hingegen weisen nahezu alle einen negativen Wert auf. Gründe hierfür können sein, dass Automobilzulieferer weitere Kerngeschäfte betreiben, was einen hohen Ressourcenverbrauch mit sich bringt. Ein Beispiel hierfür ist die Bayer AG, die zum einen als Lieferant in der Automobilbranche tätig ist und zum anderen im großen Umfang in den Bereichen Gesundheit und Agrar.

Festzuhalten ist, dass die Daten lediglich aus dem Jahr 2013 stammen und somit die Ergebnisse nicht als repräsentativ für alle Automobilhersteller und -zulieferer gelten können. Demzufolge ist eine Pauschalisierung der Ergebnisse nicht möglich. Um eine höhere Repräsentativität der Studie zu gewährleisten, wäre eine umfangreichere Stichprobe und ein längerer Betrachtungszeitraum nötig.

Literaturverzeichnis

Barclay, M./Holderness, C. (1989): Private Benefits from Control of Public Corporations, Rochester NY

Bundeszentrale für politische Bildung: Raumordnungspolitik. http://www.bpb.de/nachschlagen/lexika/18101/raumordnungspolitik, abgerufen am 29.12.2014

Burgy, C. (2013): NGOs als Kapitalmarktakteure: Shareholder Engagement als Möglichkeit zur Einflussnahme auf Corporate Social Responsibility, Berlin

BVI Bundesverband Investment und Asset Management e.V.: Investmentfonds. http://www.bvi.de/kapitalanlage/privatanleger/lexikon/i/, abgerufen am 28.12.2014

Controllingportal (2013): Sarbanes-Oxley-Act. http://www.controllingportal.de/Fachinfo/Sonstiges/Sarbanes-Oxley-Act.html, abgerufen am 26.12.2014

Deutsche Bundesbank Eurosystem (2014): Eigentümerstruktur am deutschen Aktienmarkt: allgemeine Tendenzen und Veränderungen in der Finanzkrise. http://www.bundesbank.de/Redaktion/DE/Downloads/Veroeffentlichungen/Monatsberichtsaufsaetze/2014/2014_09_eigentuemerstruktur_aktienmarkt.pdf?__blob=publicationFile, abgerufen am 28.12.2014

Deutscher Corporate Governance Kodex (2014): Kodex. http://www.dcgk.de/de/, abgerufen am 26.12.2014

Ernst, D./Sailer, U. (2013): Nachhaltige Betriebswirtschaftslehre, Konstanz/München

Figge, F./Hahn, T. (2007): Nachhaltig erfolgreich Wirtschaften – Eine Untersuchung der Nachhaltigkeitsleistung deutscher Unternehmen mit dem Sustainable-Value-Ansatz, Freiburg i.B.

Figge, F./Hahn, T. (2009): Sustainable Value in der Automobilproduktion – Eine Analyse der nachhaltigen Performance der Automobilhersteller weltweit, Belfast/Marseille/Berlin

Forum Nachhaltige Geldanlagen: Nachhaltige Geldanlagen. http://www.forum-ng.org/de/nachhaltige-geldanlagen/nachhaltige-geldanlagen.html, abgerufen am 29.12.2014

Hiller von Gaertringen, C. (2014): Der mächtigste Investor. http://www.faz.net/aktuell/wirtschaft/unternehmen/blackrock-der-maechtigste-investor-13114399.html, abgerufen am 28.12.2014

Furch, D. (2011): Marktwirtschaften unter dem Druck globalisierter Finanzmärkte: Finanzsysteme und Corporate-Governance-Strukturen in Deutschland und Italien, Wiesbaden

Gabler Wirtschaftslexikon: Freefloat. http://wirtschaftslexikon.gabler.de/Archiv/5114/freefloat-v8.html, abgerufen am 23.12.2014

Gabler Wirtschaftslexikon: Gesetz zur Kontrolle und Transparenz im Unternehmensbereich. http://wirtschaftslexikon.gabler.de/Definition/gesetz-zur-kontrolle-und-transparenz-im-unternehmensbereich-kontrag.html, abgerufen am 26.12.2014

Günther, E./Ruter, R. (2012): Grundsätze nachhaltiger Unternehmensführung – Erfolg durch verantwortungsvolles Management, Mainz

Handelskammer Hamburg (2003): Das Transparenz- und Publizitätsgesetz. http://www.hk24.de/recht_und_steuern/handels_und_gewerberecht/gesellsc haftsrecht/363158/transpug.html, abgerufen am 26.12.2014

Kehren, S. (2006): Paketaktionäre, Macht und Unternehmenserfolg, Wiesbaden

Lexikon der Nachhaltigkeit: Brundtland Bericht 1987. http://www.nachhaltigkeit.info/artikel/brundtland_report_563.htm, abgerufen am 26.12.2014

Lexikon der Nachhaltigkeit (2014): Nachhaltigkeit in der Forstwirtschaft: von Carlowitz. http://www.nachhaltigkeit.info/artikel/nachhaltigkeit_i_d_forstwirtschaft_172 5.htm, abgerufen am 26.12.2014

oekom research AG (2013): Der Einfluss nachhaltiger Kapitalanlagen auf Unternehmen - Eine empirische Analyse von oekom research, München

Raupp, J./Jarolimek, S./Schultz, F. (2011): Handbuch CSR - Kommunikationswissenschaftliche Grundlagen, disziplinäre Zugänge und methodische Herausforderungen, Wiesbaden

Sailer, U. (2012): Management - Komplexität verstehen: Systemisches Denken, Business Modeling, Handlungsfelder nachhaltigen Erfolgs, Stuttgart

Sailer, U. (2013): Nachhaltigkeit – eine Einführung, in: Ernst, D./ Sailer, U.: Nachhaltige Betriebswirtschaftslehre, Konstanz/ München, S. 23-30

Schmeisser, W./Rönsch, M./Zilch, I. (2009): Shareholder Value Approach versus Corporate Social Responsibility. Eine unternehmensethische Einführung in zwei konträre Ansätze, München/Mering

Spiegel Online Wirtschaft (2002): Enron-Skandal: Das große Schreddern.
http://www.spiegel.de/wirtschaft/enron-skandal-das-grosse-schreddern-a-
178334.html, abgerufen am 06.01.2015

Universität Hamburg, Institut für Geld und Kapitalverkehr (2002): Einfluss der
Aktionäre auf den Unternehmenserfolg: Ziele, Anreize und Potenziale.
http://www1.uni-hamburg.de/Kapitalmaerkte/download/SeminarSoSe2002F
olieII.pdf, abgerufen am 30.12.2014

2 Nachhaltigkeitskriterien und deren Wirkung auf die Wirtschaftlichkeit von Innovationen

von Oliver Frey, Michael Munz, Julia Stilz

Ergebnis

Die Entwicklung zu einem nachhaltigen Unternehmen erfordert nachhaltige Produkt- und Prozessinnovationen. Dabei zeigt sich, dass es sich lohnt, Innovationen neben ihren ökonomischen auch auf die ökologischen und sozialen Auswirkungen hin zu überprüfen. In der Automobilindustrie weisen nachhaltig innovative Unternehmen im Durchschnitt eine höhere Umsatzrendite auf. Das Ergebnis überrascht, da die Nachhaltigkeit in der Kaufentscheidung der Konsumenten insgesamt noch eine eher geringe Bedeutung aufweist.

Inhaltsverzeichnis

2.1   Einleitung 42
2.1.1   Zielsetzung der Arbeit 42
2.1.2   Das Verhältnis von Nachhaltigkeit und Innovation 43
2.1.3   Definition wichtiger Begriffe 44
2.1.3.1   Innovation...44
2.1.3.2   Nachhaltigkeitsinnovation..45
2.2   Bewertung der Nachhaltigkeit von Innovationen....................................46
2.2.1   Innovationsbewertung 47
2.2.2   Bewertungskriterien..48
2.2.2.1   Ökologische Kriterien..48
2.2.2.2   Ökonomische Kriterien 48
2.2.2.3   Soziale Kriterien...49
2.3   Einfluss der Nachhaltigkeit auf das Kaufverhalten 49
2.4   Zusammenhang von wirtschaftlichem Erfolg und nachhaltigen
Innovationen 53
2.4.1   Studien zur Wirtschaftlichkeit einer nachhaltigen Unternehmensausrichtung 54
2.4.2   Eigene empirische Analyse...56
2.4.2.1   Methode und Aufbau...56
2.4.2.2   Ergebnisse der Untersuchung...57
2.5   Fazit 59

2.1 Einleitung

Lange Zeit sahen Unternehmen das Thema Nachhaltigkeit als Aspekt zur Minimierung von rechtlichen Risiken und Reputationsrisiken. Mittlerweile tendieren immer mehr Unternehmen zu einer chancenorientierten Sichtweise von Nachhaltigkeit. Bei der Entwicklung neuer Produkte, Dienstleistungen und Geschäftsmodelle werden Nachhaltigkeitskriterien berücksichtigt und integriert (vgl. Hoffmann/Rotter/Knopf 2011, S. 9). In Zukunft wird die erfolgreiche Verknüpfung der Themen Nachhaltigkeit und Innovation eine wichtige Rolle als Reaktion auf globale Herausforderungen einnehmen. Die Gesellschaft wird aufgrund von globalen Megatrends, wie die zunehmende Globalisierung, Armut, Ressourcenknappheit und dem demographischem Wandel, vor immense Herausforderungen gestellt. Viele Unternehmen sehen es als Chance, diese Herausforderungen mit innovativen Lösungsansätzen anzugehen. Nachhaltige Innovationen sorgen für höhere Effizienz und Ressourcenproduktivität, sie gehen soziale Probleme an und helfen somit neue Wege zur nachhaltigen Entwicklung zu finden. Auf Nachhaltigkeit ausgerichtete Lösungsansätze bergen für Unternehmen Chancen und Risiken (vgl. Krämer/Arnold 2011, S. 12). Unternehmen müssen zu einer chancenorientierten Sichtweise der Nachhaltigkeit übergehen (vgl. Hoffmann/Rotter/ Knopf 2011, S. 9). Für das Innovationsmanagement bedeutet dies einen Wandel von technik- oder marktgetriebenen Innovationen, hin zu nachhaltigkeitsgetriebenen Innovationen (vgl. Hoffmann/Rotter/Knopf 2011, S. 16).

Da das Thema Nachhaltigkeit in Zukunft immer mehr an Bedeutung gewinnen wird, müssen Unternehmen versuchen, Nachhaltigkeit und Innovation zu verknüpfen. Von Seiten der Gesellschaft wird ebenfalls eine an Nachhaltigkeit und gesellschaftlicher Verantwortung ausgerichtete Unternehmenskultur gefordert.

Das einleitende Kapitel 2.2.1 erläutert das Verhältnis von Nachhaltigkeit und Innovationen und konkretisiert den Innovationsbegriff. Kapitel 2.2.2 beschreibt die Kriterien zur Bewertung der Nachhaltigkeit von Innovationen, hierbei werden die ökologischen, ökonomischen und sozialen Kriterien beschrieben. Kapitel 2.2.3 geht auf den Einfluss von Nachhaltigkeitskriterien auf das Kaufverhalten ein. Kapitel 2.2.4 stellt den Kern dieser Arbeit dar und befasst sich mit dem Zusammenhang von wirtschaftlichem Erfolg und nachhaltigen Innovationen.

2.1.1 Zielsetzung der Arbeit

Ziel dieser Arbeit ist es, die Wirtschaftlichkeit von nachhaltigen Innovationen zu überprüfen. Innovationen sollen einem Unternehmen primär einen wirtschaftlichen Vorteil bieten. Wachstums- und Rentabilitätssteigerungen sollen auch in einem sich wandelnden Umfeld realisiert werden. Nur Innovationsideen, welche betriebswirtschaftlich sinnvoll erscheinen, werden von Unternehmen auch umgesetzt. Aufgrund aktueller Entwicklungen ist eine Erweiterung der gängigen Innovationsbewertung um ökologische und soziale Aspekte erforderlich (vgl. Krüger/Bizer 2009, S. 2).

Doch sind Innovationen, welche nach Nachhaltigkeitskriterien bewertet wurden, auch wirtschaftlich lohnenswert für ein Unternehmen? Um dieser Frage auf den Grund zu gehen, wird im weiteren Verlauf dieser Ausarbeitung zunächst das Kaufverhalten der Konsumenten untersucht. Unter dem Titel „Einfluss von Nachhaltigkeitskriterien auf das Kaufverhalten" soll auf Basis verschiedener Studien festgestellt werden, ob eine konkrete Nachfrage am Markt nach nachhaltigen Innovationen besteht. Im Zuge dessen wird zudem untersucht, ob und in welchem Ausmaß Verbraucher Nachhaltigkeitsaspekte in ihre Kaufentscheidung miteinbeziehen.

Den Kern der Arbeit stellt eine eigens durchgeführte Untersuchung über den Zusammenhang zwischen wirtschaftlichem Erfolg und nachhaltigen Innovationen dar. Zu diesem Zweck wird die Wirtschaftlichkeit innovativer Unternehmen aus der Automobilbranche miteinander verglichen. Eine Aufteilung der Unternehmen in „innovative" und „nachhaltig innovative" Unternehmen erlaubt eine Aussage über den Einfluss nachhaltiger Innovationen auf den Unternehmenserfolg.

2.1.2 Das Verhältnis von Nachhaltigkeit und Innovation

Die zentrale Frage dieses Abschnitts ist, ob Innovationen ein hohes Nachhaltigkeitspotential aufweisen und einen Beitrag zur Nachhaltigkeit leisten können (vgl. Howaldt/Jacobsen 2010, S. 183). Neben ökonomischen Aspekten als zentrale Erfolgskriterien müssen bei der Bewertung von nachhaltigen Innovationen zusätzlich ökologische und soziale Kriterien integriert werden (vgl. Hauff/Jörg 2013, S. 147). Nachhaltigkeit wird in Unternehmen noch zu selten als die treibende Kraft und Chance für Innovationen verstanden. Der kurzfristige Erfolgsdruck und ein starker Wettbewerb stehen der Entwicklung nachhaltiger Innovationen oftmals im Wege (vgl. Mayer 2013) Zwischen dem Leitbild der Nachhaltigkeit und Innovationen besteht ein Spannungsverhältnis. Auf der einen Seite werden ökologische und soziale Aspekte als Hemmnis für Innovationen verstanden, andererseits können diese jedoch als Quelle für Ideen und ein qualitatives Wachstum angesehen werden (vgl. Fichter 2006, S. 3). Unbestritten ist, dass Innovationen den Schlüssel für nachhaltigere Produkte und Dienstleistungen darstellen. Allerdings taugen Innovationen nicht grundsätzlich der Förderung des Nachhaltigkeitsziels. Die folgenden kritischen Einwände sollten bei der Beurteilung der Nachhaltigkeit einer Innovation beachtet werden:

- „Innovationen waren in der Vergangenheit immer der Motor von Beschleunigung und nicht nachhaltigem Wachstum.
- Rebound-Effekte: Die ursprünglichen Effizienzsteigerungen eines Produktes werden mittel- bis langfristig durch einen verstärkten Konsum überkompensiert.
- Innovationen wecken einen neuen Bedarf beim Kunden, wodurch eine verstärkte Nachfrage generiert wird. Die Produktlebenszyklen verkürzen sich und es kommt zu einer höheren Wechselfrequenz.

- Nachhaltige Innovationen im Bereich der Endverbrauchsprodukte bewirken einen Aufwand zur Entsorgung der alten Produkte.
- Manche Nachhaltigkeitsinnovationen werden zwar erfolgreich entwickelt, können aber nicht in dem Maße am Markt abgesetzt werden, dass sich positive Effekte für die Nachhaltigkeit erzielen lassen.
- Die Folgen nachhaltiger Innovationen sind nicht immer abschätzbar und von Unsicherheit geprägt. Aufgrund von Nichtwissen können sich die Folgen im weiteren Verlauf als kontraproduktiv darstellen."
  (Lehmann-Waffenschmidt 2006, S. 22f.)

Das Verhältnis von Nachhaltigkeit und Innovationen darf daher durchaus als ambivalent betrachtet werden: Die Berücksichtigung von Nachhaltigkeitskriterien im Innovationsprozess stellt den Schlüssel für neue, nachhaltige Lösungsansätze dar. Allerdings können Innovationen aufgrund der oben genannten Einwände nicht per se als nachhaltig angesehen werden. „Nachhaltige Entwicklung braucht Innovationen, aber nicht irgendwelche" (vgl. Fichter/Arnold 2003, S. 21). Die Folgen nachhaltiger Innovationen und damit deren Nachhaltigkeitswirkung können aufgrund von Unsicherheiten nicht bereits im Vorfeld bestimmt werden.

2.1.3 Definition wichtiger Begriffe

2.1.3.1 Innovation

Den Ursprung einer Innovation bildet eine Idee. Wird diese Idee so ausgearbeitet, dass daraus ein neues Produkt, eine neue Dienstleistung, ein neues Verfahren oder ein neues Geschäftsmodell entsteht, spricht man von einer Invention. Setzt sich diese Invention erfolgreich am Markt oder in Unternehmensprozessen durch (Diffusion), dann spricht man von einer Innovation. Nur wenige Produkte werden übrig bleiben, welche den gesamten Prozess von der Idee bis zur Innovation durchlaufen. In der Konzeptphase wird häufig erkannt, dass es sich aufgrund eines hohen finanziellen Aufwands oder fehlender Renditemöglichkeiten nicht lohnt, diese weiter zu verfolgen. Die Historie zeigt zudem, dass sich bei weitem nicht jede Erfindung am Markt durchsetzen kann (vgl. Weis 2012, S. 38).

Josef Schumpeter sieht ein wesentliches Merkmal von Innovationen in der jeweils neuen Kombination bereits vorhandener und genutzter Dinge. Dabei unterscheidet er fünf verschiedene Arten von Innovationen:

- die Einführung neuer Produktionsmethoden
- die Herstellung neuer Produkte
- die Eroberung neuer Bezugsquellen
- die Erschließung von neuen Absatzmärkten sowie
- die Entwicklung neuer Organisationsformen.

Der Erfolg von Innovationen hängt von der Kompetenz der involvierten Akteure ab. Nach Schumpeter zählt hierzu die Fähigkeit, die Initiative zu ergreifen, vorrausschauend zu planen und Autorität auszuüben (vgl. Hofmann 2009, S. 15).

Eine „echte Innovation" stellt eine Marktneuheit dar, welche es zuvor noch nicht gegeben hat. Dagegen stellen „Quasi-Innovationen" einen neue Produktversion eines bereits am Markt bestehenden Produktes dar. Es handelt sich hierbei lediglich um eine Abwandlung. „Me-too-Produkte" sind keine wirklichen Innovationen. Sie stellen nur innerhalb des Unternehmens eine Neuheit dar. Es handelt sich jedoch um Imitationen am Markt bestehender Produkte, welche im Detail leicht verändert wurden (vgl. Jung 2010, S. 578).

2.1.3.2 Nachhaltigkeitsinnovation

Innovationen können als nachhaltig eingestuft werden, wenn sie sich am Leitbild der nachhaltigen Entwicklung orientieren. Eine Nachhaltigkeitsinnovation orientiert sich nicht ausschließlich am ökonomischen Nutzen für das Unternehmen, sondern dient nebenbei der Erreichung ökologischer und sozialer Ziele. Aus ökologischer Sicht geht es darum, die Umwelt nicht über ihre Aufnahmefähigkeit hinaus zu strapazieren und zum Erhalt natürlicher Ressourcen beizutragen. Soziale Ziele in Verbindung mit Nachhaltigkeitsinnovationen beinhalten beispielsweise die Verbesserung der Lebens- und Arbeitsumstände. Darüber hinaus befriedigen Nachhaltigkeitsinnovationen die Bedürfnisse der gegenwärtigen Generation, ohne die Lebensgrundlage nachfolgender Generationen weltweit zu gefährden (vgl. Krämer/Arnold 2011, S. 2). Dabei sind Unternehmen nicht nur Anpasser, welche sich an veränderte gesellschaftliche, marktliche, politische und rechtliche Rahmenbedingungen anpassen, denn durch Innovationen sind Unternehmen auch Motor von Veränderungen. Eine nachhaltige Entwicklung erfordert Veränderungen durch Innovationen. Dabei sollen nicht nachhaltige Produkte und Prozesse im Sinne des „kreativen Zerstörens" nach Schumpeter durch neue nachhaltige Lösungen ersetzt werden. Neben der Entwicklung von nachhaltigen Produkten, Dienstleistungen und Produktionsprozessen beinhaltet unternehmerische Nachhaltigkeit auch das Überdenken des eigenen Geschäftsmodells. Dies kann am Beispiel der Automobilindustrie verdeutlicht werden. Automobilkonzerne fokussieren sich nicht ausschließlich darauf, ihre Autos ökologischer zu gestalten, sondern dringen zusätzlich in neue Geschäftsfelder wie das Carsharing vor (vgl. Schaltegger/Hansen 2012, S. 20f.).

Bei der Entstehung von Nachhaltigkeitsinnovationen können die folgenden fünf Wege unterschieden werden:

- „Nachhaltigkeit als dominantes Ziel des Innovationsprozesses
- Nachhaltigkeit als integrales Unternehmensziel und strategischer Faktor
- Nachhaltigkeitspotential als zufällige Entwicklung im laufenden Entwicklungsprozess
- Nachhaltigkeitsanforderungen als mögliches Korrektiv im laufenden Innovationsprozess
- Nachhaltigkeit als nachtägliches Attribut zur Nutzung als Verkaufsargument" (Fichter 2007, S. 165f.)

Die Entstehungswege von Nachhaltigkeitsinnovationen sind vielfältig, wobei das Thema Nachhaltigkeit nicht zwangsläufig von Beginn an im Innovationsprozess integriert sein muss. Viele Unternehmen setzen bei der Entwicklung nachhaltiger Produkte, Dienstleistungen oder Geschäftsmodelle auf inkrementelle Innovationen. Dabei werden bestehende Lösungen schrittweise nachhaltiger gemacht und zugleich die Kosten und Marktrisiken begrenzt. Der Beitrag inkrementeller Nachhaltigkeitsinnovationen zur Änderung nicht nachhaltiger Konsum- und Produktionsweisen sowie Lebensstile ist allerdings fraglich. Radikale Innovationen wären hierfür besser geeignet, sind für Unternehmen aber auch mit höheren Risiken verbunden. Radikale Innovationen erfordern bereits zu Beginn des Innovationsprozesses eine explizite Integration von Nachhaltigkeitskriterien (vgl. Krämer/Arnold 2011, S. 8).

2.2 Bewertung der Nachhaltigkeit von Innovationen

Bevor ein System zur Bewertung von Innovationen erstellt werden kann, muss das oberste Unternehmensziel klar formuliert sein. Die traditionell vorherrschenden Unternehmensziele richten sich vornehmlich an Gewinn, Marktanteilen, Sicherheit und sozialer Verantwortung aus (vgl. Graining 2007, S. 17). Soll das Unternehmen von den Chancen, welche die Nachhaltigkeit bietet, profitieren, dann muss das traditionelle Zielsystem um Nachhaltigkeitsziele erweitert werden.

2.2.1 Innovationsbewertung

Die folgende Grafik liefert eine Einordnung der Innovationsbewertung innerhalb des Innovationsprozesses.

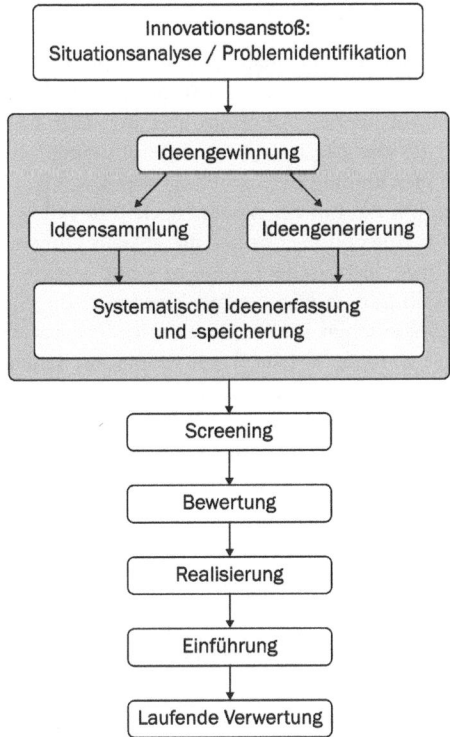

Abb. 2-1: Innovationsbewertung innerhalb des Innovationsprozesses
Quelle: eigene Darstellung in Anlehnung an: Graining, 2007, S. 21

Nachdem in einer Kreativitätsphase Innovationsideen gesammelt wurden, folgt die Bewertung der gefundenen Alternativen. Die relevanten Bewertungskriterien werden in einem Kriterienkatalog aufgelistet und gewichtet. Anhand einer Einschätzung, inwieweit eine Innovationsidee die einzelnen Kriterien erfüllt, kann schließlich die optimale Lösung gefunden werden. Da sich Innovationen an einer Vielzahl von Kriterien unterschiedlicher Dimensionen messen lassen müssen, ist eine systematisch-methodische Vorgehensweise erforderlich (vgl. Graining 2007, S. 38).

Um einen Beitrag zur Nachhaltigkeit zu leisten und die Chancen einer nachhaltigen Entwicklung zu nutzen, sollten Unternehmen ihre Innovationen nicht ausschließlich nach finanziellen und technischen Kriterien beurteilen. Der Kriterienkatalog sollte neben den klassischen Bewertungskriterien um ökologische und soziale Kriterien erweitert werden (vgl. Pfriem 2006, S. 271).

Nachhaltigkeitsinnovationen sind unter hoher Unsicherheit zu bewerten. Dies ist bei der Bewertungsphase als auch bei den Kriterien zu berücksichtigen. Hierbei bieten sich die Delphi-Methode als auch Szenariotechniken an. Es lassen sich prozessuale und inhaltliche Perspektiven unterscheiden, je nachdem ob die Nachhaltigkeit des Innovationssprosses oder des Innovationsobjektes betrachtet wird. Im Folgenden wird auf die inhaltlichen Nachhaltigkeitskriterien eingegangen.

Legt man bei der Bewertung der Nachhaltigkeit von Innovationen inhaltliche Kriterien und Konzepte zugrunde, dann steht das Innovationsobjekt im Fokus. Hierfür ist das Drei-Säulen-Modell als inhaltliches Kriterium geeignet. Der Grundgedanke des Drei-Säulen-Modells ist, dass die ökologischen, ökonomischen und sozialen Kriterien zusammenspielen und gleichrangig berücksichtigt werden (vgl. Gerlach 2008, S. 37f.). Das ökologische Kriterium fand in der nachhaltigen Innovationsforschung schon eine starke wissenschaftliche Zuwendung, wobei die soziale Dimension weniger beachtet wurde. Fakt ist aber, dass technische Lösungen ohne soziale Innovationen an ihre Grenzen stoßen. Deshalb gibt es zunehmend Konzepte, die eine Zusammenführung von sozialen und technologischen Innovationen erfordert (vgl. Hauff 2014. S. 76). Es muss die Frage gestellt werden, welche Technologie als Risiko eingestuft wird. Ein Konfliktpotential kann z.B. sein, dass eine nachhaltige Technologie nicht den Wirkungsgrad hat wie eine gängige Technologie. Ziel ist es, die gängige Technologie durch nachhaltige Technologien zu ersetzen. Um dies zu erreichen, müssen aber neben den Prozess- und Produktinnovationen auch organisatorische Änderungen und Verhaltensänderungen gefördert werden (vgl. Hauff 2014. S. 75f.).

2.2.2 Bewertungskriterien

2.2.2.1 Ökologische Kriterien

Zu den ökologischen Kriterien gehört unter anderem der Erhalt der Natur als Lebensgrundlage für gegenwärtige und zukünftige Generationen. Hierbei geht es um den bewussten Umgang mit natürlicher Ressourcen und um den Erhalt der Biodiversität (vgl. Dieckmann 2009, S. 13). Des Weiteren wird hier die Langlebigkeit von Produkten, die Effizienz und die Regenerationsrate von Ressourcen berücksichtigt (vgl. Hofmann 2009, S. 20).

2.2.2.2 Ökonomische Kriterien

Bei den ökonomischen Aspekten geht es um die Steigerung und Erhaltung der Wettbewerbsfähigkeit (vgl. Balderjahn 2004, S. 59) und um die langfristige Existenzsicherung der Unternehmen. Ebenso soll die ökonomische Leistungsfähigkeit der Unternehmen sichergestellt werden (vgl. Dieckmann 2009, S. 13). Des Weiteren lassen sich Kriterien wie Kosten und Nutzen und Auswirkungen auf die Beschäftigung heranziehen (vgl. Hofmann 2009, S. 20).

Innovationen können nur dann ökonomisch erfolgreich sein, wenn diese als realistische Alternative zu bestehenden Lösungen angesehen werden (vgl. Pfriem 2006, S. 271).

2.2.2.3 Soziale Kriterien

Die sozialen Aspekte umfassen die gesellschafts- und die mitarbeiterbezogenen Ziele des Unternehmens (vgl. Züger 2008, S. 57). Sie beinhalten zudem eine Chancengleichheit, zum Beispiel in Hinsicht auf den Zugang zu natürlichen Ressourcen oder zu Bildung. Dies gilt sowohl innerhalb der einzelnen Nationen als auch im internationalen Kontext. Des Weiteren gehören hierzu die Verminderung von technischen und sozialen Risikopotentialen, soziale Gerechtigkeit und Gesundheitsschutz (vgl. Hofmann 2009, S. 20).

2.3 Einfluss der Nachhaltigkeit auf das Kaufverhalten

Lange Zeit sahen Unternehmen das Thema Nachhaltigkeit als Aspekt zur Minimierung von rechtlichen Risiken wie auch von Reputationsrisiken. Mittlerweile tendieren immer mehr Unternehmen zu einer chancenorientierten Sichtweise von Nachhaltigkeit. Bei der Entwicklung neuer Produkte, Dienstleistungen und Geschäftsmodelle werden Nachhaltigkeitskriterien berücksichtigt (vgl. Hoffmann/Rotter/Knopf 2011, S. 9).

Durch die explizite Berücksichtigung von Nachhaltigkeitskriterien im Innovationsprozess können globale Herausforderungen wie Ressourcenknappheit, Klimawandel oder Armut angegangen werden. Diese Herausforderungen sollten für Unternehmen dabei keine Risikofaktoren darstellen. Vielmehr handelt es sich hierbei um Marktchancen, welche es durch nachhaltige Lösungsansätze und Leistungsangebote zu nutzen gilt (vgl. Krämer/Arnold, 2011, S. 2).

Nachhaltige Innovationen beschränken sich nicht ausschließlich auf die Reduzierung von Risiken und die Befriedigung der Nachfrage („market pull"). Durch eine gewisse Sensibilität des Unternehmens in sozialen und ökologischen Fragestellungen kann dieses neue Geschäftschancen oft früher als die Wettbewerber erkennen. Nachhaltigkeit kann somit auch die Quelle von Innovationen sein. Durch nachhaltige Innovationen können neue Märkte geschaffen werden („vision pull") (vgl. Krämer/Arnold 2011, S. 5).

Nachhaltige Innovationen sind von einer doppelten Unsicherheit behaftet: Zunächst ist unsicher ob sich für eine Idee Geldgeber finden lassen, ob die Unternehmensleitung die Umsetzung einer Idee zulässt und ob der Kunde auch tatsächlich bereit ist, Geld für das neue Produkt auszugeben. Die zweite Unsicherheit liegt in der Erfüllung der Nachhaltigkeitsbedingung. Die Nachhaltigkeit einer Innnovation kann aufgrund von Zeitabhängigkeiten, Unsicherheit über die Nutzungsform von Innovationen und der Veränderlichkeit von Systemelementen erst im Nachhinein bestimmt werden. Trotz der gewissenhaften Anwendung von Nachhaltigkeitskriterien im Innovationsprozess kann aufgrund von Nicht-Wissen, beispielsweise über nicht bekannte Nebenwirkungen von Inhaltsstoffen oder mögliche Reboundeffekte die Nachhaltigkeit einer Innovation nicht von vorne herein garantiert werden (vgl. Fichter/Arnold 2003).

Neue nachhaltige Produkte gelten nur dann als Innovation, wenn sie sich am Markt durchsetzen. Die Nachhaltigkeit an sich ist dabei nicht automatisch ein Erfolgsgarant. Denn bei weitem nicht alle Kunden sind bereit, für Produkte, bei welchen soziale oder ökologische Aspekte berücksichtigt wurden, Nutzen- oder Kosteneinbußen in Kauf zu nehmen (vgl. Krämer/Arnold 2011, S. 12).

Erst wenn der Nettonutzen eines nachhaltigen Produktes aus Kundensicht höher ist, als der Nettonutzen eines vergleichbaren herkömmlichen Produktes, wird der Kunde ersteres bevorzugen. Die Einschätzungen zum Nettonutzen eines Produktes sind rein subjektiv. Außerdem können sich die Kundenbedürfnisse und die Einschätzung von ökologischen Belastungen und sozialen Problemen im Zeitverlauf ändern. Erst wenn der Kunde eine nachhaltige Produkt- und Prozessqualität als einen Mehrwert wahrnimmt und er bereit ist, dafür einen höheren Preis zu zahlen, lassen sich für das Unternehmen Wettbewerbsvorteile erzielen (vgl. Belz 2005, S. 34).

Um nachhaltige Produktinnovationen erfolgreich in den Markt einzuführen, ist ein gezieltes Marketing wichtig. Nachhaltigkeit als Hauptverkaufsargument eignet sich besonders für Pionierunternehmen in Nischen. Das junge Unternehmen kann sich somit durch das Thema Nachhaltigkeit am Markt positionieren und vom Wettbewerb abheben. Wird Nachhaltigkeit als Zusatznutzen eines Produkts kommuniziert, sollen aktive umwelt- und sozialbewusste Käufer angesprochen werden. Nachhaltigkeit als integraler Bestandteil der Produktqualität muss nicht unbedingt hervorgehoben werden und richtet sich an den Massenmarkt der sozial-ökologischen passiven Käufer. Eine zentrale Rolle bei der Vermarktung von nachhaltigen Innovationen spielt die Glaubwürdigkeit. Der Kunde kann viele nachhaltige Produkteigenschaften nicht einfach selbst überprüfen. Nachhaltigkeits-Labels von unabhängigen Organisationen erleichtern dem Kunden die Kaufentscheidung und stellen das fehlende Vertrauen in die Nachhaltigkeit eines Produkts oder einer Dienstleistung her (vgl. Krämer/Arnold 2011, S. 12).

Der bewusste Kauf nachhaltiger Produkte setzt die Bekanntheit des Begriffs Nachhaltigkeit beim Verbraucher voraus. Obwohl die meisten Bundesbürger schon einmal von Nachhaltigkeit gehört haben, ist nur der Hälfte der Begriff ganz sicher bekannt. Der Begriff Nachhaltigkeit wird am häufigsten mit umweltbewusstem Handeln und Wirtschaften verbunden. Auf den Plätzen dahinter folgen Assoziationen wie Dauerhaftigkeit, nachwachsende Rohstoffe und die Einsparung von Ressourcen. Soziale Aspekte liegen am Ende des Rankings und wurden von den befragten Personen nur selten mit Nachhaltigkeit in Verbindung gebracht. Dreiviertel der Befragten ist es wichtig, dass nachhaltige Produkte und Dienstleistungen angeboten werden. Lediglich 4% derer, die den Begriff Nachhaltigkeit kennen, finden nachhaltige Produkte komplett unwichtig (vgl. GfK SE 2014).

Obwohl der Großteil der Bevölkerung Nachhaltigkeit als wichtig einschätzt und Unternehmen sowie Politik hierbei gleichermaßen in der Pflicht sieht, berücksichtigt in Deutschland nur eine Minderheit der Käufer Nachhaltigkeitskriterien bei ihrer Kaufentscheidung. 13% der Konsumenten suchen gezielt nach Informationen über nachhaltige Produkte und für 22% ist die Nachhaltigkeit ein Kaufkriterium. Zwei Drittel der Konsumenten würden laut einer aktuellen Umfrage mehr nachhaltige Produkte kaufen, wenn sie den Angaben der Unternehmen zur Nachhaltigkeit eines Produktes Glauben schenken könnten. Um nicht nur reines „Greenwashing" zu betreiben, müssen Unternehmen dem Verbraucher detaillierte Informationen geben, inwiefern ihr nachhaltiges Produkt die Lebensumstände des Konsumenten verbessert (vgl. Holst 2014). In einer repräsentativen Umfrage des Umweltbundesamtes aus dem Jahre 2012 gaben zwei Drittel der Deutschen an, gezielt Produkte zu kaufen, welche die Umwelt nur gering belasten. Ein Fünftel stimmte dieser These sogar voll und ganz zu. Auffällig ist, dass sich besonders Personen im Alter zwischen 30 und 49 Jahren für nachhaltige Produkte interessieren. Außerdem steigt das Umweltbewusstsein der Befragten mit der Höhe ihres Einkommens. Zu beachten ist jedoch, dass hier Ideal und Wirklichkeit oftmals sehr weit auseinander liegen, denn sonst müsste der Anteil nachhaltiger Produkte bereits deutlich höher sein.

In Ländern, in welchen die Bevölkerung unmittelbar unter den Auswirkungen einer nicht nachhaltigen Wirtschaftsweise leidet, informieren sich die Verbraucher genauer. In China gaben 44% und in Indien 50% der befragten Verbraucher an, sich über nachhaltige Produkte und deren Einfluss auf ihre lokale Umwelt zu informieren (vgl. Holst 2014).

Eine repräsentative Bevölkerungsumfrage des Umweltbundesamtes zeigt das Umweltbewusstsein der Verbraucher in Deutschland in einigen ausgewählten Branchen. Aus der Studie geht hervor, dass Verbraucher in verschiedenen Lebensbereichen unterschiedlich stark Wert auf nachhaltige Produkte legen. Im Rahmen dieser Ausarbeitung soll ausschließlich das Kaufkriterium „günstiger Preis" mit Nachhaltigkeitskriterien der Kaufentscheidung verglichen werden. Mehrfachnennungen waren möglich. Für das Thema nicht relevante Kaufkriterien wurden nicht berücksichtigt. Auffallend ist, dass Verbraucher bei der Buchung von Flugreisen und beim Kauf von Möbeln so gut wie gar nicht auf Nachhaltigkeitskriterien achten. Für 72% der Befragten ist der Preis ein wichtiges Kriterium für ihre Kaufentscheidung. Nur 9% dagegen gaben an, bei der Buchung von Flugreisen auch auf Kriterien des Umwelt- und Klimaschutzes zu achten. Ähnlich stellt sich die Situation in der Möbelindustrie dar. Nur 7% der Befragten achten auf eine umweltgerechte Waldbewirtschaftung. Sozialgerechte Produktionsbedingungen scheinen keine Rolle beim Kauf zu spielen.

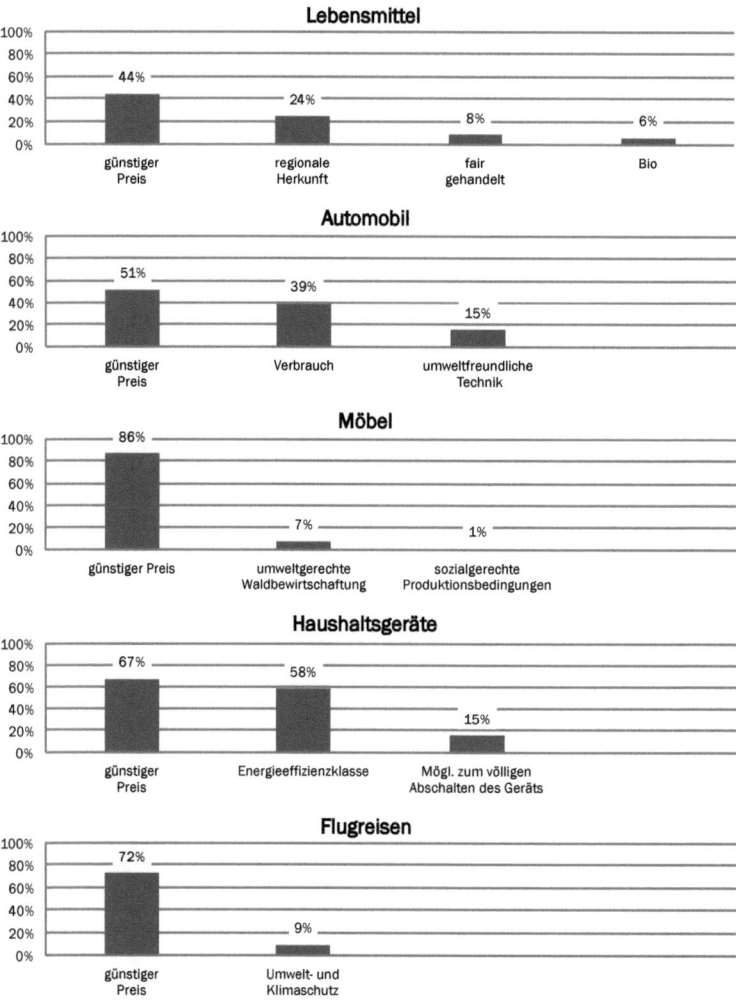

Abb. 2-2: Umweltbewusstsein deutscher Konsumenten

Quelle: eigene Darstellung in Anlehnung an: Rückert-John, Bormann, John (2013): Umweltbewusstsein in Deutschland 2012. Ergebnisse einer repräsentativen Bevölkerungsumfrage, hrsg. von Bundesministerium für Umwelt, Naturschutz und Reaktorsicherheit, http://www.umweltbundesamt.de/sites/default/files/medien/publikation/long/4396.pdf, abgerufen am: 19.01.2015

Beim Kauf eines Automobils scheinen Nachhaltigkeitskriterien etwas mehr ins Gewicht zu fallen. Immerhin 15% der Befragten achten hierbei auf eine umweltfreundliche Technik und für 39% spielt die Ressourceneffizienz eine wichtige Rolle. Im Bereich von Haushaltsgeräten scheinen Nachhaltigkeitsinnovationen für Unternehmen besonders lohnenswert zu sein. Über die Hälfte der Verbraucher achtet auf die Energieeffizienz der Geräte und für 15% der Verbraucher ist es wichtig, die Geräte völlig abschalten zu können. Der Fokus der Verbraucher beschränkt sich beim Kauf von Haushaltsgeräten und Kraftfahrzeugen allerdings auf eine effiziente Nutzung der Produkte. Inwieweit diese Effizienzsteigerungen zu mehr Nachhaltigkeit beitragen ist höchst unsicher. Beispielsweise können Reboundeffekte die Effizienzgewinne schnell zunichtemachen.

Beim Kauf von Lebensmitteln wird von den Verbrauchern mehr auf die Kriterien der sozialen Nachhaltigkeit geachtet. 8% der Verbraucher legen Wert auf fair gehandelte Produkte. Ein großer Fokus liegt auch auf der Regionalität der Produkte, um lange Lieferwege zu vermeiden und die Heimische Wirtschaft zu unterstützen (vgl. Rückert-John/Bormann/John 2013)

Nachhaltigkeitsinnovationen scheinen sich für Unternehmen nur in einigen ausgewählten Branchen zu lohnen. Nicht in allen Lebensbereichen sind Verbraucher dazu bereit, für Nachhaltigkeitsinnovationen einen höheren Preis zu bezahlen als für herkömmliche Produkte. Eine Ausnahme bildet hierbei das Kriterium der Energie- und Ressourceneffizienz der Produkte. Allerdings ergibt sich daraus für den Verbraucher ein finanzieller Vorteil bei der Nutzung, weshalb es sich zum Teil auch um ein ökonomisches Kriterium handelt.

Zeigt der Verbraucher ein hohes Desinteresse, scheinen Nachhaltigkeitsinnovationen zumindest zum jetzigen Zeitpunkt nicht sinnvoll zu sein. Zu beachten ist außerdem, dass zwischen der bekundeten und der tatsächlichen Bereitschaft nachhaltige Produkte zu kaufen, eine Lücke besteht. Der wirtschaftliche Erfolg nachhaltiger Innovationen ist daher nur schwer im Vorfeld abschätzbar. Der Kauf eines nachhaltigen innovativen Produktes zu einem Mehrpreis setzt voraus, dass der Käufer eine moralische Pflicht empfindet und Vertrauen in die tatsächliche Nachhaltigkeit der Leistung besteht. Das nachhaltige Produkt wird sich schneller am Markt durchsetzen und erfolgreicher sein, je geringer der preisliche Unterschied zu herkömmlichen Produkten ist. Richtet ein Unternehmen seine Erfolgsmessung nicht ausschließlich an finanziellen Kennzahlen aus, sondern auch an der Zielerreichung von Nachhaltigkeitsthemen, wird sich der Erfolg nachhaltiger Innovationen schneller im Gesamterfolg niederschlagen.

2.4 Zusammenhang von wirtschaftlichem Erfolg und nachhaltigen Innovationen

Der folgende Abschnitt befasst sich mit dem Thema der nachhaltigen Innovationen aus Sicht der Unternehmen. Innovative Unternehmen gelten als erfolgreich und wachstumsstark (vgl. PricewaterhouseCoopers AG 2013). Doch wie wirkt sich die Integration von Nachhaltigkeitskriterien im Innovationsprozess auf den wirtschaftlichen Erfolg von Unternehmen aus? Um dieser Frage nachzugehen, werden zunächst hierfür wesentliche Analysen und Studien vorgestellt.

2.4.1 Studien zur Wirtschaftlichkeit einer nachhaltigen Unternehmensausrichtung

Die sich seit Jahren ändernden Rahmenbedingungen zwingen Unternehmen dazu, umzudenken und Nachhaltigkeitsthemen stärkerer zu berücksichtigen (vgl. Schaltegger/Hansen 2013, S. 20f.). Neben der Beachtung umweltspezifischer Gesichtspunkte wird von der Gesellschaft immer mehr die soziale Verantwortung von Unternehmen eingefordert (vgl. Altenburger 2013, S. 1f.). Die soziale Verantwortung sollte über die von Milton Friedman formulierte Verantwortung: „The social responsibility of business is to increase its profits" (Friedman 1970) hinausgehen. Nachhaltigkeit nimmt somit eine zentrale Rolle im heutigen Geschäftsbetrieb ein (vgl. Jefferson Hynds 2013). Dies spiegelt auch die steigende Anzahl veröffentlichter Nachhaltigkeitsberichte wider und das damit verbundene Interesse von Stakeholdern nach zuverlässigen und robusten Informationen über die Nachhaltigkeitsaktivitäten von Unternehmen (vgl. Global Reporting Initiative – North America 2014). Durch die zunehmende Integration von Nachhaltigkeit in die Unternehmensstrategie wirkt sich dies insbesondere auf den Innovationsprozess aus. Unternehmen müssen deshalb ihr gesamtes Produkt- und Dienstleistungsportfolio, sowie ihre Prozesse überprüfen und verbesserte oder neue Lösungen und Produkte generieren (vgl. Schaltegger/Hansen 2013, S. 20f.). Die Integration während der kreativen Konzeptentwicklung kann ein wirksames Instrument sein, um festzustellen, wo Werte geschaffen werden können und um zu verstehen, wie man seinen Kunden helfen kann, ihre Arbeit nicht nur besser, sondern auch nachhaltiger zu gestalten (vgl. Hynds 2013). Der Wertschöpfungsprozess kann somit als zentraler Ansatzpunkt für Nachhaltigkeitsinnovationen definiert werden (vgl. Schaltegger/Hansen 2013, S. 20f.). Aus diesem Grund sind Produkt- und Prozessinnovationen entscheidend, um von Nachhaltigkeitsthemen finanziell zu profitieren (vgl. Arabesque Asset Management Ltd 2014).

Durch die Integration von Nachhaltigkeitsprinzipien werden nicht nur positive Effekte in Hinblick auf die Unternehmensreputation erwartet, sondern auch Vorteile in Bezug auf Kostensenkungen, neue Produktlösungen, sowie die Erschließung neuer Märkte assoziiert (vgl. McKinsey & Company Inc 2011). Des Weiteren können Unternehmen, Innovationen im Bereich Nachhaltigkeit dazu nutzen, sich im Wettbewerb durch ihre Prozesse, Produkte und Geschäftsmodelle zu differenzieren (vgl. Ober 2013, S. 144). Durch eine gezieltere Ausrichtung auf alle Stakeholder können zudem mittel- bis langfristige Wettbewerbsvorteile erreicht werden. Auch im Hinblick auf Kapitalkosten kann sich die Integration lohnen. Firmen mit sehr guten Nachhaltigkeitsstandards haben deutlich niedrigere Kapitalkosten und kommen leichter an neues Kapital (vgl. Arabesque Asset Management Ltd 2014).

Die Auffassung, dass Unternehmen von Nachhaltigkeit profitieren können, findet zunehmend mehr Anklang. In einer 2013 durchgeführten Studie des MIT Sloan Management Reviews gaben 37% der 2.600 befragten Manager an, ihr Unternehmen würde vom Thema Nachhaltigkeit profitieren. Ein Jahr zuvor lag dieser Anteil noch bei 23%. Noch viel bedeutender ist, dass 50% der befragten Manager das große Potential der Nachhaltigkeit erkennen und planen ihr Geschäftsmodell dahingehend anzupassen und auszurichten (vgl. MIT Sloan Management Review/The Boston Consulting Group 2013).

Die Studie des MIT lässt erkennen, dass sich durch eine nachhaltige Unternehmensausrichtung durchaus auch wirtschaftliche Vorteile generieren lassen. Die Analyse der wertsteigernden Ansatzpunkte für Nachhaltigkeit erfordert jedoch einen hohen Einsatz von Ressourcen, wie sie zumeist nur bei größeren Unternehmen vorhanden sind (vgl. Engelmann 2013, zit. n. Dreuw, Engelmann, Merten 2014, S. 36). In den meisten Ländern machen diese allerdings nur einen kleinen Teil der Unternehmen aus. In Deutschland sind gemäß der KMU-Definition des IfM Bonn 99,6% der Unternehmen kleine bzw. mittelständische Unternehmen (vgl. Institut für Mittelstandsforschung Bonn 2012). Nicht anders ist es in den USA. Hier stellen Unternehmen mit 5 oder weniger Beschäftigten 88% aller Unternehmen dar. Umso interessanter sind die Ergebnisse einer Studie aus dem Jahr 2013, bei der mehr als 1.300 Klein- und Kleinstunternehmen in den USA zum Thema Nachhaltigkeit und deren Auswirkungen befragt wurden. Diese berichteten von einer steigenden Nachfrage nach umweltfreundlichen Produkten und Dienstleistungen und einem erhöhten Wettbewerb für umweltorientierte Kunden. Gleichzeitig berichteten die Unternehmen, dass ihre grünen Angebote in der Regel profitabel sind, oft sogar profitabler als ihre weniger umweltfreundlichen Angebote. Des Weiteren zeigt die Studie, dass grüne Marktsegmente in den USA schneller wachsen als konventionelle Segmente (vgl. Green America, Association for Enterprise Opportunity, and EcoVentures International 2013).

Die Anzahl der Studien, die sich auf einen längeren Betrachtungszeitraum stützen, sind noch sehr begrenzt. Eine Ausnahme ist das von der Harvard Business School veröffentliche Arbeitspapier, welches die Entwicklung von Unternehmen über einen Zeitraum von achtzehn Jahren analysiert hat. Hierbei wurde festgestellt, dass Unternehmen, die freiwillig in ihrer Kultur und Strategie Nachhaltigkeitsrichtlinien integrierten, bessere Ergebnisse erzielen konnten als Unternehmen, die Nachhaltigkeit kaum bis wenig in ihrer Strategie verankert hatten. Die langfristige Betrachtung führte zu dem Ergebnis, dass nachhaltige Unternehmen eine deutlich bessere Entwicklung des Aktienkurses, sowie der Bilanzkennzahlen aufzeigen als die Vergleichsgruppe (vgl. Eccles/Ioannou/Serafeim 2011).

Eine von der Wirtschaftsprüfungsgesellschaft Deloitte durchgeführte Befragung von 250 CFOs aus unterschiedlichen Ländern und Branchen kommt zu ähnlichen Ergebnissen. 73% der Befragten sehen einen starken Zusammenhang zwischen der Nachhaltigkeit und der wirtschaftlichen Entwicklung eines Unternehmens. Dieser Anteil ist in den letzten Jahren beträchtlich angestiegen. Lediglich 1% der befragten CFOs sieht keinen Zusammenhang zwischen Nachhaltigkeit und finanziellem Erfolg eines Unternehmens (vgl. Deloitte Touche Tohmatsu Limited 2014).

2.4.2 Eigene empirische Analyse

Die folgende Hypothese soll im Rahmen dieser Ausarbeitung überprüft werden: Die Integration von Nachhaltigkeitsthemen im Innovationsprozess hat einen positiven Einfluss auf die Profitabilität von Unternehmen.

Im Kapitel „Einfluss von Nachhaltigkeitskriterien auf das Kaufverhalten" wurde die Bereitschaft der Konsumenten zum Kauf nachhaltiger Produkte untersucht. Verschiedene Studien lieferten die Tendenz, dass Nachhaltigkeitskriterien beim Kauf von Konsumgütern und Dienstleistung eine untergeordnete Rolle spielen. Der Preis stellt in den meisten Fällen das Hauptentscheidungskriterium beim Kauf dar. Ein positiver Einfluss nachhaltiger Innovationen auf die Profitabilität eines Unternehmens konnte nicht eindeutig belegt werden. Es drängt sich daher die Frage auf, ob es für Unternehmen wirtschaftlich lohnenswert ist, nachhaltige Produkte zu entwickeln und auf den Markt zu bringen. Die im vorherigen Abschnitt vorgestellten Studien belegen, dass eine nachhaltige Unternehmensausrichtung dem wirtschaftlichen Erfolg keinesfalls schadet. Nachhaltigkeit dient nicht allein dazu, Risiken zu minimieren und Imageschäden zu vermeiden. Immer mehr Unternehmen sehen Nachhaltigkeit als Chance, am Markt zu bestehen und langfristig wirtschaftlich erfolgreich zu sein.

Mit dem Ziel, den Einfluss nachhaltiger Innovationen auf den wirtschaftlichen Erfolg eines Unternehmens zu untersuchen, wurde im Rahmen dieser Ausarbeitung eine Sekundärerhebung erstellt. Wie bereits in Kapitel 2.3 erwähnt, ist das Nachhaltigkeitsbewusstsein der Verbraucher in verschiedenen Branchen und Lebensbereichen unterschiedlich stark ausgeprägt. Die Ergebnisse der Studie hängen daher sehr stark von der Branchenzugehörigkeit der einbezogenen Unternehmen ab. Daher konzentriert sich die hier durchgeführte Untersuchung ausschließlich auf Unternehmen aus der Automobilbranche.

2.4.2.1 Methode und Aufbau

Bei der Untersuchung handelt es sich um eine Sekundärerhebung, welche auf bereits vorhandenen statistische Daten und Unterlagen basiert. Zur Feststellung der Nachhaltigkeit und der Innovationskraft von Unternehmen wurde auf anerkannte Statistiken und Rankings zurückgegriffen. Als Kriterium der Innovationskraft eines Unternehmens wurden das Ranking „The Most Innovative Companies" der Boston Consulting Group gewählt. Zur Feststellung der Nachhaltigkeit der untersuchten Unternehmen wurde die „Corporate Knights Capital Global 100", sowie die Ergebnisse des "Dow Jones Sustainability Indices" verwendet.

Der wirtschaftliche Erfolg der Unternehmen wurde anhand der Umsatzrendite festgestellt. Dazu wurde das operative Betriebsergebnis in Relation zu den Nettoumsätzen eines Unternehmens gestellt. Die Kennzahl Umsatzrentabilität gibt an, welcher Ertrag aus einem Euro Umsatz verdient wurde. Daher ist diese gut zur Beurteilung der Rentabilität der Produktpalette geeignet. Die Daten zur Berechnung der wirtschaftlichen Erfolgsgröße beziehen sich auf die von den jeweiligen Unternehmen veröffentlichen Jahresabschlussberichte. Der Untersuchungsrahmen bezieht sich auf die Automobilbranche im Betrachtungszeitraum der Jahre 2010 bis 2013. Die Auswahl der Vergleichsgruppen erfolgte nach folgenden Kriterien:

Gruppe 1 „innovative Unternehmen":

Unternehmen, welche mindestens einmal im Betrachtungszeitraum in der für die Innovationskraft relevanten Statistik „The Most Innovative Companies" gelistet und **nicht** in einem der beiden ausgewählten Nachhaltigkeitsrankings gelistet wurden.

Gruppe 2 „nachhaltige innovative Unternehmen"

Unternehmen, welche mindestens einmal im Betrachtungszeitraum sowohl in einem der Nachhaltigkeitsrankings, als auch in dem Ranking der innovativen Unternehmen gelistet wurden. Unterstellt wird, dass diese Unternehmen aufgrund ihrer Innovationskraft und ihrer überdurchschnittlichen Nachhaltigkeitsbemühungen den Innovationsprozess nach Nachhaltigkeitskriterien ausrichten. Unternehmen aus dieser Gruppe sollten verstärkt Nachhaltigkeitsinnovationen auf den Markt bringen, sowie nachhaltige Geschäftsmodelle verfolgen.

Gruppe 1: „innovative Unternehmen"	Gruppe 2: „nachhaltige innovative Unternehmen"
Fiat S.p.A.	Volkswagen AG
Ford Motor Company	BMW Group
Honda Motor Co. Ltd.	Daimler AG
Hyundai Motor Company	Nissan Automobil AG
BYD Auto Company Ltd.	Renault Group
	Toyota Motor Corporation

Tabelle 2-1: innovative und nachhaltig innovative Unternehmen
Quelle: Eigene Darstellung.

Bei der Untersuchung wurden die Firmen Audi AG und Tesla Motors Inc. nicht berücksichtigt. Die Audi AG wird durch den Mutterkonzern Volkswagen AG vertreten und Tesla Motors Inc. wurde auf Grund der jungen Firmengeschichte und hoher Anfangsinvestitionen nicht berücksichtigt.

2.4.2.2 Ergebnisse der Untersuchung

Ein Vergleich der Umsatzrenditen beider Gruppen kommt zu dem Ergebnis, dass die „nachhaltigen innovativen Unternehmen" (Gruppe 2) im gesamten Betrachtungszeitraum eine höhere Umsatzrendite erzielen konnten als die nicht nachhaltigen Unternehmen (Gruppe 1). Die durchschnittliche Umsatzrendite der Gruppe 2 betrug im Betrachtungszeitraum 6,15 %. Die Umsatzrendite der Gruppe 1 lag im selben Zeitraum nur bei 5,03 %.

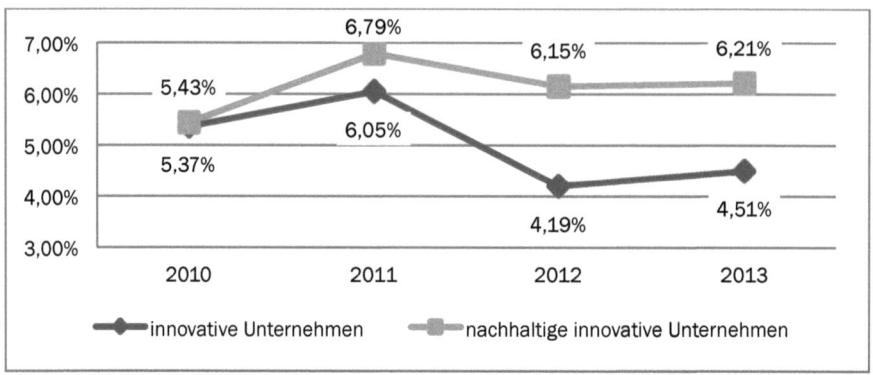

Abb. 2-3: Auswertung Brutto Umsatzrendite mit Extremwert
Quelle: Eigene Darstellung

Die durchgeführte Untersuchung zeigt, dass Automobilhersteller, welche nachhaltige Innovationen entwickeln, tendenziell wirtschaftlich erfolgreicher sind als Unternehmen, welche Nachhaltigkeitskriterien nicht berücksichtigen. Im Jahr 2010 wichen die Umsatzrenditen der beiden Vergleichsgruppen nur geringfügig voneinander ab. In den Folgejahren entwickelten sich die Renditen der nachhaltigen innovativen Unternehmen allerdings deutlich besser als die Renditen der weniger nachhaltigen Unternehmen aus der Vergleichsgruppe.

Die dargestellten Ergebnisse belegen die überdurchschnittliche Performance nachhaltiger innovativer Unternehmen im Automobilbereich. Kritisch anzumerken ist jedoch, dass der Einfluss der Nachhaltigkeit auf den wirtschaftlichen Erfolg nicht eindeutig messbar ist. Nicht aus der Untersuchung ersichtlich ist, ob die Unternehmen aufgrund ihrer Nachhaltigkeitsorientierung erfolgreicher sind. Eine andere Möglichkeit wäre beispielsweise, dass ohnehin erfolgreiche Unternehmen den nötigen finanziellen Spielraum haben, um sich intensiv mit Nachhaltigkeitsinnovationen auseinanderzusetzen. Außerdem sollte angemerkt werden, dass sich in der Gruppe der nachhaltigen innovativen Unternehmen verstärkt deutsche bzw. europäische Konzerne befinden. Aufgrund strenger europäischer Umweltvorschriften sind diese zur Einhaltung gewisser Nachhaltigkeitsstandards verpflichtet. Dies ist damit aber auch ein Anhaltspunkt dafür, dass höhere Anforderungen an die Nachhaltigkeit nicht zu Lasten des wirtschaftlichen Erfolgs gehen müssen.

2.5 Fazit

Die eingangs aufgestellte Hypothese, dass die Integration von Nachhaltigkeitsthemen im Innovationsprozess einen positiven Einfluss auf die Profitabilität von Unternehmen hat, kann in Anbetracht der durchgeführten Untersuchung bestätigt werden. Zumindest in der Automobilindustrie erwirtschafteten die nachhaltig innovativen Unternehmen eine höhere Umsatzrendite als Unternehmen der Vergleichsgruppe. Allerdings kann der Anteil der nachhaltigen Innovationen am Gesamterfolg der Unternehmen nicht eindeutig festgestellt werden.

Umso bemerkenswerter scheint der Erfolg der nachhaltig innovativen Unternehmen vor dem Hintergrund, dass Konsumenten in Deutschland Nachhaltigkeitskriterien bisher selten in ihre Kaufentscheidung miteinbeziehen. Nachhaltigkeitsinnovationen lohnen sich für Unternehmen nur in bestimmten Branchen. Verbraucher sind oft nicht dazu bereit, für alle Produkte einen höheren Preis zu bezahlen. Lediglich bei den Kriterien Energie- und Ressourceneffizienz sind Konsumenten bereit, mehr zu bezahlen als bei herkömmlichen Produkten. Dies dürfte jedoch daran liegen, dass sich ein finanzieller Vorteil für den Verbraucher ergibt. Aus diesem Grund ist der wirtschaftliche Erfolg von Nachhaltigkeitsinnovationen nur sehr schwer abschätzbar. Um nachhaltig innovative Produkte zu einem höheren Preis anbieten zu können, setzt dies meist die moralische Überzeugung und das Vertrauen in die Nachhaltigkeit des Produktes der Konsumenten voraus. Gelingt es den Unternehmen, den preislichen Unterschied zu herkömmlichen Produkten zu senken, dann können sich nachhaltige Produkte schneller am Markt etablieren. Damit Unternehmen auch in Zukunft wirtschaftlich erfolgreich sind, ist es wichtig, Innovation und Nachhaltigkeit zunehmend zu vereinen.

Literaturverzeichnis

Einzelwerke

Balderjahn, I. (2004): Nachhaltiges Marketing-Management – Möglichkeiten einer Umwelt und sozialverträglichen Unternehmenspolitik, Stuttgart

Baumast, A./Pape, J. (Hrsg.) (2013): Betriebliches Nachhaltigkeitsmanagement, Stuttgart

Binswanger, M. (2013): Der Kampf gegen Tretmühlen, in: Politische Ökologie, Heft 4-2013, S. 51-56

Braungart, M./Mcdonough, W. (2014): Cradle to Cradle – Einfach intelligent produzieren, München

Corsten, H./Gössinger, R./Schneider, H. (2006): Grundlagen des Innovationsmanagements, München

Fichter, K./Beucker, S./Noack, T./Springer, S. (Hrsg.)(2007): Entstehungspfade von Nachhaltigkeitsinnovationen, Stuttgart

Fichter, K./Noack, T./Beucker, S./Bierter, W./Springer, S. (Hrsg.)(2006): Nachhaltigkeitskonzepte für Innovationsprozesse, Stuttgart

Gerlach, A.(2008): Entscheidungseffekte als Barrieren für Nachhaltigkeitsinnovationen, Mering

Grainig, P. (2007): Innovationsbewertung, Wiesbaden

Hauschildt, J. (2004): Innovationsmanagement, 3. Aufl., München

Hofmann, G. (2009): Entwicklung eines Managementkonzeptes für Biosphärenreservate zur Förderung nachhaltiger Innovationen am Beispiel des Biosphärenreservates Rhön, 1. Aufl., Frankfurt am Main

Howaldt, J./Jacobsen, H. (2010): Soziale Innovationen- auf dem Weg zu einem postindustriellen Innovationsparadigma, 1. Aufl., Wiesbaden

Jänicke, N. (2011): Controlling im Nachhaltigkeitsmanagement – Unterstützung betrieblicher Entscheidungen, Marburg

Jung, H. (2010): Allgemeine Betriebswirtschaftslehre, 12. Aufl., München

Layard, R. (2005): Die glückliche Gesellschaft, Frankfurt/New York

Müller-Christ, G. (2010): Nachhaltiges Management – Einführung in Ressourcenorientierung und widersprüchliche Managementrationalitäten, Baden-Baden

Pfriem, R./Antes, R./Fichter, K./Müller, M./Paech, N./Seuring, S./Siebenhüner, S. (Hrsg.) (2006): Innovationen für eine nachhaltige Entwicklung, 1. Aufl., Wiesbaden

Rönz, M./Ryba, M. (2012): Kennzahlen in Nachhaltigkeitsberichten im Fokus, in: Controller Magazin, Heft 5, S. 87-91

Sailer, U. (2012): Management - Komplexität verstehen: Systemisches Denken, Business Modeling, Handlungsfelder nachhaltigen Erfolgs, Stuttgart

Von Hauff, M. (2014): Nachhaltige Entwicklung: Grundlagen und Umsetzung, München

Von Hauff, M./Jörg, A. (2013): Nachhaltiges Wachstum, München

Weis, B. (2012): Praxishandbuch Innovation, Wiesbaden

Züger, R. (2008): Betriebswirtschaft - Management-Basiskompetenz: theoretische Grundlagen und Methoden mit Beispielen, Repetitionsfragen und Antworten, 3. Aufl., Zürich

Sammelwerke

Altenburger, R.: Gesellschaftliche Verantwortung als Innovationsquelle, in: Altenburger, R. (Hrsg.) (2013): CSR und Innovationsmanagement, Berlin/Heidelberg, S. 1-16

Arnsfeld, T./Peters, H.-G./Wübben, G. (2011): Sustainable Value in der Unternehmenssteuerung, Konzepte – Grenzen – Einsatzmöglichkeiten am Beispiel der Deutschen Telekom AG, in: Controller Magazin Heft 5, S. 80-85

Belz, F. (2005): Nachhaltigkeits-Marketing: Konzeptionelle Grundlagen und empirische Ergebnisse, in: Belz, F.; Bilharz, M. (Hrsg.): Nachhaltigkeits-Marketing in Theorie und Praxis, Wiesbaden, S. 34

Dreuw, K./Engelmann, T./Merten, T. (2014): Der Nachhaltigkeitsbericht als Instrument der Organisationsentwicklung in KMU: Die Verzahnung von Nachhaltigkeitsbericht und Nachhaltigkeitsmanagement, in: Fifka, M. S. (Hrsg.): CSR und Reporting, Berlin/Heidelberg, S. 35-57

Gnam, H.-J./Schwalbe, L. (2013): Betriebliches Umweltmanagement, in: Ernst, D./ Sailer, U. (Hrsg.): Nachhaltige Betriebswirtschaftslehre, Konstanz/München, S. 143-170

Ober, S., u.a. (2013): Innovationen durch nachhaltige Unternehmensführung am Beispiel von Elektromobilität, in: Altenburger, R. (Hrsg.): CSR und Innovationsmanagement, Heidelberg, S. 131-144

Schaltegger, S./Hansen, E. (2013): Unternehmerische Nachhaltigkeitsinnovationen durch nachhaltiges Unternehmertum, in: Altenburger, R. (Hrsg.): CSR und Innovati-onsmanagement, Heidelberg, S. 19-29

Sailer, U. (2013): Nachhaltigkeit – eine Einführung, in: Ernst, D./ Sailer, U.: Nachhaltige Betriebswirtschaftslehre, Konstanz/ München, S. 23-30

Lehmann-Waffenschmidt, M. (2006): Innovationen und nachhaltige Entwicklung aus volkswirtschaftlich evolutorischer Perspektive, in: Pfriem, R.; Antes, R.; Fichter, K.; Müller, M.; Paech, N.; Seuring, S.; Siebenhüner, B. (Hrsg.): Innovationen für eine nachhaltige Entwicklung, Wiesbaden, S. 22

Elektronische Quellen

Accenture/United Nations Global Compact (2013): The UN Global Compact-Accenture CEO Study on Sustainability 2013, in: http://www.accenture.com/SiteCollectionDocuments/PDF/Accenture-UN-Global-Compact-Acn-CEO-Study-Sustainability-2013.PDF, abgerufen am 22.12.14

Arabesque Asset Management Ltd (2014): From the Stockholder to the Stakeholder. http://arabesque.com/oxford-study-pdf, abgerufen am 22.12.14

Borderstep Institut: Nachhaltigkeitsinnovationen. http://www.borderstep.de/forschungsthemen/nachhaltigkeitsinnovationen/, abgerufen am 04.01.15

Damm, L./Hoffmann, E./Kahlenborn, W./Klaus, J./Knopf, J. (2014): Meta-Analyse – Nachhaltigkeitsstrategien in Politik und Wirtschaft http://www.innovative-nachhaltigkeit.de/htdocs_de/pdf/Literaturstudie.pdf, abgerufen am 02.01.15

Deloitte Touche Tohmatsu Limited (2014): CFOs and Sustainability: Shaping their roles in an evolving environment. http://www2.deloitte.com/content/dam/Deloitte/de/Documents/energy-resources/deloitte-cfos-sustainability.pdf, abgerufen am 05.01.15

Eccles, R. G./Ioannou, I./Serafeim, G. (2011): The Impact of Corporate Sustaina-bility on Organizational Processes and Performance. http://ssrn.com/abstract=1964011, abgerufen am 22.12.14

Fichter, K./Arnold, M. (2003): Nachhaltigkeitsinnovationen. Nachhaltigkeit als strategischer Faktor. Eine explorative Untersuchung von Unternehmensbeispielen
zur Be-rücksichtigung von Nachhaltigkeit im strategischen Management.
http://www.borderstep.de/wp-content/uploads/2014/10/Fichter-Arnold-
Nachhaltigkeitsinnovationen-Nachhaltigkeit_als_strategischer_Faktor-
2003.pdf, abge-rufen am 18.02.15

Friedman, M. (1970): The Social Responsibility of Business is to Increase its Profits.
http://www.colorado.edu/studentgroups/libertarians/issues/friedman-soc-
resp-business.html, abgerufen am 21.12.14

Global Reporting Initiative (2013): G4 Sustainability Reporting Guidelines,
Amsterdam, online verfügbar:
https://www.globalreporting.org/reporting/g4/Pages/default.aspx, abgerufen
am 18.02.15

Global Reporting Initiative – North America (2014): Trends in External Assurance of
Sustainability Reports.
https://www.globalreporting.org/resourcelibrary/GRI_Trends-in-External-
Assurance-of-Sustainability-Reports_July-2014.pdf, abgerufen am 20.12.14

Green America, Association For Enterprise Opportunity, Ecoven-Tures International
(2013): Small Business Sustainabilitiy Report 2013.
http://biggreenopportunity.org/wp-content/uploads/2013/05/Big-Green-
Opportunity-Report-FINAL-WEB.pdf, abgerufen am 18.12.14

Hynds, E. J. (2013): Viewing Innovation through the Sustainability Lens.
http://www.iriweb.org/Public_Site/RTM/Volume_56_Year_2013/March-
April_2013/Viewing_Innovation_through_the_Sustainability_Lens.aspx,
abgerufen am 21.12.14

Institut Für Mittelstandsforschung Bonn (2012): The business of sustainability:
McKinsey Global Survey results. http://www.ifm-
bonn.org/statistiken/unternehmensbestand/#accordion=0&tab=0, abgerufen
am 19.12.14

Mayer, K. (2013): Nachhaltige Innovation oder innovative Nachhaltigkeit.
http://km-networks.net/wp-content/uploads/Nachhaltigkeit_und_Innovation
.pdf, abgerufen am 18.02.15

Mckinsey & Company Inc (2011): The business of sustainability: McKinsey Global
Survey results.
http://www.mckinsey.com/insights/energy_resources_materials/the_business
_of_sustainability_mckinsey_global_survey_results, abgerufen am 19.12.14

Mit Sloan Management Review/ The Boston Consulting Group (2013): The Innovation Bottom Line. http://sloanreview.mit.edu/reports/sustainability-innovation/, abgerufen am 18.12.14

Pricewaterhousecoopers AG (2013): Innovation – Deutsche Wege zum Erfolg. https://www.pwc.de/de/publikationen/paid_pubs/pwc_innovation_-_deutsche_wege_zum_erfolg_2013.pdf, abgerufen am 22.12.14

Elektronische Quellen – Auswertung Excel

BMW Group: Ten-year Comparison. http://annual-report2013.bmwgroup.com/reports/bmwgroup/annual/2013/gb/English/3080/ten-year-comparison.html, abgerufen am 27.12.14

BYD Company Limited: Annual Report 2011. http://bydit.com/userfiles/attachment/20120325-Annual%20Report%202011.pdf, abgerufen am 27.12.14

BYD Company Limited: Annual Report 2013. http://bydit.com/userfiles/attachment/20140429-BYD%20COMPANY%20LIMITED%20%20ANNUAL%20REPORT%202013.pdf, abgerufen am 27.12.14

Daimler AG: Ten-year Summary. http://www.daimler.com/investor-relations/reports-and-key-figures/key-figures/five-year-summary, abgerufen am 27.12.14

Fiat S.p.A.: Annual Report 2013. http://www.fcagroup.com/en-US/investor_relations/financial_reports/FiatDocuments/Bilanci/2013/2013_annual_report.pdf, abgerufen am 27.12.14

Ford Motor Company: Annual Report 2011. http://corporate.ford.com/content/dam/corporate/en/investors/reports-and-filings/Annual%20Reports/2011-annual-report.pdf, abgerufen am 27.12.14

Ford Motor Company: Annual Report 2013. http://corporate.ford.com/content/dam/corporate/en/investors/reports-and-filings/Annual%20Reports/2013-annual-report.pdf, abgerufen am 27.12.14

General Motors Company: Annual Report 2011. http://gm.com.prod-www.gmcom.plusline.net/content/dam/gmcom/COMPANY/Investors/Stockholder_Information/PDFs/2011_GM_Annual_Report.pdf, abgerufen am 27.12.14

General Motors Company: Annual Report 2013.
http://www.gm.com/content/dam/gmcom/COMPANY/Investors/Stockhol
der_Information/PDFs/2013_GM_Annual_Report.pdf, abgerufen am
27.12.14

GfK SE (2014): Deutsche machen zunehmend Bekanntschaft mit der Nachhaltigkeit.
http://www.gfk.com/de/news-und-events/presse/pressemitteilungen/seiten/
deutsche-machen-zunehmend-bekanntschaft-mit-der-nachhaltigkeit.aspx,
abgerufen am 18.02.15

Hoffmann, E./Rotter, M./Knopf, J. (2011): Handlungsfelder unternehmerischer
Nachhaltigkeit. Praxisbeispiele und Entwicklungsbedarf.
http://www.innovative-nachhaltikeit.de/htdocs_de/pdf/Handlungsfelder_unt
ernehmerischer_Nachhaltigkeit_web.pdf, abgerufen am 18.02.15

Holst, A. (2014): Nachhaltiges Kommunikationsproblem: Woran eine grünere
Wirtschaft bisher scheitert, hrsg. von: WiWo Green.
http://green.wiwo.de/nachhaltiges-kommunikationsproblem-woran-eine-
gruenere-wirtschaft-bisher-scheitert/, abgerufen am 18.02.15

Honda Motor Co., Ltd.: Annual Report 2014.
http://world.honda.com/investors/library/annual_report/2014/honda2014ar-
p05-06.pdf, abgerufen am 27.12.14

Hyundai Motor Company: Annual Report 2011.
http://worldwide.hyundai.com/wcm/idc/groups/sggeneralcontent/@hmc/d
ocuments/sitecontent/mdaw/mdm5/~edisp/hw039016.pdf, abgerufen am
27.12.14

Hyundai Motor Company: Annual Report 2013.
http://worldwide.hyundai.com/wcm/idc/groups/sggeneralcontent/@hmc/d
ocuments/sitecontent/mdaw/mdg1/~edisp/hw085130.pdf, abgerufen am
27.12.14

Krämer, A./Arnold, M. (2011): Innovation und Nachhaltigkeit, hrsg. von: Deutsches
Global Compact Netzwerk.
http://www.globalcompact.de/sites/default/files/jahr/publikation/dgcn_st20
11_innovation_hintergrundpapier.pdf, abgerufen am 18.02.15

Nissan Motor Company: Annual Report 2011.
http://www.nissan-global.com/en/document/pdf/ar/2011/ar2011_e_all.pdf,
abgerufen am 27.12.14

Nissan Motor Company: Annual Report 2013.
http://www.nissan-global.com/en/document/pdf/ar/2013/ar2013_e_all.pdf,
abgerufen am 27.12.14

Nissan Motor Company: Annual Report 2014.
  http://www.nissan-global.com/en/document/pdf/ar/2014/ar2014_e_all.pdf,
  abgerufen am 27.12.14

Renault Group: Annual Report 2011.
  http://group.renault.com/wp-content/uploads/2014/07/renault_-_2011_ann
  ual_report.pdf, abgerufen am 27.12.14

Renault Group: Annual Report 2013.
  http://group.renault.com/wp-content/uploads/2014/07/rapport-annuel-
  2013.pdf, abgerufen am 27.12.14.

Rückert-John, J./Bormann, I./John, R. (2013): Umweltbewusstsein in Deutschland
  2012. Ergebnisse einer repräsentativen Bevölkerungsumfrage, hrsg. von
  Bundesministerium für Umwelt, Naturschutz und Reaktorsicherheit.
  http://www.umweltbundesamt.de/sites/default/files/medien/publikation/lon
  g/4396.pdf, abgerufen am 18.02.15

Toyota Motor Corporation: Financial Highlights.
  http://www.toyota-global.com/investors/financial_data/high-light.html,
  abgerufen am 27.12.14

Volkswagen AG: Annual Report 2011.
  http://www.volkswagenag.com/content/vwcorp/info_center/de/publications
  /2012/03/Financial_Statements_2011.bin.html/binarystorageitem/file/Abschl
  uss+Volkswagen+AG+2011.pdf, abgerufen am 27.12.14

Volkswagen AG: Annual Report 2013.
  http://www.volkswagenag.com/content/vwcorp/info_center/de/publications
  /2014/03/Financial_Statements_VWAG_2013.bin.html/binarystorageitem/fil
  e/Abschluss+Volkswagen+AG+2013_deutsch.pdf, abgerufen am 27.12.14

3 Cradle to Cradle – Lohnt sich die Einführung eines nachhaltigen Produktdesigns für ein Unternehmen?

von Fabienne Rau, Ronja Rolle, Lisa Welsch

Ergebnis

Nachhaltigkeit bedeutet in vielen Unternehmen heute vor allem die Steigerung der Ökoeffizienz. Allerdings bedeutet Effizienz nicht, dass etwas besser, sondern nur dass es weniger schlecht wird. Der Cradle to Cradle-Ansatz stellt diesem das Konzept geschlossener Ressourcenkreisläufe gegenüber, bei dem es weder Ressourcenverschwendung noch Abfälle gibt. Wenn alles konsistent ist, ist Effizienz nicht mehr notwendig. Praktische Beispiele zeigen, dass die Umstellung auf den Cradle to Cradle-Ansatz Zeit und Investitionen benötigt, aber durchaus möglich ist. Dieser Ansatz kann Unternehmen helfen, ökonomische, ökologische und soziale Ziele besser zu erreichen.

Inhaltsverzeichnis

3.1   Einleitung **68**
   3.1.1   Ressourcenknappheit 69
   3.1.2   Geplante Obsoleszenz 69
   3.1.3   Schadstoffemissionen 70
   3.1.4   Cradle to Grave..70
3.2   **Problemstellung**..**71**
3.3   **Cradle to Cradle – Das Konzept** **72**
   3.3.1   Von der Idee bis zur Umsetzung 72
     3.3.1.1   Die Idee..72
     3.3.1.2   Die Erfinder...73
     3.3.1.3   Das erste Produkt 74
   3.3.2   Die Besonderheiten des Konzepts 74
     3.3.2.1   Biologischer und technischer Kreislauf.......75
     3.3.2.2   Effizienz vs. Effektivität........................76
     3.3.2.3   Downcycling und Upcycling.................77
   3.3.3   Zertifizierung..77
     3.3.3.1   Die Anforderungen 78
     3.3.3.2   Ein Produktbeispiel 80

3.4   Cradle to Cradle – Lohnt es sich? 80
  3.4.1   Vorgehensweise der Untersuchung 81
  3.4.2   Anmerkungen zum Forschungsansatz 82
  3.4.3   Darstellung der Ergebnisse 82
    3.4.3.1   Ergebnisdarstellung in Bezug auf die ökonomische Nachhaltigkeit.......... 82
    3.4.3.2   Ergebnisdarstellung in Bezug auf die ökologische Nachhaltigkeit.............. 84
    3.4.3.3   Ergebnisdarstellung in Bezug auf die soziale Nachhaltigkeit..................... 85
  3.4.4   Diskussion der Ergebnisse 86
3.5   Fazit.. 88

3.1 Einleitung

Ressourcenknappheit, Bevölkerungswachstum sowie die zunehmende Umweltverschmutzung sind ernstzunehmende Themen der heutigen Zeit. Die damit verbundene Bedrohung der Existenz unserer Erde und die Frage, wie lange wir moralisch-ethisch diese Tatsache noch vertreten können, rückt immer mehr in den Fokus des umweltbewussten Denkens. Im Hinblick auf die Auswirkungen der bereits bestehenden Umweltprobleme gilt es, diese Bedrohung zu verhindern und sowohl gesellschaftliche als auch ökologische Verantwortung zu übernehmen. Ein adäquater Umgang mit der Erde und ihren gesamten natürlichen Schätzen ist notwendig, um die derzeitige Lebensqualität sowie das Leben künftiger Generationen gewährleisten zu können.

Gerade Unternehmen stehen durch die Emissionsbelastung ihrer Produkte und Prozesse in dieser Verantwortung und sollten neben dem zentralen Aspekt des Gewinns auch die sozialen und ökologischen Aspekte als festen Bestandteil in ihren Unternehmenszielen verankern. Dieser Ansicht sind ebenfalls verschiedene Stakeholdergruppen, die somit zusätzlichen Druck auf die Unternehmen ausüben. Um diesem Druck standhalten zu können, investieren Unternehmen in nachhaltige Innovationen, insbesondere in der Produktentwicklung, da dort das Unternehmen direkten Einfluss auf die Umweltwirkungen der eigenen Produkte nehmen kann (vgl. Frei 1999, S. 21f.). Die derzeit aktuellste Innovation in der Produktentwicklung ist der Cradle to Cradle-Ansatz. Dieser berücksichtigt im Gegensatz zu dem bisher dominierenden Lebenszyklusverständnis von Cradle to Grave („von der Wiege bis zur Bahre") alle wichtigen Lebensphasen eines Produkts, sodass das Produkt am Ende einen Kreislauf „von der Wiege bis (wieder zurück) zur Wiege" durchläuft (vgl. Blunck 2013, S. 66).

Die Einführung in das Themengebiet von Cradle to Cradle ist aufgrund des noch geringen Bekanntheitsgrads im Folgenden detailliert dargestellt. Es ist sowohl ein grundlegendes Verständnis der aktuellen Umweltprobleme als auch des häufig in der Praxis angewandten Cradle to Grave-Prinzips notwendig, um die Ansatzpunkte des Cradle to Cradle-Konzeptes bewusst nachvollziehen zu können.

3.1.1 Ressourcenknappheit

Die Industrialisierung bewirkte neben dem starken Wirtschaftswachstum auch die vermehrte Nutzung von erschöpfbaren, endlichen Ressourcen. Besonders fossile Brennstoffe wie beispielsweise Gas, Öl und Kohle sind für die Industrie, sowie für den Privatverbrauch von essentieller Bedeutung. Der kontinuierliche Anstieg der Bevölkerung und der damit einhergehende Nachfragezuwachs beschleunigen diesen Prozess.

Neben den fossilen Brennstoffen kommt es auch zu einer Verknappung der Metallressourcen. Für Smartphones, Tablets oder Flachbildschirme werden viele Metalle nur ein einziges Mal verwendet, zwar nur in geringen Mengen, aber bedenkt man das Ausmaß des Konsums dieser Produkte, so lässt sich die immense Ressourcenausnutzung erahnen (vgl. Süddeutsche.de 2010).

Gleiches gilt für Kupfer, welches unter anderem in der Elektroindustrie Anwendung findet. Zwar ist Kupfer leicht recycelbar, dennoch lässt der jährliche Abbau von 16 Millionen Tonnen bei einer globalen Reserve von ca. 500 Millionen Tonnen die dringende Anforderung an einen verantwortungsbewussten Umgang mit dieser Ressource erkennen (vgl. Bräutigam 2013).

Mit der zunehmenden Nachfrage nach Kupfer sowie anderen begrenzten Ressourcen, steigt der Rohstoffpreis, welcher wiederum einen direkten Einfluss auf die Produktentwicklung und somit auf die Kosten eines Endproduktes hat.

3.1.2 Geplante Obsoleszenz

Die geplante Obsoleszenz hat ihren Ursprung in der Bildung des Phoebuskartells, dessen Mitglieder internationale Glühlampenhersteller waren, die 1924 die maßgebliche Entscheidung trafen, die Brenndauer von Glühlampen auf 1.000 Stunden zu reduzieren. Mit dieser Maßnahme sollte der weltweite Absatz von Glühlampen erhöht werden, da ohne ausreichenden Konsum kein Wirtschaftswachstum möglich ist. Das Ziel der geplanten Obsoleszenz ist somit die Steigerung der Nachfrage aufgrund der absichtlichen Verkürzung der Lebensdauer von Produkten. Diese Verkürzung ist durch die Verarbeitung qualitätsmindernder Materialien möglich, durch die Einsparung chemischer Zusatzstoffe, die den Zerfall des Produkts verhindern, oder durch die Reduzierung von Reparaturmöglichkeiten.

Dass dieses Ziel auch heutzutage noch praktiziert wird, zeigt der von Apple vermarktete „iPod shuffle". Der Elektronikkonzern hat das Gerät so konstruiert, dass es dem Verbraucher verweigert wird, den Akku bei schwindender Akkulaufzeit eigenständig zu wechseln. Ein daher unvermeidlicher Akkuwechsel kostet für den Verbraucher beim Apple-Service 56,90 Euro. Dieser Preis liegt über dem Neupreis eines „iPod shuffle" von ca. 50 Euro, sodass es für den Verbraucher die günstigere Variante ist, ein neues Gerät zu kaufen anstatt das alte Gerät in Reparatur zu geben (vgl. BR 2014). Infolgedessen landet das alte Gerät meist auf dem Müll, sodass die geplante Obsoleszenz einer der Haupttreiber für die heutige Wegwerfgesellschaft ist. Die konsumierten

Produkte dieser Gesellschaft lassen sich in drei Begriffen beschreiben: günstiger Erwerb, kurze Nutzungsdauer, schnelle Entsorgung. Das Ergebnis der geplanten Obsoleszenz und der daraus resultierenden Wegwerfgesellschaft ist ein Anstieg des Abfallaufkommens, der räumliche Engpass für notwendige Mülldeponien, der Verlust wertvoller Ressourcen sowie die Erhöhung der Emissionsbelastung.

3.1.3 Schadstoffemissionen

In nahezu allen Gebrauchs- und Konsumgütern sind gefährliche Chemikalien zu finden. Daneben werden auch für den Produktionsprozess eine Vielzahl von Schadstoffemissionen verwendet und verbraucht. Doch allein am Aussehen eines Produktes lässt sich nicht immer erkennen, welche giftigen Chemikalien in der Produktion verwendet und freigesetzt wurden, oder in ihm enthalten sind. Sowohl die Umwelt als auch der Mensch sind von dieser Tatsache betroffen. Schadstoffemissionen können in verschiedenen Aggregatzuständen – in gasförmiger, flüssiger, sowie in fester Form – auftreten. Beispiele dafür sind die Luftverschmutzung durch die ausgestoßenen CO_2-Abgase, die Wasserverschmutzung durch die Ableitung von Chemikalien in Gewässer oder die Bodenverschmutzung durch den Abfall, den die Gesellschaft produziert.

Erderwärmung, Artensterben und Deponiesickerwasser, wodurch die aus dem Abfall gelösten Giftstoffe direkt in das Grundwasser gelangen, bilden nur einen Bruchteil der Folgen für die Umwelt. Die Biologin Dagmar Parusel warnte in einem parlamentarischen Beitrag für nachhaltige Entwicklung am 18.12.2014: „Der qualitative Zustand - bezogen auf die Inhaltsstoffe unserer heutigen Alltagsprodukte - ist nach wie vor für eine Vielzahl der Umweltprobleme verantwortlich" (vgl. Deutscher Bundestag 2014). Auch die Gesundheit aller ist hiervon betroffen. Auswirkungen wie Krebs, Asthma, Parkinson, Unfruchtbarkeit oder Geburtsfehler sind wiederum nur kleine Auszüge der Krankheiten, die durch Schadstoffemissionen auftreten können (vgl. Bund für Umwelt und Naturschutz Deutschland e.V. (BUND)).

3.1.4 Cradle to Grave

Unter dem Begriff *Cradle to Grave* („von der Wiege bis zur Bahre"), versteht man die heutige, lineare Produktionsweise. Das heißt, dass Unternehmen Rohstoffe nutzen, diese zu Gebrauchs- und Verbrauchsgüter verarbeiten und letztlich vertreiben. Während der Nutzungsphase verbraucht der Konsument das Produkt und am Ende des Produktlebenszyklus wird es entsorgt. Die daraus resultierenden Abfälle landen entweder auf einer Mülldeponie oder in einer Müllverbrennungsanlage (vgl. EPEA Internationale Umweltforschung GmbH). Das *Cradle to Grave*-Prinzip ist demnach kein geschlossener Kreislauf, viel mehr steht am Ende des Produktlebenszyklus die Entsorgung, wodurch endliche Rohstoffe verloren gehen und Schadstoffe in die Umwelt gelangen können.

3.2 Problemstellung

Die in Kapitel 3.1 dargelegten Probleme beschreiben Umweltschäden, die man lange Zeit nicht bewusst wahrgenommen hat oder nicht hat wahrnehmen wollen. Erst seit den 1970er Jahren wurde begonnen, über die Umweltschäden zu diskutieren (vgl. Gnam/Schwalbe 2013, S. 143). Die rasante Zunahme der Weltbevölkerung und die erhöhte Lebensqualität der Menschheit bilden teilweise die Hauptgründe für das Aufbrauchen natürlicher Ressourcen (vgl. Haas/Schlesinger 2007, S. 76). In ihrer veröffentlichten Ausgabe von 1992 „Die neuen Grenzen des Wachstums" fordern die Autoren Donella und Dennis Meadows sowie der Club of Rome zur maximalen Effizienz auf (vgl. Braungart/McDonough 2013, S. 73). Diese Effizienz bezieht sich nicht nur auf die bessere Nutzung natürlicher Ressourcen, sondern auch auf die Verminderung von Umweltbelastungen wie beispielsweise Produktionsabfall. Es gibt zahlreiche Möglichkeiten für ein Unternehmen, nachhaltig zu wirtschaften: Reduzierung der CO_2-Emissionen, Ökobilanzen oder die Erstellung von Nachhaltigkeitsberichten. Braucht es hier dann noch die Einführung eines nachhaltigen Produktdesigns im Sinne des Cradle to Cradle-Ansatzes? Reicht es nicht nur effizient zu sein?

Ein nachhaltiges Produktdesign kann direkten Einfluss auf die Umweltverträglichkeit eines Produktes haben. Hierbei handelt es sich um die Phase des Produktlebenszyklus, in dem ein Unternehmen durch ein ökologisches Produktdesign seiner Produkte direkt eingreifen und diese gezielt beeinflussen kann (vgl. Horsch/Krauß 2013). Dies lässt auch die Notwendigkeit sowie die Anforderung an eine sich ständig anpassende Produktentwicklung im Bereich der Nachhaltigkeit erkennen. An dieser Stelle soll auf einen Gedankengang von Michael Braungart und William McDonough eingegangen werden, die die Meinung vertreten: "(…) weniger schlecht zu sein bedeutet, die Dinge so zu akzeptieren, wie sie sind, und zu glauben, schlecht konzipierte, zerstörerische Systeme seien das Beste, was die Menschheit hervorbringen könne." (Braungart/McDonough 2013, S. 91). Dies spielt insbesondere in der Produktentwicklung eine zentrale Rolle, da hier die Herausforderung besteht, die drei Grundprinzipien des Cradle to Cradle-Ansatzes mit dem Designprozess zu vereinen. Diese sind die Nutzung erneuerbarer Energien, die Unterstützung der Diversität und der Abfall, welcher der Natur als Nahrung zurückgeführt wird (vgl. EPEA Switzerland).

Fakt ist, dass Effizienz die geläufigste und von Unternehmen am häufigsten angewandte Methode ist (vgl. Baumast 2013, S. 362). Dies könnte auch darin seinen Grund finden, dass das Cradle to Cradle-Konzept in Deutschland noch nicht ausreichend bekannt und etabliert ist (vgl. Fragebogen Werner & Mertz GmbH 2015). Länder wie die Niederlande, Dänemark oder die USA sind bisher Vorreiter in der Umsetzung dieses Ansatzes. Aus diesem Grund beschäftigt sich die folgende Arbeit mit dieser Problematik. Ziel ist es, den Leser über die Bedeutung von Cradle to Cradle aufzuklären, sowie die Auswirkungen einer Implementierung im Unternehmen aufzuzeigen. Neben den ökologischen und sozialen Vorteilen werden auch die für eine langfristige Unternehmensexistenz entscheidenden ökonomischen Vorteile näher betrachtet. Dabei wird speziell im Bereich der nachhaltigen Produktentwicklung aufgezeigt, wie ein Unternehmen unter der Anwendung des Cradle to Cradle-Ansatzes seine Wirtschaftlichkeit langfristig verbessern kann. Des Weiteren soll dem Leser mit dieser Arbeit eine neue Perspektive aufgezeigt werden, die es ermöglicht offen für völlig neue Wege der Umweltverbesserung zu sein.

3.3 Cradle to Cradle – Das Konzept

3.3.1 Von der Idee bis zur Umsetzung

Typische Fragen, die bei der ersten Auseinandersetzung mit dem Cradle to Cradle-Konzept entstehen, beziehen sich auf die Idee („was"), den Erfinder („wer") sowie die praktische Umsetzung („wie"). Um diese zu beantworten, werden als Einstieg in die Cradle to Cradle Thematik die Idee, die Erfinder sowie das erste Produkt zunächst näher betrachtet.

3.3.1.1 Die Idee

Die Idee von Michael Braungart und William McDonough war es, ein Konzept zu entwickeln, welches sich der Herausforderung der Öko-Effektivität stellt. Es sollte sich nicht mit dem Gedanken befassen, das bisherige unternehmerische Handeln noch effizienter zu gestalten, sondern vielmehr es zu revolutionieren. Eine Revolution im Sinne der Neukonzipierung des Produktdesigns. So sollte zukünftig das vorgegebene Ziel im Produktdesign nicht mehr der möglichst effiziente Umgang mit Ressourcen, sondern die uneingeschränkte Verwendbarkeit von kreislauffähigen Ressourcen sein, damit diese am Ende ihrer Lebenszyklen wieder in Kreisläufe zurückgeführt werden können. Dadurch wird gewährleistet, dass die derzeit durch die Entsorgung eines Produkts verursachte Umweltverschmutzung berücksichtigt und optimiert wird (vgl. Braungart/McDonough 2013, S. 85).

Grundlegend für die Entwicklung des Cradle to Cradle-Ansatzes war das Cradle to Grave-Konzept, das bereits in Punkt 1.4 erklärt wurde. Cradle to Cradle („von der Wiege in die Wiege") zeigt eine wesentliche Veränderung in der Entsorgung auf und soll durch das Denken in geschlossenen Materialkreisläufen das Cradle to Grave-Konzept zukünftig ablösen. Von „Müll" kann dann im herkömmlichen Sinne nicht mehr gesprochen werden, da die Produkte am Ende ihres Lebens nicht mehr Abfall, sondern Nahrung für das Ökosystem oder die nächsten Produktgenerationen sind (vgl. Braungart/McDonough 2013, S. 119). Ein weiterer Bestandteil der Idee ist es auch, ein System zu schaffen, welches auf Vertrauen und Partnerschaft basiert. Ein System, bei dem die Wirtschaft im Einklang mit der Natur steht und eine Koexistenz beider Elemente ermöglicht wird (vgl. Pufé 2012, S. 67). In Anlehnung an den natürlichen Nährstoffkreislauf, sieht Braungart die Natur als Vorbild, an der es sich zukünftig zu orientieren gilt. Aus diesem Grund wird bei der Versinnbildlichung des Cradle to Cradle-Ansatzes auch gerne als Beispiel für die Öko-Effektivität ein Beispiel aus der

Natur gewählt: Der Kirschbaum: „Stellen Sie sich einfach einen Kirschbaum vor. In jedem Frühjahr bringt er Tausende von Blüten hervor, von denen viele irgendwann zur Erde fallen.

Die Blüten lösen sich dann auf und werden zu Nährstoffen für den Boden und tragen zur Gesamtgesundheit des lokalen Ökosystems bei. Der Überfluss des Baums ist also nicht Verschwendung, sondern nützlich, sicher und schön." (vgl. Detail 2009).

3.3.1.2 Die Erfinder

Michael Braungart und William McDonough sind, wie bereits erwähnt, die Erfinder des Cradle to Cradle-Ansatzes. 2002 stellten sie mit ihrem Buch „Remake the way we make things" ihre Idee erstmalig der amerikanischen Öffentlichkeit vor. Ein Jahr später erschien die deutsche Ausgabe unter dem Titel „Einfach intelligent produzieren" (vgl. Hollerweger 2014, S. 74).

Beide lernten sich Anfang der neunziger Jahre während einer Eröffnungsfeier in New York kennen. Anlass war die Einweihung der ersten Büroräumlichkeiten der EPEA in Amerika, die Braungart als Gründer und Geschäftsführer der EPEA und McDonough als Architekt dieser zu eröffnenden Räumlichkeiten besuchte (vgl. Braungart/McDonough 2013, S. 30ff.). Bereits hier könnte die Vermutung, dass die Interessen beider Personen bezüglich der Umweltaspekte unterschiedlicher nicht sein könnten, aufkommen. Braungart - ein deutscher Chemiker und McDonough - ein amerikanischer Architekt (vgl. Braungart/McDonough 2013, S. 23). Doch bei genauerer Betrachtung beider Persönlichkeiten lassen sich sowohl Gemeinsamkeiten als auch wegweisende Erfahrungen für die spätere Entwicklung des Cradle to Cradle-Ansatzes feststellen. Braungarts Umweltchemiestudium ermöglichte ihm später die Prinzipien von Nährstoffkreisläufen zu entdecken, während McDonough seine Kindheit in Japan, einem Land mit vorherrschender Ressourcenknappheit, verbrachte (vgl. Braungart/McDonough 2013, S. 24ff.).

3.3.1.3 Das erste Produkt

Das erste Produkt in der Büromöbelindustrie, das nach dem Cradle to Cradle-Konzept designt wurde, ist der Bürostuhl „Think" der Firma Steelcase. Dieser zählt zu den bekanntesten Produkten, die erfolgreich nach diesem Konzept umgesetzt wurden.

Steelcase
Steelcase ist Weltmarktführer im Vertrieb von Büroeinrichtungen. Als weltweit erstes Unternehmen in der Büromöbelindustrie etablierte Steelcase 2003 die Methode der Lebenszyklusanalyse in der Produktentwicklung. Berücksichtigt werden dabei alle Phasen des Produktlebenszyklus, von der Materialgewinnung bis hin zur Entsorgung. Wichtige Erkenntnisse über die Energie- und Rohstoffverbrauchsmenge sowie deren ökologische Auswirkungen werden hierbei gewonnen. Durch Anwendung dieser Methode ist es Steelcase gelungen, innovative Produkte mit möglichst geringen Auswirkungen auf die Umwelt herzustellen. Mittlerweile sind sie im Besitz von 42 US-zertifizierten Cradle to Cradle-Produkten.

Quelle: Steelcase AG: http://www.steelcase.de/de/Seiten/Wilkommen.aspx

Der Bürostuhl „Think" kam 2004 in Zusammenarbeit mit McDonough und Designtex, einer amerikanischen Tochter von Steelcase, auf den Markt. In Grand Rapids (Michigan, USA) begann die Zusammenarbeit unter dem Aspekt, das erste Produkt schaffen zu wollen, das alle Kriterien des Cradle to Cradle-Konzepts weitestgehend erfüllt. Das Team verfolgte ein Ziel, dessen Ausmaße soweit reichten, dass für Mitarbeiter bei der Steelcase Werndl AG in Deutschland zu diesem Thema intern Schulungen durchgeführt wurden. Dabei stand sowohl die Aufklärung über den Cradle to Cradle-Ansatz als auch die damit verbundene Herstellung von Teppichen und Bezugsstoffen im Vordergrund. Die Herstellung eines Bürostuhls, der aus mehr als 100 Teilen besteht, stellte sich als echte Herausforderung dar. Die Schwierigkeit bestand insbesondere darin, die Bestandteile so zu konstruieren, dass alle Materialien später wieder den verschiedenen Materialkreisläufen zugeführt werden konnten. Dass diese Herausforderung nicht nur erfolgreich bezwungen wurde, sondern auch Anreize für ein neues Forschungsterrain geschaffen hat, zeigt die geplante Neuauflage des Bürostuhls „Think", die etwa zehn Jahre nach der Ersteinführung auf den Markt kommen soll. Er soll noch weniger Bestandteile haben, noch günstiger in der Beschaffung und optisch noch ansprechender für den Verbraucher sein (vgl. Telefoninterview Steelcase Werndl AG 2015).

3.3.2 Die Besonderheiten des Konzepts

Das Cradle to Cradle-Konzept gibt eine Richtung vor, welche die Produktentwicklung maßgebend revolutionieren könnte. Bisher werden für die Produktion entsprechend der Konsumentenvorstellung „besser neu als gebraucht" ausschließlich Materialien verwendet, die aufgrund ihrer Konzeption bei der Entsorgung verloren gehen, anstatt als Nahrung für das Ökosystem oder als Basis für die nächsten Produktgenerationen zu dienen (vgl. Braungart/McDonough 2013, S. 134). Besonders kritische Produkte einer Fehlkonzeption sind dabei die sogenannten „Monsterhybride". Dies sind Produkte, deren Bestandteile eine Mischform aus sowohl technischen als auch biologischen Materialien enthalten. Eine Zurückgewinnung der dafür verwendeten Rohstoffe ist in diesem Fall ausgeschlossen. Dies bedeutet, dass die dabei entstandenen Abfälle unter enormen Umweltauswirkungen entsorgt werden (vgl. Braungart/McDonough 2013, S. 130f.). Nachhaltig orientierte Konsumenten könnten an dieser Stelle denken, dass es umweltschonender wäre, zukünftig auf den Kauf dieser Produkte zu verzichten. Cradle to Cradle ist jedoch kein Konzept, das dem Aspekt des Verzichtens folgt, sondern viel mehr der Überarbeitung alter Produktkonzeptionen. Dabei soll unter Berücksichtigung aller Produktlebenszyklusphasen eine erneute Nutzung ausgedienter Rohstoffe ermöglicht werden. Die individuelle Ausgestaltung der Kreisläufe kann durch verschiedene Varianten erfolgen. Abhängig ist dies von der Beschaffenheit und der Funktion der Produkte. So ist für Verbrauchsgüter eine Zurückführung der Materialien in den biologischen Kreislauf vorgesehen. Bestandteile von Gebrauchsgütern werden hingegen dem technischen Kreislauf zurückgeführt (vgl. Pufé 2012, S. 68).

3.3.2.1 Biologischer und technischer Kreislauf

Die Anwendung des Cradle to Cradle-Ansatzes beruht auf der intelligenten Integration des biologischen oder des technischen Kreislaufs in die Phase des Produktdesigns. Das heißt, dass alle verwendeten Materialien so konzipiert werden sollen, dass sie die Eigenschaft besitzen innerhalb eines Kreislaufes zirkulieren zu können. Um das Produkt dem entsprechenden Materialkreislauf zuzuordnen, werden die Produkte zu Beginn in zwei Produktkategorien unterteilt.

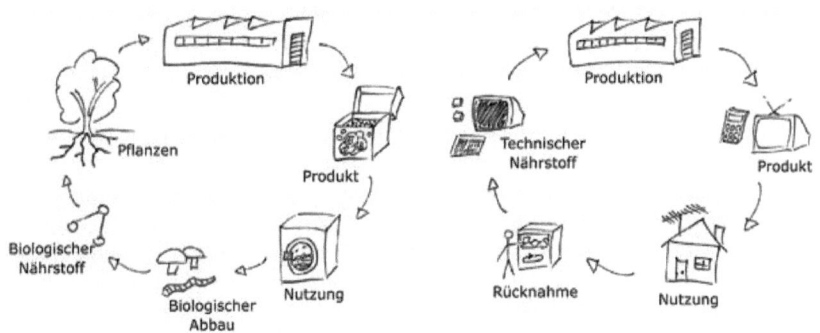

Abb. 3-1: Der biologische und der technische Kreislauf
Quelle: EPEA GmbH 2009: Nährstoffkreisläufe. http://epea-hamburg.org/de/content/n%C3%A4hrstoffkreisl%C3%A4ufe, abgerufen am: 28.01.2015

Der biologische Metabolismus (= Stoffwechsel), der die Verbrauchsgüter beinhaltet, bildet dabei die erste Kategorie. Die darin zirkulierenden Produkte sind biologisch abbaubar, sodass sie am Ende ihrer Nutzungsdauer durch Mikroorganismen wieder zu biologischen Nährstoffen zersetzt werden können. Diese Nährstoffe können als Grundlage für neue natürliche Rohstoffe dienen (vgl. Blunck 2013, S. 66).

Die zweite Kategorie ist der technische Metabolismus, welcher Produkte und Materialien aus dem Gebrauchsgütersektor beinhaltet. Unter Gebrauchsgütern versteht man den Dienstleistungs- oder Servicezweck eines Produkts. Verdeutlicht wird dies am Beispiel des weltgrößten Teppichbodenherstellers Shaw. Die US-Firma Shaw verkauft ihren Teppichboden nicht mehr gegen eine Gebühr, sondern vermietet ihn gemäß dem Leasingprinzip über eine vereinbarte Nutzungsdauer. Nach Ablauf der Nutzungsdauer wird der Teppichboden von der Firma zurückgenommen, sodass diese die Materialien ordnungsgemäß recyceln kann. Dadurch eröffnet sich der Firma die Möglichkeit, die nach dem Recyclingvorgang entstandenen technischen Nährstoffe für eine weitere Nutzung zu verwenden (vgl. Pufé 2012, S. 68). Ein weiteres erfolgreiches Beispiel für die Etablierung eines Rücknahmesystems in der Praxis zeigt die Firma Nike. Der Sportartikelhersteller hat in seinen Geschäften vereinzelt Container aufgestellt, in die Kunden ihre alten Nike-Sportschuhe zurückbringen können. Die darin befindlichen Schuhe werden wiederverwertet, wodurch beispielsweise das Gummi als technischer Nährstoff für neue Schuhsohlen verwendet werden kann. Der daraus resultierende Vorteil ist, dass Nike sich durch die Etablierung eines Rücknahmesystems sowohl eine engere Kundenbindung ermöglicht, als auch durch den Recyclingvorgang eine eigene Rohstoffquelle geschaffen hat. Damit macht sich das Unternehmen gleichzeitig unabhängiger von den immer teurer werdenden Rohstoffen (vgl. Wille 2008).

3.3.2.2 Effizienz vs. Effektivität

Die Begriffe der Öko-Effizienz und der Öko-Effektivität werden meist nicht differenziert, sondern als Synonym verwendet. Jedoch besteht hier nach dem Cradle to Cradle-Ansatz ein erheblicher Unterschied. Unter Öko-Effizienz und den beinhalteten vier Grundsätzen: vermindern, wiederverwenden, verwerten und regulieren, versteht man die Minimierung von negativen Umweltauswirkungen wie beispielsweise von Emissionen, Rohstoffverbrauch, Abfall und vielem mehr. Doch dadurch kann die Zerstörung der Umwelt nicht verhindert werden, sie wird lediglich verlangsamt und hinausgeschoben (vgl. Braungart/McDonough 2013, S. 78.). Das bereits beschriebene Kirschbaum-Symbol ist das beste Beispiel für die Öko-Effektivität. Hierbei liegt der Fokus nicht darauf die falschen Dinge weniger schlecht zu machen, sondern viel mehr, dass man die richtigen Dinge tut (vgl. Braungart/McDonough 2013, S. 100ff.). Damit das Richtige getan werden kann, müssen die Produkte umgewandelt und in einen der oben aufgeführten Kreisläufe integriert werden. Abgeleitet wurde dies an der Natur, für die es keinen Abfall gibt, sondern nur Nährstoffe die wiederverwendet werden können (vgl. Zimmerer 2014, S. 166). Es wird aber auch deutlich gemacht, dass die Öko-

Effizienz durchaus sinnvoll ist, wenn man sie als Übergangsstrategie betrachtet, mit deren Hilfe die Auswirkungen des derzeitigen Systems gebremst und eine Kehrtwende herbeigeführt werden kann (vgl. Braungart/McDonough 2013, S. 90). Auf lange Sicht stellt sie jedoch keine optimale Lösung für die derzeitigen Umweltschäden dar.

3.3.2.3 Downcycling und Upcycling

Beim Recycling, häufig auch als Downcycling bezeichnet, geht es grundsätzlich um eine Wiederverwertung von Rohstoffen und Produkten in einer minderwertigen Qualität. Braungart spricht auf seiner Homepage einen weiteren wichtigen Punkt des Recyclings an. „Downcycling – Die übliche Praxis, Material so zu recyceln, dass viel wertvolles Material verloren geht (z. B. beim Recycling von Plastik, das oft nur zu Parkbänken wird)" (Braungart). Dass ein Produkt später recycelt werden soll, wird bei der Konstruktion meist nicht eingeplant. Diese Tatsache führt zu einem weiteren Problem, da Downcycling zu einer weiteren Umweltbelastung führen kann. So muss beispielsweise beim Recycling von Papier dieses zunächst intensiv gebleicht und zusätzlich weitere chemische Verfahren angewendet werden, damit man dieses in gleicher Qualität wiederverwenden kann (vgl. Braungart/McDonough 2013, S. 80ff.).

Im Gegensatz zum Downcycling und dem Cradle to Cradle-Prinzip entsprechend, steht das Upcycling. Damit man Produkte dementsprechend wiederverwenden kann, müssen diese schon so entwickelt und designt werden, dass später ein Upcycling möglich ist. Hierbei müssen die Kreisläufe des Cradle to Cradle-Ansatzes jeweils getrennt voneinander betrachtet werden. Diese differenzierte Betrachtungsweise ermöglicht es, die Rohstoffe durch ein Upcycling in gleichbleibender und durch die Vermeidung von Schadstoffen teilweise verbesserter Qualität zu erhalten (vgl. EPEA Switzerland).

3.3.3 Zertifizierung

Um einem solch systematischen Ansatz Anerkennung in der Breite zu verschaffen, stellt die Einführung eines Zertifikats eine hervorragende Möglichkeit dar. Durch die strenge Zertifizierung soll sowohl die Glaubwürdigkeit als auch die Bekanntheit der Cradle to Cradle entwickelten Produkte verstärkt werden, damit der Konsument die Garantie hat, ein echtes Cradle to Cradle-Produkt erworben zu haben.

Für Unternehmen gibt es seit dem Jahr 2010 die Option, ihre Produkte oder ihre gesamte Produktlinien nach dem Cradle to Cradle-Prinzip zertifizieren zu lassen. Die Non-Profit-Organisation Cradle to Cradle-Products Innovation Institute (im Folgenden C2CPII) ist für die Zertifizierungsvorgaben der Produkte, die nach dem Cradle to Cradle-Design entwickelt wurden, federführend. Sowohl die Definition der Vorgaben als auch die Zertifizierung selbst werden vom Institut vorgenommen. Ein Ziel der C2CPII ist es, die heutigen Vorgaben kontinuierlich zu verbessern und zu erweitern, sowie Firmen bei ihren Vorhaben und der Entwicklung ihrer Cradle to Cradle-

Produkte zu unterstützen (vgl. Cradle to Cradle Products Innovation Institute). Die Gebühren für die Zertifizierung eines Produktes werden zwar von der C2CPII bestimmt, allerdings entstehen in der Gesamtheit des Zertifizierungsprozesses Kosten in unterschiedlicher Höhe. Zum einen fallen Kosten für die Erstzertifizierung „New Product Certification" in Höhe von 2.600 US-Dollar (etwa 2.000 Euro) an und zusätzlich noch einmal 650 US-Dollar (etwa 500 Euro) jährlich (vgl. Telefoninterview Steelcase Werndl AG, 2015).

3.3.3.1 Die Anforderungen

Bei einer Zertifizierung sind die Anforderungen maßgebend, welche an ein Produkt oder an eine Gesamtproduktion gestellt werden, um dieses Zertifikat zu erreichen. In diesem Fall finden sowohl eine Unterscheidung zwischen Bewertungskategorien, als auch eine damit direkt verbundene Bewertung in einem Rangfolgesystem statt. Der Ablauf des durch das C2CPII durchgeführten Zertifizierungsverfahrens besteht im Grunde aus vier aufeinanderfolgenden Schritten, welche sich wiederum an verschiedenen Kriterien orientieren (vgl. EPEA The Cradle of Cradle to Cradle).

Zunächst erfolgt eine Bewertung der eingesetzten Inhaltsstoffe. Daraus wird eine chemische Identifikation ermittelt und diese mit einer CAS-Nummer versehen. Hier werden die verwendeten Materialien mit einer vorliegenden Liste von indizierten Stoffen verglichen, welche bei Verwendung zu einer Nicht-Zertifizierung führen. Diese Chemikalienliste ist in zwei Teile untergliedert. Zum einen beschreibt sie Chemikalien, welche nicht in biologischen Kreisläufen vorkommen dürfen. Zum anderen zählt der zweite Teil Stoffe auf, welche in technischen Kreisläufen nicht vorkommen dürfen. Daraufhin wird eines von drei durch die C2CPII anerkannten Umweltforschungsinstitute (z.B. die EPEA Internationale Umweltforschung GmbH) zur Erstellung einer Roadmap der Zertifizierung in Hinblick auf Dauer, Kosten und der benötigten Ressourcen hinzugezogen. Der Bewertung der Inhaltsstoffe und der Erstellung der angesprochenen Roadmap folgt eine Prozessbetrachtung. Hier werden sowohl Energie- und Wasserdaten erfasst als auch die sozialen Bedingungen der Produktion durchleuchtet. Die Kriterien der beiden ersten Schritte des Zertifizierungsprozesseses werden in der folgenden Abbildung dargestellt (vgl. Cradle to Cradle Products Inovation Institut).

Materialgesundheit Material Health	Wiederverwendung Material Reutiliziation	Erneuerbare Energien Renewable Energy	Verantwortungsvoller Umgang mit Wasser Water Stewardship	Soziale Fairness Social Fairness
Generische Materialien? Verbotene Chemikalien?	Recycelfähigkeit? Menge an recycelbaren Inhalt?	Benötigte Energie zur Herstellung? Entstehung Treibhausgase?	Wasserschonende Herstellungsverfahren?	Nachhaltige Geschäftsführung? Berücksichtigung von Interessen von Mitarbeitern, Kunden, Gemeinden und Umwelt?

Abb. 3-2: Die fünf Kategorien der Produktbewertung
Quelle: eigene Darstellung in Anlehnung an: Ecover Belgium N.V. 2013: WAS IST CRADLE TO CRAD-LE®? http://www.ecover-professional.com/de/produkte/cradle-to-cradle/was-ist-cradle-to-cradle/, abgerufen am: 05.01.2015

So fallen die Materialgesundheit und Wiederverwendbarkeit der eingesetzten Stoffe unter den ersten Punkt der Inhaltsstoffbewertung. Die Überprüfung auf erneuerbare Energien, die verantwortungsvolle Verwendung von Wasser sowie das Kriterium der sozialen Fairness fallen unter Schritt zwei der Zertifizierung, der Prozessbetrachtung.

Auf Basis der aus den ersten beiden Schritten gewonnenen Daten wird nun ein Bericht erstellt. Dieser stellt einerseits Schritt drei dar und dient auch als Grundlage für den vierten und letzten Schritt, der Erteilung des Zertifikats in den jeweiligen Zuteilungsstufen. In Abb. 3-3 wird dies verdeutlicht, wobei zunächst in fünf Stufen, welche hierarchisch steigend geordnet sind, unterschieden wird. Dabei stellen „Basic" die qualitativ niedrigste und „Platinum" die höchste Einstufung dar. Dazwischen liegen, ebenfalls aufeinander folgend in Qualität steigend „Bronze", „Silver" sowie „Gold". Diese Gütesiegel werden einzeln für jede der oben genannten Zertifizierungskriterien vergeben. Am Ende steht das übergeordnete Zertifizierungslevel („Overall Certification Level"). Unbedingt zu beachten ist hier, dass dieses nicht etwa durch Bildung eines Mittelwertes oder einer anderweitigen Gewichtung basierend erstellt wird, sondern direkt aus dem niedrigsten Teilergebnis der Bewertung hervorgeht. Ein zugeteiltes Zertifikat besitzt eine Gültigkeit von zwei Jahren und muss nach Ablauf im Rahmen einer Rezertifizierung erneuert werden (vgl. Cradle to Cradle Products Innovation Institut). Hier besteht immer die Möglichkeit, die Gesamtbewertung zu erhöhen, aber auch zu vermindern. Die tabellarisch dargestellte Bewertung der Umsetzung, ersichtlich in Abb. 3-3, vereinfacht es dem Endkunden Cradle to Cradle schnell und zuverlässig zu erkennen und zu vergleichen. Dadurch könnten die Unternehmen die Kaufentscheidung der Konsumenten positiv beeinflussen. Zusätzlich bietet es Unternehmen die Möglichkeit, Erfolge und Fortschritte in geeigneter Form zu präsentieren und schafft ein einheitliches Bewertungsmuster für zukünftige Cradle to Cradle-Produkte (vgl. EPEA The Cradle of Cradle to Cradle).

![Cradle to Cradle Certified Silver logo]	Certification Level				
Program Category	**BASIC**	**BRONZE**	**SILVER**	**GOLD**	**PLATINUM**
Material Health			√		
Material Reutilization			√		
Renewable Energy and Carbon Management			√		
Water Stewardship				√	
Social Fairness					√
Overall Certification Level			√		

Abb. 3-3: Zertifizierungsstufen nach Cradle to Cradle
Quelle: Cradle to Cradle Products Innovation Institute: Get Cradle to Cradle Certified™.
http://www.c2ccertified.org/images/uploads/C2CCertified_V3_Overview_121113.pdf, abgerufen am:
19.03.2015

3.3.3.2 Ein Produktbeispiel

Erstmals in Europa hat die Reinigungsmarke „Frosch" der Werner & Mertz GmbH in Mainz das Zertifikat „Cradle to Cradle Certified Gold" für ein Reinigungsprodukt der Kategorie Küche und Bad erhalten. Damit wurde das Produkt in keiner der fünf Zertifizierungskriterien schlechter als Stufe Gold bewertet (vgl. Werner & Mertz: Ganzheitlich-Nachhaltig.de).

> Werner & Mertz GmbH
> Als Waschwarenfabrik „Gebrüder Werner" wurde das Unternehmen 1867 in Mainz gegründet. Heute wird das Familienunternehmen in vierter Generation von Reinhard Schneider als geschäftsführender Gesellschafter geleitet. In der Firmentradition sind die Schonung der Umwelt sowie die Nachhaltigkeit fest verankert.

Quelle: Werner & Mertz GmbH: http://werner-mertz.de/

3.4 Cradle to Cradle – Lohnt es sich?

Der Cradle to Cradle-Ansatz ist, wie bereits dargestellt, ein Konzept, das die Produktentwicklung revolutionieren könnte. Das Konzept zeigt eine neue Betrachtungsweise hin zur Effektivität, weg von der Effizienz. Einhergehend mit neuen Innovationen stellt sich auch immer die Frage nach der Umsetzbarkeit und der Profitabilität. Gerade bei neuen und aktuellen Themen gibt es noch kaum vorhandene Literatur oder umfassende Studien, die dieses belegen könnten. Dies hat zur Folge, dass bisher die Auswirkungen von Cradle to Cradle auf die verschiedenen Bereiche eines Unternehmens in der deutschsprachigen Literatur noch nicht detailliert untersucht worden sind. Da diese Auswirkungen eine zentrale Frage des Managements darstellen könnten, soll die folgende Untersuchung zu einer allgemeinen Aufklärung beitragen und als Grundlage für zukünftige Entscheidungen im Bereich der Produktentwicklung dienen.

3.4.1 Vorgehensweise der Untersuchung

Für die Untersuchung wurde eine qualitative Befragung durchgeführt. Der Forschungsgegenstand umfasste Unternehmen, die den Cradle to Cradle-Ansatz, in Form von Produkten oder Dienstleistungen, bereits implementiert haben und bei welchen eine Cradle to Cradle-Zertifizierung vorhanden war. Um den Informationsinput zu erhöhen, wurden dabei 20 Unternehmen aus verschiedenen Branchen befragt. Der erste Schritt der qualitativen Befragung umfasste die Erstellung und das Absenden eines elektronischen Fragebogens. Dieser wurde absichtlich eher kurz gehalten, um die Rückmeldequote zu erhöhen. Grundsätzlich wurden nur offene Fragen gestellt, sodass sich für die Befragten Spielräume ergaben und Zusatzinformationen gewonnen werden konnten.

Zu Beginn wurden die befragten Unternehmen aufgefordert, Firmenname und Branche anzugeben, um eine spätere Identifikation gewährleisten zu können. Als Einführung in die Thematik des Cradle to Cradle-Ansatzes wurden die Unternehmen nach ihren Beweggründen für die Etablierung dieses Ansatzes gefragt. Hierbei wurde ein besonderes Augenmerk auf die mögliche Kontaktaufnahme mit den Erfindern gelegt. Mit den anschließenden Fragen, aufbauend auf die Etablierung des Cradle to Cradle-Ansatzes, wurde versucht, die Auswirkungen auf die Geschäftstätigkeit zu untersuchen. Dabei wurden der Unternehmenserfolg und die Geschäftsbereiche differenziert betrachtet.

Um die länderspezifischen Unterschiede der Bekanntheit und der damit verbundenen Akzeptanz des Cradle to Cradle-Ansatzes aufzeigen zu können, wurden im letzten Abschnitt des Fragebogens die persönlichen Erfahrungen und Einschätzungen bezüglich der Auswirkungen auf das Konsumentenverhalten befragt. Die persönliche Einschätzung der Befragten über die mögliche Entwicklung einer aktuellen und neuen Thematik sind wesentliche Erkenntnisse für eine qualitative Forschung. Aus diesem Grund wurde in der anschließenden Frage zentral auf die Entwicklungsprognose des Cradle to Cradle-Ansatzes eingegangen. Abschließend sollte angegeben werden, ob die Bereitschaft für eine weitere Kontaktaufnahme in Form eines Telefoninterviews besteht.

Aus der Befragung gingen vier Antworten hervor, bei denen die Bereitschaft für eine telefonische Kontaktaufnahme jeweils positiv ausfiel. Daraus ergab sich der zweite Schritt, die Durchführung eines Telefoninterviews. Nach gegenseitiger Terminabstimmung folgte eine detaillierte Recherche zu dem jeweiligen Unternehmen. Schwerpunkt bildete dabei die unterschiedliche Umsetzung des Cradle to Cradle-Ansatzes. Ausgehend von der vorangegangen Recherche wurden die Interviewfragen individuell und spezifisch auf das jeweilige Unternehmen gestaltet. Diese wurden in Form eines Leitfadens dokumentiert und während des Telefonats gestellt. Dies ermöglichte eine strukturierte Vorgehensweise. Anhand der Protokollierung konnte eine genaue Auswertung gewährleistet werden.

3.4.2 Anmerkungen zum Forschungsansatz

Im Hinblick auf die zu Beginn problematisch dargestellte Datenerhebung erwies sich die qualitative Vorgehensweise als sehr nützlich. Dabei zeigte insbesondere die Bereitschaft der Unternehmen zu einer weiteren telefonischen Kontaktaufnahme deren Interesse, dieses noch unbekannte Thema in Deutschland voranzutreiben und einen Beitrag zur Aufklärung beizusteuern. Bei der Analyse der gewonnenen Informationen, sowohl aus den Fragebögen als auch aus den telefonischen Interviews, konnte eine Übereinstimmung festgestellt werden. Dies stützt die Glaubwürdigkeit der erhaltenen Aussagen von allen befragten Unternehmen. Die Untersuchung beruht nicht nur auf den gewonnen Erkenntnissen durch die befragten Unternehmen, sondern auch auf Informationen, die aus der Literaturrecherche hervorgingen. Diese wurde aus zeitlichen Gründen nur auf deutschsprachige Literatur begrenzt. Auf Basis der qualitativen Forschung wurde im Folgenden die zu Beginn gestellte Hypothese, ob sich der Cradle to Cradle-Ansatzes für ein Unternehmen lohnt, untersucht.

3.4.3 Darstellung der Ergebnisse

Die Untersuchungsergebnisse über die Auswirkungen des Cradle to Cradle-Ansatzes werden im Folgenden unter der Berücksichtigung aller Säulen der Nachhaltigkeit dargestellt. Die Betrachtung der ökonomischen, ökologischen und sozialen Sicht ist relevant für die richtige und erfolgreiche Umsetzung der Cradle to Cradle-Standards. Dadurch wird eine breite Abdeckung aller relevanten Themenbereiche ermöglicht.

3.4.3.1 Ergebnisdarstellung in Bezug auf die ökonomische Nachhaltigkeit

Damit ein Unternehmen langfristig nachhaltig agieren kann, muss es zunächst seine wirtschaftliche Existenz sicherstellen. Dies kann ein Unternehmen nur erreichen, wenn es ein kontinuierliches Wachstum anstrebt, welches gleichzeitig den wirtschaftlichen Mehrwert steigert (vgl. Wüthrich/Winter/Philipp (Hrsg.) 2001 S. 186f.). Dieses Unternehmensziel ist essentiell für die Etablierung eines Cradle to Cradle-Ansatzes in der Geschäftstätigkeit, da zu Beginn dieser Implementierung mit hohen Investitionskosten kalkuliert werden muss. Diese setzen sich zusammen aus Kosten für Forschung und Entwicklung (F&E) sowie Kosten für die Zertifizierung von Cradle to Cradle-Produkten. Besonders im Bereich der F&E muss mit dem größten Kostenbeitrag gerechnet werden, da das Denken in Kreisläufen, basierend auf dem Cradle to Cradle-

Ansatz, einen fortlaufend hohen Forschungsbedarf erwarten lässt. Dieser setzt sich aus den veränderten Anforderungen an das Produktdesign sowie der Verbesserung der eingesetzten Materialien zusammen.

Bei der Kosten- und Nutzenabwägung von F&E-Investitionen zeigt die Antwort der Firma Steelcase, die aus der Umfrage hervorging, warum es sich lohnt, diese Kosten zu tragen. Durch die ständige Suche nach Verbesserungspotentialen können neue Materialien entwickelt und entdeckt werden, welche die Produktqualität und -nachhaltigkeit ständig verbessern (vgl. Fragebogen Steelcase Werndl AG 2014). Bei den Kosten für die Zertifizierung muss berücksichtigt werden, dass neben den einmaligen Kosten für die Erstzertifizierung auch Rezertifizierungskosten entstehen. Diese Rezertifizierungskosten fallen alle zwei Jahre an, um die Zertifizierung der Cradle to Cradle-Produkte zu erneuern.

Unter Berücksichtigung dieser Aspekte geht hervor, dass der Cradle to Cradle-Ansatz langfristig ausgelegt ist und somit kurzfristig kein Instrument für die Mehrwertschaffung darstellt. Diese Langfristigkeit spiegelt sich in mehreren Bereichen wider, so auch im Bereich der Ressourcen.

Die in Kapitel 3.1.2 beschriebene Problematik der Wegwerfgesellschaft führt sowohl zu einem erhöhten Verbrauch der endlichen Ressourcen als auch zu einem vermehrten Abfallaufkommen. An dieser Problematik setzt der Cradle to Cradle-Ansatz an, sodass durch das Denken in Kreisläufen der Fokus auf einen verantwortungsvollen Umgang mit Ressourcen gelegt wird. So wird bereits bei dem Produktdesign darauf geachtet, die Produkte so zu konzipieren, dass ihre Rohstoffe entweder wiederverwertbar (technischer Kreislauf) oder am Ende biologisch abbaubar sind (biologischer Kreislauf) (vgl. Baumast 2013, S. 365). Für die weitere Untersuchung der ökonomischen Sicht ist zunächst nur der technische Kreislauf von Bedeutung. Dieser ermöglicht eine leichte und schnelle Demontage der darin befindlichen Produkte. Das Unternehmen kann hierdurch ihr Rücknahmesystem, welches bereits in Kapitel 3.3.2.1 beschrieben wurde, funktionsfähig und kostengünstig gewährleisten. Zusätzlich führt dies auch in den meisten Fällen zur Erhaltung der ursprünglich eingesetzten Ressourcen, da die defekten oder ausrangierten Bestandteile eines Produktes recycelt und wieder den Kreisläufen zugeführt werden können. Dadurch wird das unnötige Wegwerfen von einsatzfähigen Ressourcen minimiert und hat zusätzlich zur Folge, dass weniger Abfall entsteht und somit dem bisherigen hohen Abfallaufkommen entgegen gewirkt werden kann. Für ein Unternehmen entstehen dadurch geringere Entsorgungskosten, sowohl bei der Produktion als auch bei der Entsorgung.

Weitere Kosten können im technischen wie auch im biologischen Kreislauf im Arbeitsschutz eingespart werden. Durch die Verwendung von qualitativ hochwertigen und schadstofffreien Ressourcen entstehen bei der Produktion keinerlei Schadstoffe, wodurch Mitarbeiter mit diesen gefährlichen Substanzen nicht in Berührung kommen können. Dadurch entfallen beispielsweise Kosten für Arbeitsutensilien sowie für krankheitsbedingte Ausfälle und die Wiedereingliederung dieser Mitarbeiter (vgl. Leopold 2012).

Abschließend lässt sich feststellen, dass der Cradle to Cradle-Ansatz einen hohen Einfluss auf die ökonomische Sicht eines Unternehmens aufweist. Erkennbar durch teurere Anfangsinvestitionen, als auch durch langfristige Kosteneinsparungen in anderen Bereichen. Attraktiv könnte dieses Modell auch für Investoren sein, da zu erwarten ist, dass Nachhaltigkeit in Zukunft immer präsenter werden wird und speziell dieses Modell ein hohes Zukunftspotential haben könnte.

3.4.3.2 Ergebnisdarstellung in Bezug auf die ökologische Nachhaltigkeit

Im Hinblick auf die ökologische Sicht stehen Unternehmen in direkter Konfrontation mit der Frage, inwieweit die Umwelt die ihr zugefügten Schäden noch standhält. Diese sind meist nicht kurzfristig reparabel. Heute sowie in Zukunft werden somit Ressourcen, wie bereits in Kapitel 3.1.2 am Beispiel von Kupfer dargestellt, sowie die Biodiversität entscheidend zurückgehen oder ganz verschwinden. Im Zeitraum von 1970 bis 2010 wurde bei der weltweiten Artenvielfalt ein 52 prozentiger Rückgang verzeichnet, dies bedeutet eine Halbierung innerhalb von 40 Jahren (vgl. WWF 2014). All diese Probleme könnten durch die Anwendung des Cradle to Cradle-Ansatzes verhindert werden. Wie bereits oben aufgezeigt, ist ein verantwortungsvoller Umgang mit Ressourcen nicht nur aus ökonomischer Sicht von Vorteil, sondern auch aus ökologischer Sicht. Hier können Unternehmen profitieren, da die Abhängigkeit von endlichen Ressourcen nicht mehr vorhanden und somit eine Garantie auch für die zukünftige Produktion gewährleistet wäre. Ein weiteres Problem, welches ebenfalls die Zerstörung der Umwelt und der Lebewesen zur Folge hat, stellen Schadstoffe dar. Diese sind in giftigen Chemikalien sowie in Ansammlungen von tonnenweisem Abfall enthalten. Auch hier setzt das Cradle to Cradle-Prinzip an, da in Produkten, welche nach diesem Ansatz entwickelt werden, künftig keine giftigen Chemikalien enthalten sein dürfen. Der Ansatz greift bereits während der Produktion und untersagt die Verwendung schädlicher Stoffe und das Ausscheiden derer in die Umwelt. Durch die Umsetzung des Prinzips und der damit einhergehenden Vermeidung der Umweltbelastung können Unternehmen erheblich profitieren. Damit können der biologische wie auch der technische Kreislauf geschlossen werden. Eine Gefährdung der Mitarbeiter durch Schadstoffkontakt wäre dabei nahezu ausgeschlossen und im Gesamtergebnis gingen auch die Belastung des Ökosystems und der Ausstoß an Emissionen, vor allem im Hinblick auf CO_2, zurück.

Grundsätzlich sollte im Sinne des Cradle to Cradle die gesamte Produktion auf erneuerbare Energien umgestellt werden. Zurzeit kann dies allerdings hier zu Lande noch nicht gewährleistet werden, da bisher auf die Quelle der Energieversorgung nur begrenzt Einfluss genommen werden kann. Zwar besteht die Möglichkeit des Abschlusses eines Ökotarifes bei einem Stromanbieter, dieser kann jedoch in keiner Weise gewährleisten, dass die gesamte, vom Verbraucher bezogene Energie auch wirklich nur erneuerbar ist und nicht in Teilen aus Reaktoren oder fossilen Brennträgern gewonnen wird. In den USA ist es möglich, Anteile an einem Windpark zu erwerben, dessen Energiegewinnung so gezielt nachvollziehbar ist. Dadurch kann die alleinige Verwendung von erneuerbaren Energien gewährleistet werden. In Deutschland besteht diese Möglichkeit derzeit noch nicht, wodurch es den Unternehmen nicht möglich ist, ausschließlich erneuerbare Energien zu beziehen (vgl. Telefoninterview Steelcase Werndl AG 2015).

In Bezug auf die ökologischen Folgen einer Handlung, in diesem Falle die eines Unternehmens im Rahmen ihrer Produkterstellung und der damit verbundenen Rohstoffnutzung und -verarbeitung, hat die Redewendung des „Ökologischen Fußabdruckes" deutlich an Bekanntheit gewonnen. Wie viel wird also durch ein Unternehmen, das bildlich gesehen durch die Landschaft läuft, zertreten und zerstört? Die Verwendung des Cradle to Cradle-Ansatzes würde den Begriff allerdings grundsätzlich hinfällig werden lassen, da hier als Kern dieses Prinzips nicht die Zerstörung der Umwelt, sondern vielmehr deren Erhalt im Vordergrund steht. Das Unternehmen schwebt sozusagen schonend ohne ökologischen Fußabdruck über den Dingen. Damit ist die ökologische Sicht wohl zugleich Kernbegründung als auch Richtungsweiser für das Cradle to Cradle-Prinzip. Dieser ökologische Erfolg sollte allerdings auch nachvollziehbar und nachweisbar sein. In diesem Falle sei auf Ökobilanzen hingewiesen, die Kennwerte, wie Schadstoffemission oder Verwendung schädlicher Rohstoffe vor und nach Einführung des Cradle to Cradle-Ansatzes, dokumentieren. Hieraus lassen sich Verbesserungspotentiale aufzeigen. Dies sind fundamentale Daten, die den Verlauf und das angestrebte positive ökologische Ergebnis unterstreichen und vor allem nachweisen sollen.

Beachtung sollten auch die verschiedenen Ansichten und Anforderungen der Stakeholder finden. Umfassende Aufklärung und eine ständige Berichterstattung zum Verlauf des Cradle to Cradle-Prinzips als auch eine ständige Einbeziehung in zukünftige Vorhaben diesbezüglich sind unumgänglich.

3.4.3.3 Ergebnisdarstellung in Bezug auf die soziale Nachhaltigkeit

Um bei der Untersuchung auch die sozialen Aspekte zu berücksichtigen, werden im Folgenden die Öffentlichkeit, die Kunden sowie die Mitarbeiter näher betrachtet.

Insgesamt ist ein Anstieg der Nachfrage nach nachhaltig zertifizierten Produkten zu erkennen, der es den Unternehmen einerseits durch innovative Produkte ermöglicht einen Mehrwert zu schaffen, andererseits die Möglichkeit eröffnet, allgemein zur Aufklärung beizutragen. Die Aufklärung des Cradle to Cradle-Ansatzes hat bisher in Deutschland noch hohe Defizite. Diesem könnte man durch die Vermarktung von zertifizierten Cradle to Cradle-Produkten entgegenwirken. Allerdings muss ein Unternehmen hierbei berücksichtigen, dass aufgrund des geringen Bekanntheitsgrads in Deutschland die Kunden zunächst durch unterschiedliche Kommunikationskanäle auf diese Neuheit aufmerksam gemacht werden müssen. Eine besondere Herausforderung liegt hier bei der Erklärung des innovativen Cradle to Cradle-Ansatzes (vgl. Fragebogen Werner & Mertz GmbH 2015). Dabei eröffnet sich durch die erhöhte und dazu gewonnene Aufmerksamkeit seitens der Konsumenten die Chance, sowohl das Unternehmen, als auch die Prinzipien der neuen Entwicklungsleitlinie öffentlich durch die Medien publizieren zu lassen. Der dadurch erhöhte Aufwand an Kommunikation hat Auswirkungen auf verschiedene Geschäftsbereiche. Besonders in den Bereichen Marketing und Vertrieb muss hier zunächst mit einem höheren Einsatz an finanziellen und personellen Ressourcen kalkuliert werden (vgl. Fragebogen Werner & Mertz GmbH 2015).

Positive Auswirkungen lassen sich ebenfalls in der Kundenbindung, die ein Unternehmen durch den Cradle to Cradle-Ansatz generieren kann, erkennen. Dies lässt sich zum einen auf das Rücknahmesystem zurückführen, bei dem die Konsumenten die Möglichkeit erhalten, ihre defekten oder ausrangierten Produkte dem Unternehmen zurückzubringen. Dadurch obliegt, gemäß dem Produktlebenszyklus, die Verantwortung der umweltbewussten Entsorgung wieder beim Unternehmen selbst. Zum anderen kann ein Unternehmen dadurch sein Nachhaltigkeitsimage durch Bereitstellung dieses Angebots verbessern.

Dieses Image macht sich sowohl außerhalb des Unternehmens bei dem Konsumverhalten, als auch innerhalb des Unternehmens bei den Mitarbeitern bemerkbar. Neben den finanziellen Aspekten spielt heutzutage auch die nachhaltige Verantwortung bei der Arbeitgebersuche eine zentrale Rolle. So entscheiden sich potentielle Mitarbeiter eher für ein Unternehmen, dessen Dienstleistungen und Produkte sie auch ethisch vertreten können. Unternehmen, die sich ökologisch orientieren, legen nicht nur Wert auf die Umwelt, sondern auch vor allem auf ihre Mitarbeiter, da sie diese als wertvollstes Kapital ansehen. Diese vermittelte Unternehmensphilosophie stärkt das positive Betriebsklima, da sich die Mitarbeiter wertgeschätzt und anerkannt fühlen. Dass Cradle to Cradle vielfältig angewendet wird und das Unternehmen bei der Umsetzung ihrer Unternehmensphilosophie unterstützen kann, zeigt das folgende Beispiel: Bei der Planung von Büroräumlichkeiten der Firma Herman Miller legten Braungart und McDonough besonderen Wert auf die Sicherstellung einer hohen Lebens- und Arbeitsqualität der Mitarbeiter. Das Ergebnis dieser Planung sind Büroräumlichkeiten mit viel Tageslicht, wodurch die Mitarbeiter am Tagesablauf teilhaben können. Eine weitere Besonderheit ist der Ausblick auf die natürliche Umgebung, wodurch es den Mitarbeitern ermöglicht wird, neben ihrer Arbeit auch die Eigenschaften der vier Jahreszeiten wahrnehmen zu können. Wie wichtig den Mitarbeitern der Aufenthalt im Freien ist, zeigt zum einen deren erhöhte Produktivität sowie die seit diesem Zeitraum zurückgegangene Fluktuationsrate der Fabrik (vgl. Braungart/McDonough 2013, S. 102f.).

3.4.4 Diskussion der Ergebnisse

Aufgrund der überwiegend positiven Resonanz, die aus der Befragung der Unternehmen hervorging, werden im Folgenden die wichtigsten Inhalte nochmals kritisch beleuchtet und hinterfragt.

Der für die Praxis am meisten in Frage gestellte Kritikpunkt ist das Thema der Umsetzbarkeit. Glaubt man dem Buch „Cradle to Cradle: Einfach intelligent produzieren" von Braungart und McDonough, so kann man diesen Ansatz zu 100 Prozent auf alle Produkte oder Dienstleistungen anwenden. Dies ist jedoch fraglich, wenn man die unterschiedlichen Anforderungen verschiedener Branchen betrachtet. In der Textilbranche, die sich nur mit dem biologischen Kreislauf von Verbrauchsgütern befasst, ist die Anwendung dieses Ansatzes mit geschlossenem Kreislauf gut möglich, da hierbei alle verwendeten Materialien vollständig kompostierbar sind.

Kritischer sieht es hingegen bei der vollständigen Schließung des technischen Kreislaufs aus, da sich Gebrauchsgüter meist aus einer Vielzahl verschiedener Bestandteile zusammensetzen.

Die Herausforderungen bestehen darin, die kreislauffähigen Materialien zu Beginn zusammenzusetzen und am Ende ihrer Gebrauchsphase wieder in die unterschiedlichen Kreisläufe zurückführen zu können. Da der Recyclingprozess in der Praxis von den meisten Unternehmen noch nicht eigenständig durchgeführt wird, sondern an externe Dienstleister outgesourct wird, lässt sich hier ein Defizit in der endgültigen Schließung des technischen Kreislaufes erkennen. Diese Lücke versuchen die Unternehmen durch die gewissenhafte Auswahl von externen Recyclingpartnern zu kompensieren. Dabei überwiegt das Vertrauen in die Vertragspartnerschaft, da eine Kontrolle des tatsächlichen Recyclingprozesses sich als sehr schwierig erweist. Dieser Abhängigkeit können Unternehmen nur entgehen, wenn sie den Recyclingprozess selbst durchführen und die Kontrolle somit innerhalb des Verantwortungsbereichs des Unternehmens liegt. In der Praxis ist dies jedoch aufgrund von hohem finanziellen und personellem Aufwand nur schwer umsetzbar (vgl. Telefoninterview Steelcase Werndl AG 2015).

Ein weiterer kritisch zu betrachtender Aspekt ist die Frage nach dem tatsächlichen Wettbewerbsvorteil für ein Unternehmen in Deutschland, der sich durch die Anwendung des Cradle to Cradle-Ansatzes ergeben könnte. Da es sich bei diesem Ansatz um ein sehr aktuelles Thema handelt, ist es besonders in diesem Punkt sehr schwer festzustellen, ob wirklich ein Wettbewerbsvorteil generiert werden kann. Beispiele aus anderen Ländern wie den Niederlanden, Dänemark oder den Vereinigten Staaten zeigen die erfolgreiche Etablierung dieses Ansatzes. Aufgrund der höheren Vermarktung von Cradle to Cradle-Produkten in diesen Ländern stoßen Neuzugänge in diesem Geschäftsfeld auf hohe Konkurrenz, sodass sich hier ein nur geringer Wettbewerbsvorteil realisieren lässt. In Deutschland stehen hingegen die Chancen auf einen Wettbewerbsvorteil aufgrund des derzeitigen geringen Bekanntheitsgrads noch sehr gut. Hier könnten Unternehmen unter anderem von der Erschließung neuer Märkte profitieren (vgl. Pufé 2012, S. 65).

Ebenfalls vertritt Braungart die Einstellung, dass die Menschheit unter dem Cradle to Cradle-Ansatz ohne Bedenken verschwenderisch leben kann, da nach erfolgreicher Umsetzung kein Abfall im herkömmlichen Sinne entsteht, sondern als Nahrung der Natur zurückgeführt wird. Mit dieser Aussage entkräftet Braungart die vielfach genannten Gefahren aus dem weiterhin kräftigen Wachstum der Weltbevölkerung. Fraglich ist, ob man durch den Einsatz von Produktionsweisen in Kreisläufen die negativen Prognosen über die Ressourcenverfügbarkeit und die Emissions- und Müllentwicklung abwenden kann.

3.5 Fazit

Diese Arbeit verdeutlicht die Möglichkeiten und Chancen, die durch einen Umdenkprozess in Bezug auf den Produktlebenszyklus, von F&E über das Produktdesign bis hin zur Entsorgung, einhergehen. Allerdings ist zu beachten, dass ein Unternehmen vor erfolgreicher Implementierung des Cradle to Cradle-Ansatzes wirtschaftlich gut aufgestellt sein muss, da dieses Konzept auf Langfristigkeit beruht und zunächst mit erhöhtem Aufwand gerechnet werden muss.

Bedenkt ein Unternehmen jedoch, welche Einsparungen zu einem späteren Zeitpunkt erzielt werden können, so rechtfertigt dies die zu Beginn anfallenden Investitionen. Diese Einsparungen lassen sich zum einen im Bereich des Arbeitsschutzes und zum anderen an den niedrigen Fluktuationsraten bei den Mitarbeitern feststellen. Unter Berücksichtigung aller bereits beschriebenen Aspekte können Unternehmen in Deutschland durch die rasche Einführung des Cradle to Cradle-Ansatzes einen wesentlichen Vorsprung gegenüber Unternehmen erzielen. Der Schwerpunkt liegt hier auf dem Innovationsvorsprung, den Unternehmen nur durch die frühe Einführung und dauerhafte Weiterentwicklung generieren können. Der Weg von der Entscheidung bis zur Umsetzung dieses Ansatzes erweist sich als langwierig und komplex. Aus diesem Grund ist es kaum möglich, alle Produkte sofort auf diesen neuen Ansatz umzustellen und dies wird auch keineswegs von den Erfindern des Ansatzes verlangt. Die Umstellung von dem linearen Produktionsprozess zum Kreislaufprozess ist für ein Unternehmen nur schrittweise sinnvoll und möglich, da es seine Liquidität und Stabilität sicherstellen muss. Dadurch kann es die Verantwortung gegenüber seinen Mitarbeitern im Hinblick auf die Gewährleistung des Beschäftigtenverhältnisses garantieren.

Nicht nur die Unternehmen können ihren Beitrag zur Aufklärung und Verbreitung dieses Ansatzes leisten. Hier liegt es auch am Staat, den Nutzen und die sich daraus ergebenen Chancen zu erkennen. Auch wäre es sinnvoll, wenn der Staat wie bereits durch das Kreislaufwirtschafts- sowie Abfallgesetz weitere Maßnahmen in Richtung des Cradle to Cradle-Ansatzes entwickeln würde. Denkbar wären staatliche Subventionen für Unternehmen, um die ökonomischen Vorteile des Cradle to Cradle-Ansatzes schneller nutzen zu können.

Nachhaltigkeit ist die zentrale Thematik der heutigen Zeit. Die Frage ist jedoch, ob es auf lange Sicht reicht, nur effizient, sprich umweltschonend zu sein, oder ob dies die Umweltzerstörung nur hinauszögert. Und auch hier stellt sich erneut die Frage, ob der Ansatz von Braungart und McDonough wirklich zukunftsweisend ist. Das Ziel ist eine Welt ohne Abfall und ohne Schadstoffe. Ob sich Cradle to Cradle wirklich für ein Unternehmen langfristig lohnen könnte, hängt vor allem von der richtigen Umsetzung und von der Risikobereitschaft eines Unternehmens ab. Eine eindeutige Beweisgrundlage liegt aufgrund der Aktualität und fehlender veröffentlichter Zahlen nicht vor. Wenn man jedoch berücksichtigt, dass Unternehmen durch die Offenlegung ihrer aus der Anwendung von Cradle to Cradle gewonnenen Erkenntnissen einen entscheidenden Wettbewerbsvorteil verlieren könnten, zeigt sich die Tendenz, dass sich Cradle to Cradle lohnen muss.

Literaturverzeichnis

Einzelwerke

Braungart, M./McDonough, W. (2013): Cradle to Cradle: Einfach intelligent produzieren, München

Frei, M. (1999): Öko-effektive Produktentwicklung, Wiesbaden

Haas, H.-D./Schlesinger, D. M. (2007): Umweltökonomie und Ressourcenmanagement, Darmstadt

Pufé, I. (2012): Nachhaltigkeitsmanagement, München

Wütherich, H. A./Winter, W. B./Philipp, A. (Hrsg.) (2001): Grenzen Ökonomischen Denkens: Auf den Spuren einer dominanten Logik, Wiesbaden

Zimmerer, C. (2014): Nachhaltige Produktentwicklung: Integration der Nachhaltigkeit in den Produktentstehungsprozess, Hamburg

Sammelwerke

Blunck, E.: Strategisches Nachhaltigkeitsmanagement, in: Ernst, D./Sailer, U. (Hrsg.) 2013: Nachhaltige Betriebswirtschaftslehre, Konstanz, S. 66

Gnam, H.-J./Schwalbe, L.: Betriebliches Umweltmanagement, in: Ernst, D./Sailer, U. (Hrsg.) (2013): Nachhaltige Betriebswirtschaftslehre, Konstanz, S. 143

Baumast, A.: Teil VII: Auf dem Weg zu einem umfassenden Nachhaltigkeitsmanagement - Stand und Perspektiven: Perspektive Nachhaltigkeit - Effizienz, Konsistenz, Suffizienz als Unternehmensstrategien, in: Baumast, A/Pape, J. (Hrsg.) (2013): Betriebliches Nachhaltikeitsmanagement, Stuttgart, S. 362

Hollerweger, E.: Umnutzung als Weg aus der Umweltkrise? Ein vielversprechendes Konzept zwischen Fakten und Fiktionen, in: Habscheid, S. et al. (Hrsg.) (2014): Umnutzung: Alte Sachen, neue Zwecke, Göttingen, S. 74

Onlinequellen

Süddeutsche.de (2010): Die Rolle der Politik. http://www.sueddeutsche.de/wissen/industrie-rohstoffe-schattenreich-der-metalle-1.168140-2, abgerufen am: 24.01.2015

Bräutigam, T. (2013): Knappe Rohstoffe: Wann bauen wir das letzte Windrad? http://green.wiwo.de/knappe-rohstoffe-wann-bauen-wir-das-letzte-windrad/, abgerufen am: 24.01.2015

BR (2014): Geplanter Produkttod: Frankreich plant Gesetz gegen "Obsoleszenz". http://www.br.de/nachrichten/obsoleszenz-produkttod-frankreich-gesetz-100.html, abgerufen am: 21.01.2015

Deutscher Bundestag (2014): Weiterentwicklung der Produktverantwortung. http://www.bundestag.de/presse/hib/2014_12/-/348802, abgerufen am: 26.01.2015

Bund für Umwelt und Naturschutz Deutschland e.V. (BUND) – Friends of the Earth Germany: Wie viel Chemie kaufen wir euch ab? http://www.bund.net/fileadmin/bundnet/publikationen/chemie/20091012_c hemie_giftstoppen_flyer.pdf, abgerufen am: 26.01.2015

EPEA Internationale Umweltforschung GmbH: Hintergrund und Visionen. http://epea.com/de/content/hintergrund-visionen, abgerufen am: 03.01.2015

Horsch, C./Krauß, I. (2013): Instrumente zur ökologischen Verbesserung des Produktangebotes im Rahmen einer ökologischen Verbraucherpolitik. http://www.bmub.bund.de/fileadmin/Daten_BMU/Pools/Forschungsdatenb ank/fkz_3710_93_306_bundespreis_ecodesign_bf.pdf, abgerufen am: 28.01.2015

Detail (2009): Cradle to Cradle: Eine Idee und ihre Umsetzung. http://www.detail.de/architektur/themen/cradle-to-cradle-eine-idee-und-ihre-umsetzung-001070.html, abgerufen am: 08.01.2015

Wille, J. (2008): Von der Wiege zur Wiege. http://www.fr-online.de/home/nachhaltiges-produktdesign-von-der-wiege-zur-wiege,1472778,3380600.html, abgerufen am: 26.01.2015

Braungart, M.: Terminologie. http://www.braungart.com/de/content/terminologie, abgerufen am: 27.01.2015

EPEA Internationale Umweltforschung GmbH: Hintergrund und Visionen. http://epea.com/de/content/hintergrund-visionen, abgerufen am: 03.01.2015

Cradle to Cradle Products Innovation Institute: Get Cradle to Cradle Certified™. http://www.c2ccertified.org/get-certified/product-certification, abgerufen am: 03.01.2015

EPEA The Cradle of Cradle to Cradle: Cradle to Cradle Certified™. http://epea-hamburg.org/de/content/cradle-cradle-certifiedcm-zertifizierung, abgerufen am: 10.02.2015

Cradle to Cradle Products Inovation Institut: Get Cradle to Cradle Certified™. http://www.c2ccertified.org/get-certified/product-certification-process, abgerufen am: 05.02.2015

Werner & Mertz: Ganzheitlich-Nachhaltig.de: Zertifikate: Cradle to Cradle.
http://ganzheitlich nachhaltig.de/Zertifizierungen/Zertifikate/Cradle-to-Cradle/, abgerufen am: 06.02.2015

Leopold, H. (2012): Ökologie und Ökonomie vereinen - Das cradle to cradle Prinzip.
http://www.blog-gruene-wetterau.de/okologie-und-okonomie-vereinen-das-cradle-to-cradle-konzept/, abgerufen am: 06.02.2015

WWF (2014): Kuzfassung Living Planet Report 2014.
http://www.wwf.de/fileadmin/fm-wwf/Publikationen-PDF/WWF_LPR2014_Kurzfassung.pdf, abgerufen am: 06.02.2014

KWH-Preis: Was ist Ökostrom. http://www.kwh-preis.de/oekostrom/was-ist-oekostrom#reiner-oekostrom, abgerufen am: 19.02.2015

EPEA Siwitzerland: Die Natur als Vorbild. http://epeaswitzerland.com/cradle-to-cradle/, abgerufen am: 04.02.2015

EPEA The Cradle of Cradle to Cradle (2009): Nährtoffkreisläufe. http://epea-hamburg.org/de/content/n%C3%A4hrstoffkreisl%C3%A4ufe, abgerufen am: 28.01.2015

Ecover Belgium N.V. (2013): Was ist Cradle to Cradle®?. http://www.ecover-professional.com/de/produkte/cradle-to-cradle/was-ist-cradle-to-cradle/, abgerufen am: 05.01.2015

Cradle to Cradle Products Inovation Institut: Get Cradle to Cradle Certified™.
http://www.ecover-professional.com/de/produkte/cradle-to-cradle/was-ist-cradle-to-cradle/, abgerufen am: 05.01.2015

Fragebögen und Telefoninterview

Mitarbeiter von Werner & Mertz GmbH (2015): Fragebogen zum Thema Cradle to Cradle am 05.01.2015

Mitarbeiter von Steelcase Werndl AG (2014): Fragebogen zum Thema Cradle to Cradle am 29.12.2014

Mitarbeiter von Steelcase Werndl AG (2015): Telefoninterview zum Thema Cradle to Cradle am 14.01.2015

4 Die Bedeutung der Gütesiegel in der Kaffeebranche aus der Sicht der Verbraucher

von Martin Andreas, Larissa Freitag, Markus Haerter, Birgit Schmidt

Ergebnis

Gütesiegel der Nachhaltigkeit werden dazu benutzt, Konsumenten über die ökologischen und sozialen Aspekte der Produkte zu informieren. Hierdurch soll die Kaufentscheidung für nachhaltige Produkte erleichtert werden. Am Beispiel von Kaffee wird untersucht, ob die Gütesiegel diesem Anspruch gerecht werden. Die Untersuchung zeigt, dass es eine Vielzahl an Gütesiegeln gibt, die verschiedene Inhalte und sehr unterschiedliche Anforderungen enthalten. Konsumenten kennen teils die Logos der Gütesiegel, deren Inhalte sind zumeist aber nicht bekannt. Das Vertrauen den Gütesiegeln gegenüber ist insgesamt gering und für die Kaufentscheidung bei Kaffee sind sie nur wenig bedeutsam. Zwischen dem geäußerten Interesse an Nachhaltigkeit und der praktischen Umsetzung im Konsumverhalten bestehen noch große Lücken.

Inhaltsverzeichnis

4.1 Einleitung 94
4.2 Gütesiegel in der Kaffeebranche 94
   4.2.1 Was sind Gütesiegel? 94
   4.2.2 Bedeutung und Analyse der relevanten Gütesiegel 94
      4.2.2.1 EU-Bio-Siegel 95
      4.2.2.2 Bio-Siegel 96
      4.2.2.3 Fairtrade 96
      4.2.2.4 Rainforest Alliance 97
      4.2.2.5 4C Association 97
      4.2.2.6 UTZ 98
      4.2.2.7 Individuelle Firmenlabels 98
4.3 Vergleich der relevanten Gütesiegel 101
4.4 Analyse des deutschen Kaffeemarktes 104
4.5 Aktueller Forschungsstand 105
4.6 Untersuchung des Kundenverhaltens 107
   4.6.1 Methode: Fragebogen 107
   4.6.2 Durchführung der Untersuchung 108
   4.6.3 Auswertung und Erkenntnisse 109
4.7 Fazit 117

4.1 Einleitung

Die deutsche Gesellschaft erlebt seit mehreren Jahren einen Wertewandel. Die Themen Nachhaltigkeit, Natur- und Tierschutz, gesunde Ernährung und soziale Gerechtigkeit haben besonders an Bedeutung gewonnen. Daraus resultierend stellen sich der Staat, die Unternehmen sowie der einzelne Endverbraucher die Frage, wie man auf den Wertewandel reagieren soll. Die Unternehmen haben diesen Trend erkannt und reagieren bereits darauf. Besonders interessant ist die Kaffeebranche, die seit vielen Jahren großen Wert auf den Schutz der Umwelt und der Tierwelt sowie der internationalen sozialen Gerechtigkeit legt. Fraglich für die Unternehmen in der Kaffeeindustrie ist, ob sie den Trend richtig erkannt haben und ob ihre Maßnahmen, im Rahmen der Verwendung von Gütesiegeln, bei den einzelnen Verbrauchern Beachtung finden. Ob Gütesiegel für die Konsumenten bei ihrer Kaufentscheidung von besonderer Bedeutung sind, wird in dieser Arbeit untersucht.

4.2 Gütesiegel in der Kaffeebranche

In der Kaffeebranche gibt es eine große Anzahl an verschiedenen Gütesiegeln. Aufgrund dessen haben viele Verbraucher den Überblick über die Bedeutung der Gütesiegel verloren. Zu beachten ist, dass Landwirte, Produzenten, der Handel und viele weitere Unternehmen in der Lieferkette von den Gütesiegeln profitieren, und daher die Verwendung der Gütezeichen reglementiert werden muss. (vgl. Bundesanstalt für Landwirtschaft und Ernährung b)

4.2.1 Was sind Gütesiegel?

„Unter Gütezeichen sollen Wort- und/oder Bildzeichen verstanden werden, die ausdrücklich eine ganzheitliche Aussage über die Gesamtheit (Gesamtqualität) oder eine Teilmenge (Teilqualität) der Eigenschaften eines Produkts treffen. Die Aussage besteht in der Zusicherung einer bestimmten Mindestqualität, die vom Zeichenherausgeber kontrolliert wird." (Sattler 1991, S. 9)

4.2.2 Bedeutung und Analyse der relevanten Gütesiegel

Aufgrund der Verunsicherung und Verwirrung der Konsumenten mussten die Unternehmen und der Staat handeln. Es wurden gesetzliche Rechtsvorschriften erlassen und die Unternehmen haben zudem eigene Gütesiegel erschaffen. Die Gütesiegel sollen den Verbrauchern die Auswahl beim Einkauf ihrer Lebensmittel erleichtern. (vgl. Bundesanstalt für Landwirtschaft und Ernährung b) Die als relevant erachteten Gütesiegel wurden anhand der Häufigkeit auf den Kaffeeverpackungen in verschiedenen Supermärkten ermittelt. Diese Gütesiegel sind das EU-Bio-Siegel, Bio-Siegel, Fairtrade, Rainforest Alliance, 4C Association und UTZ Certified.

4.2.2.1 EU-Bio-Siegel

Abb. 4-1: EU-Bio-Siegel
Quelle: Bundesministerium für Ernährung: So sieht es das Gesetz.
http://www.bmel.de/DE/Landwirtschaft/Nachhaltige-
Landnutzung/Oekolandbau/_Texte/Bio-Siegel.html

Das EU-Bio-Siegel ist an dem Logo mit weißen „Euro-Blatt" auf grünen Hintergrund zu erkennen. Alle Bioprodukte, die in der EU hergestellt werden und die Bionormen erfüllen, müssen mit diesem Siegel gekennzeichnet sein. (vgl. Bio Verlag GmbH) Dies ist auch Vorschrift, wenn lediglich nur ein Verarbeitungsschritt in der EU vorgenommen wird. Die Verwendung und Gestaltung des EU-Bio-Siegels basiert auf der EU-Rechtsvorschrift für ökologischen Landbau. (vgl. Bundesanstalt für Landwirtschaft und Ernährung a)

Das EU-Bio-Siegel garantiert, dass bei der Herstellung und Weiterverarbeitung der Naturschutz eine wichtige Rolle spielt, und zudem auf Nachhaltigkeit viel Wert gelegt wird. Außerdem finden in den Betrieben jährliche Kontrollbesuche statt. Bei diesen Besuchen werden die Lebensbedingungen der Nutztiere kontrolliert sowie die Einhaltung der Regeln einer ökologischen Produktion. Des Weiteren sind Gentechnik und die Verwendung von bestimmten Pestiziden, Antibiotika und Düngemitteln verboten. Zusatzstoffe dürfen hier auch nur stark begrenzt genutzt werden. Eine weitere wichtige Anforderung ist die Vorgabe, dass die meisten Inhalte eines Produktes aus lokalen Ressourcen stammen sollen.

Dieses Siegel beinhaltet somit strenge Vorgaben zum Umwelt- und Tierschutz sowie zum ökologischen/biologischen Landbau. (vgl. Europäische Kommission, 2014) Das EU-Bio-Siegel ist zudem der Wegbereiter für das deutsche Bio-Siegel.

4.2.2.2 Bio-Siegel

Abb. 4-2: Bio-Siegel
Quelle: Bundesministerium für Landwirtschaft und Ernährung: Bio-Siegel. http://www.bmel.de/DE/Landwirtschaft/Nachhaltige-Landnutzung/Oekolandbau/_Texte/Bio-Siegel.html

Das nationale Bio-Siegel wurde im Jahr 2001 von der deutschen Regierung erschaffen und hat sich bis heute immer weiter entwickelt. Das Siegel garantiert grundsätzlich die ökologische Produktion von Lebensmitteln und Produkten. Es steht zudem für eine artgerechte Tierhaltung. Die Vergabe des Gütezeichens ist an eine Vielzahl von Bedingungen gebunden.

Vorgeschrieben ist eine Produktion und Kontrolle der Produkte anhand der Rechts-vorschriften für den ökologischen Landbau. Lebensmittel müssen, wenn sie aus verschiedenen Zutaten bestehen, mindestens zu 95 % aus ökologischem Landbau stammen. Zudem ist Gentechnik strengstens verboten. Die Verwendung von Zusatz-stoffen, die normalerweise erlaubt sind, ist auch nicht gestattet. Die Anforderungen müssen von allen Unternehmen in der Lieferkette eingehalten werden. Dies beinhaltet die Erzeuger, die Produzenten sowie die Importunternehmen. Zudem müssen alle den regelmäßigen Kontrollen zustimmen.

Der Missbrauch des Bio-Siegels kann zu hohen Geldbußen oder sogar zu Freiheitsstra-fen führen. Dies und die Verwendung des Siegels sind in der Öko-Kennzeichenverordnung geregelt. (vgl. Bundesanstalt für Landwirtschaft und Ernäh-rung b)

4.2.2.3 Fairtrade

Abb. 4-3: Fairtrade
Quelle: TransFair Verein zur Förderung des Freien Handels mit der „Dritten Welt" e.V.: Fairtrade-Siegel und Vereinslogos – ein Überblick. https://www.fairtrade-deutschland.de/ueber-fairtrade/ueber-transfair/fairtrade-siegel-logos

Fairtrade setzt sich in Entwicklungsländern für bessere Lebens- und Arbeitsbedingun-gen ein. Produkte, welche das Fairtrade-Siegel tragen, sollen dem Verbraucher garan-tieren, dass die Kleinbauernfamilien einen Mindestpreis erhalten, der ihre Existenz sichert und die Arbeitsbedingungen der lohnabhängigen Beschäftigten auf Plantagen, in Blumenfarmen oder Teegärten verbessert. (vgl. TransFair Verein zur Förderung des Fairen Handels mit der "Dritten Welt" e.V.)

Das Siegel wird in Deutschland von Transfair e.V. vergeben. Dieser Verein ist Mitglied der Fairtrade Labelling Organization International e.V., kurz: FLO genannt. Die FLO legt die Standards fest, nach denen sich die Unternehmen zertifizieren lassen können. Um das Fairtrade-Siegel zu erhalten, müssen Unternehmen bei Transfair eine Lizenz erwerben. (vgl. GEPA – The Fair Trade Company 2014) Die FLO-CERT GmbH führt regelmäßig Kontrollen bei allen Akteuren durch. (vgl. Rheingau-Taunus-Kreis)

4.2.2.4 Rainforest Alliance

Abb. 4-4: Rainforest
Quelle: Rainforest Alliance: Das Rainforest Alliance Certified-Siegel.
http://www.rainforest-alliance.org/de/marketing/marks/certified

Diese US-amerikanische Organisation setzt sich für den Erhalt von Ökosystemen, insbesondere für den Regenwald ein (vgl. Stiftung Warentest 2009, S. 29) Des Weiteren setzt sich diese Organisation für die Erhaltung der Artenvielfalt sowie einer umweltverträglicheren Nutzung von Landflächen ein. Vorab festgelegte Prämien für die beteiligten Unternehmen gibt es bei Rainforest Alliance nicht, da das Siegel mit dem Frosch darauf setzt, dass Kaffeeproduzenten und Konsumenten eine bewusstere Kaufentscheidung treffen und mehr zertifizierten Kaffee nachfragen. (vgl. Deutscher Kaffeeverband e.V. b) Für eine Zertifizierung muss der SAN-Standard (Sustainable Agriculture Network) erfüllt sein. Dieser besteht aus zehn Maßnahmen. Jedoch müssen nur 30 Prozent aus einer zertifizierten Produktion stammen, damit das Siegel an diese vergeben werden kann. Des Weiteren ist auch keine Lizenzgebühr fällig. (vgl. Rees 2009)

4.2.2.5 4C Association

Abb. 4-5: 4C Association
Quelle: 4C Association: The 4C Logo. http://www.4c-coffeeassociation.org/document-library/documents/4c-logo/4c-logo.html

Die vier Cs stehen für „Common Code for the Coffee Community" und wurden durch den Deutschen Kaffeeverband, die deutsche Gesellschaft für technische Zusammenarbeit und das Bundesministerium für wirtschaftliche Zusammenarbeit initiiert. Das Ziel dabei ist ein einheitlicher Verhaltenskodex für eine soziale, ökologische und wirtschaftlich nachhaltige Produktion sowie Verarbeitung und Vermarktung von Kaffee. Die Mitglieder entwickelten den Verhaltenskodex immer weiter und verpflichten sich zu der Einhaltung dieses Kodex. Dabei geht es vor allem um nachhaltige Anbaumethoden für Kaffee und die Unterstützung der Selbstständigkeit der Kaffeebauern. Um Mitglied zu werden, müssen zunächst zehn Mindeststandards eingehalten werden. Mitglieder von 4C sind bspw.: Fairtrade, UTZ und Rainforest Alliance. (vgl. 4C Association)

4.2.2.6 UTZ

Abb. 4-6: UTZ Certified
Quelle: UTZ Certified: Besserer Anbau. Bessere Zukunft.
https://www.utzcertified.org/de

UTZ stammt aus der Maya-Sprache und kann mit *gut* übersetzt werden. Die Organisation hat das Ziel, nachhaltige Qualität durch einen Code of Conduct weltweit zu etablieren und somit *guten* Kaffee herzustellen. Dabei müssen die Hersteller, die das Gütesiegel erhalten wollen, Anforderungen hinsichtlich nachhaltiger Anbaumethoden, Arbeitsbedingungen, Umweltschutz und der Vorsorge für zukünftige Generation erfüllen. Somit bietet UTZ den Herstellern die Möglichkeit zum Nachweis einer verantwortungsbewussten und nachhaltigen Produktion. Die Anforderungen von UTZ führen zu einer besseren Ernte, einem höheren Einkommen und somit einem besseren Leben der Anbauer. Sie dienen dem Umweltschutz und werden jährlich überprüft. Wenn die Kriterien des Code of Conduct eingehalten wurden, erhält der Hersteller ein einjährig gültiges Gütesiegel. (vgl. UTZ Certified)

4.2.2.7 Individuelle Firmenlabels

Die meisten Unternehmen verwenden allgemein bekannte Labels, wie das Bio-Siegel aus Kapitel 4.2.1.1, um ihre Produkte zu kennzeichnen. Andere Unternehmen entwickeln aber auch eigene Labels. Entweder, um den Bekanntheitsgrad ihrer Produkte zu erhöhen oder aber um die Mindestanforderungen der allgemein bekannten Labels zu umgehen. In diesem Kapitel werden nun die unternehmenseigenen Labels und ihre Bedeutung betrachtet.

Melitta: MISSION eco & care

Abb. 4-7: Melitta: MISSION eco & care
Quelle: Melitta Europe GmbH & Co. KG: Genuss und Verantwortung.
http://www.melitta.de/de/MISSION-eco-care-641,164696.html

Unter MISSION eco & care versteht Melitta die ständige nachhaltige Sorge in allen drei Nachhaltigkeitsbereichen (ökonomische, soziale und ökologische Interessen dieser Generation, ohne die zukünftigen Generationen einzuschränken). In diesem Sinne hat Melitta das firmeneigene Label kreiert, welches in Form von Sternen (ein Stern: wenig nachhaltig, fünf Sterne: sehr nachhaltig) eingeführt worden ist.

Das Besondere hieran ist nun, dass die Vergabe der Sterne nicht von Melitta persönlich durchgeführt wird, sondern durch ein unabhängiges Unternehmen. Als Maßstab für diese Vergabe dient hierbei nun ein fiktives Produkt, dass alle nachhaltigen Technologien und Neuerungen in sich aufweist (von Ressourcenbeschaffung bis hin zu Produktion und Verkauf). Dieses fiktiv vollständig nachhaltige Produkt repräsentiert 5 Sterne. Mit diesem werden die eigenen Produkte verglichen. Kriterien für die Vergabe der Sterne sind dabei (in Klammern die Gewichtung):

- Herstellung: Hierunter fallen Ressourcen für das Produkt (20%), Ressourcen für die Produktion (25%), Verpackung (25%), und soziale Aspekte, also Arbeitsbedingungen usw. (30%).
- Nutzung: Dazu gehören Energieeffizienz (45%), Produktsicherheit (35%) und Lebensdauer (20%).
- Lebensende: Hierbei zählt alles, was nach dem Lebenszyklus passiert, also Recyclingfähigkeit und Entsorgung. Darunter fällt das Produkt an sich (70%) und die Verpackung (30%).

(vgl. Melitta Europa GmbH & Co. KG 2014)

Jacobs: Jacobs Cares

Abb. 4-8: Jacobs: Jacobs Cares
Quelle: Mondelez Deutschland Services GmbH & Co. KG: Jacobs Cares. https://www.jacobscares.com

Auch Jacobs Cares ist ein firmeneigenes Label, das im Zusammenschluss mit SOS Kinderdörfer Spenden sammelt. Im Moment findet dies in Form von Talern statt, die auf den Kaffeeprodukten abgedruckt sind. Da hierbei eher der soziale Aspekt im Vordergrund steht, ist das primäre Ziel, Menschen in Not zu helfen. Ein zweites Label, das ebenfalls hierunter fällt, geht aber auch auf „Umwelt und Herkunft" ein.

Unter dem Punkt „Umwelt und Herkunft" hilft Jacobs Kaffeebauern auf der gesamten Welt, indem das Unternehmen sein Wissen mit diesen teilt und ihnen Zugang zu Ressourcen ermöglicht. Im Vordergrund stehen aber auch hier der nachhaltig angebaute Kaffee und eine möglichst nachhaltige Produktion und Logistik. Bei Jacobs werden diese Labels nicht in messbare Instrumente dargestellt. Daher ist es eher ungewiss, wie die Gewichtung hierbei aussieht. (vgl. Mondelez Deutschland Services GmbH & Co. KG 2014)

Fairtrade Label: Bsp. Aldi und Lidl

Abb. 4-9: Lidl: Fairglobe
Quelle: Lidl E-Commerce International GmbH & Co. KG:
Fairglobe. http://www.lidl.de/de/fairglobe/b1621

Unter den Labels Fairglobe von Lidl und ONE WORLD von Aldi verbergen sich zwei Beispiele für Fairtrade Label, die dieselben Inhalte haben.

Das Label Fairglobe von Lidl ist in Kooperation mit Transfair entstanden und kennzeichnet Produkte, bei denen es sich um Fairtrade-Produkte handelt. Die Vergabe erfolgt nicht durch einen der beiden oben genannten Partner (Kapitel 4.2.2.3), sondern auch hier durch ein unabhängiges Unternehmen, wobei man den Prozess der Vergabe nachverfolgen kann. Es erfolgen regelmäßige Kontrollen, um die gerechte Vergabe des Siegels zu gewährleisten. (vgl.: Die Verbraucher Initiative e.V. (Bundesverband) a)

Bei dem Label ONE WORLD von Aldi handelt es sich um ein ähnliches Prinzip. Auch hier geht es um Fairtrade-Produkte. Der Schwerpunkt liegt auf den Handelsbeziehungen und zusätzlich noch auf einem ökologisch effizienteren Herstellungsprozess. Auch hier werden regelmäßige Kontrollen durchgeführt und die Vergabe der Siegel erfolgt von unabhängiger Stelle. (vgl.: Die Verbraucher Initiative e.V. (Bundesverband) b)

Abb. 4-10: Aldi: One World
Quelle: Aldi Einkauf GmbH & Co. oHG: Faire Produkte zum kleinen Preis.
https://www.aldi-sued.de/de/sortiment/eigenmarken/one-world/

4.3 Vergleich der relevanten Gütesiegel

	Kriterien	EU-Bio-Siegel	Bio-Siegel	Fair-trade	Rain-forest Alli-ance	4C Associa-tion	UTZ
	Rechtlicher Rahmen						
1.	Internationale (I)/ EU/Nationale (N) Norm	EU	N	N	I	I	I
2.	Staatliche Organisation	X	X	-	-	-	-
3.	Freiwillig/Pflicht	P	P	F	F	F	F
4.	Aktualität der Richtlinien	X (2010)	- (2001)	X (2011)	k.A.	X (2009)	X (2010)
5.	Finanzierung	k.A.	k.A.	X	X	X	X
	Betrachtung der Gütesiegel						
6.	Fördert ökologischen Anbau/ Natur/ Umweltschutz	X	X	X	X	X	X
7.	Soziale Nachhaltigkeit	-	-	X	X	X	X
8.	Auswirkung auf Famer, Hersteller	X	X	k.A.	k.A.	X	X
9.	Mindestabnahmepreis des Produkts von Farmer	-	-	X	k.A.	-	-
10.	Qualität des Endproduktes	k.A.	k.A.	k.A.	k.A.	X	X
11.	Produktivität	-	-	X	X	X	X
12.	Gebühren	k.A.	-	X	X	X	k.A.
13.	Regelmäßige Kontrolle der Vorschriften	jedes Jahr	jedes Jahr	alle 3 Jahre	alle 3 Jahre	alle 3 Jahre	jedes Jahr
14.	Nachvollziehbarkeit des Gütesiegelvergabeprozesses	k.A.	k.A.	X	X	X	k.A.
15.	Informationszugang im Internet	X	X	X	X	X	X

Tabelle 4-1: Vergleich der relevanten Gütesiegel
Quelle: eigene Darstellung

Im Folgenden werden diese Gütesiegel näher verglichen: EU-Bio-Siegel, Bio-Siegel, Fairtrade, Rainforest Alliance, 4C Association, und UTZ. Zum Vergleich der relevanten Gütesiegel wurden die Kriterien in zwei Oberpunkten zusammengefasst: den rechtliche Rahmen und die inhaltliche Betrachtung der Gütesiegel. Bei der Analyse der Daten wurden die Informationen von den Webseiten der Gütesiegel verwendet.

Bei dem **rechtlichen Rahmen** werden die Gütesiegel auf ihre Internationalität bzw. Nationalität, staatlichen Zusammenhang, freiwillige bzw. verpflichtende Auswahl, Aktualität der Richtlinien und Finanzierung untersucht. Rainforest Alliance, 4C Association und UTZ sind international normierte Standards. Bei dem EU-Bio-Siegel wurde das Produkt mindestens in einem Verarbeitungsschritt in der Europäischen Gemeinschaft hergestellt. Das Bio-Siegel wird nur in Deutschland vergeben. Fairtrade ist im Allgemeinen ein Siegel, welches internationale Standards bietet, wobei die Gütesiegelvergabe jedoch national erfolgt.

Das zweite Kriterium vergleicht die Gütesiegel hinsichtlich ihrer staatlichen Organisation. Hier fällt auf, dass die Gütesiegel, die nur für bestimmte Regionen erarbeitet worden sind, wie z.B. das EU-Bio-Siegel, sehr stark im Zusammenhang mit dem Staat bzw. den Staaten stehen. Somit sind nur die Gütesiegel Rainforest Alliance, 4C Association, UTZ und Fairtrade von dem Staat oder den Staaten unabhängig. Das EU-Bio-Siegel und das Bio-Siegel sind somit von staatlichen Organisationen geprägt.

Das dritte Kriterium sagt aus, wie das Gütesiegel ausgesucht werden kann. Um ein Produkt als Bio kennzeichnen zu dürfen, müssen die Richtlinien des EU-Bio-Siegels oder des Bio-Siegels in Deutschland erfüllt sein. Zwischen Fairtrade, Rainforest Alliance, 4C Association und UTZ kann frei gewählt werden. Das Unternehmen entscheidet selbst, mit welchem Siegel es zertifiziert werden möchte und welche Kriterien somit befolgt werden. Dadurch entsteht kein Zwang bei der Auswahl des Gütesiegels. Die Aktualität der Richtlinien für den Gütesiegelvergabeprozess ist ein wichtiges Kriterium beim Vergleich der Gütesiegel, da die Bedeutung der Nachhaltigkeit immer stärker wird und somit eine stetige Entwicklung stattfindet. Das Gütesiegel von Rainforest Alliance bietet keine Auskunft über diese Aktualität. Die Richtlinien von dem EU-Bio-Siegel, Fairtrade, 4C Association und UTZ variieren zwar von 2009 bis 2011, allerdings sind die Standards der einzelnen Gütesiegel auf dem aktuellen Stand der Entwicklung. Die Richtlinien des Bio-Siegels in Deutschland wurden im Jahr 2001 initiiert und sind somit im Vergleich am wenigsten aktuell.

Die Finanzierung der Gütesiegel hat einen gewissen Einfluss auf die Unabhängigkeit von anderen Unternehmen, Gesellschaften, Organisationen, usw. Die Biosiegel liefern keine Angabe zur Finanzierung. Lediglich Fairtrade, Rainforest Alliance, 4C Association und UTZ liefern hierzu Daten. Fairtrade erhebt von den zu zertifizierenden Unternehmen Gebühren. Wenn diese nicht bezahlt werden können, werden bis zu 75% aus einem Zertifizierungsfond entnommen. Rainforest Alliance gibt lediglich Auskunft darüber, dass die Farmer die Tagessätze und Reisekosten der Techniker und Auditoren bezahlen. 4C Association finanziert sich durch die Mitgliedschaft und ist somit abhängig von den Mitgliedern. UTZ hat viele verschiedene Geldgeber, wie z.B. Irish Aid, Euromonitor, die öffentlich genannt werden.

Bei dem **Inhalt der Gütesiegel** werden erstmals die Überbegriffe der Standards verglichen: ökologischer Anbau, soziale Nachhaltigkeit, Auswirkungen auf die Farmer bzw. Hersteller, Mindestabnahmepreis des Produktes der Farmer, Qualität des End-produkts und Produktivität. Weitere Vergleichskriterien sind die Gebühren, die regel-mäßige Kontrolle, die Nachvollziehbarkeit des Gütesiegelvergabeprozesses und der Informationszugang im Internet. Bei allen diesen Gütesiegeln wird in den Standards festgelegt, dass der ökologische Anbau und die Umwelt bei der Produktion der Güter geschützt werden. Weiterhin werden bei den Standards der oben genannten Gütesiegel ebenso soziale Aspekte bei der Herstellung und Verarbeitung des Produktes geprüft. Bei beiden Bio-Gütesiegeln werden in den Standards keine Regelungen zur sozialen Nachhaltigkeit beschrieben. Dies steht im Gegensatz zu Fairtrade, da die dazugehöri-gen Standards einen sehr hohen Schutz z.B. gegen Kinderarbeit bieten. Rainforest Alliance, 4C Association und UTZ liefern in den jeweiligen Standards ebenso Kriterien zur sozialen Nachhaltigkeit. Die Bio-Siegel haben zwar keine Standards zu der sozialen Nachhaltigkeit, allerdings haben die Siegel große Auswirkungen auf die Farmer und Hersteller, weil eine andere Herstellung und Verarbeitung des Produktes durchgeführt wird im Vergleich zu konventionellen Produkten. Fairtrade und Rainforest Alliance liefern keine Angaben über Auswirkungen auf die Farmer. Die Standards von 4C Association und UTZ haben ebenso Einfluss auf die Farmer und Hersteller wie die beiden Bio-Siegel. Allein bei dem Standard von Fairtrade wird ein Mindestabnahme-preis des Produktes für den Farmer festgelegt. Die Webseite von Rainforest Alliance liefert keine Informationen darüber.

Die Standards von UTZ und 4C Association haben als einzige Normen zur Qualität des Endproduktes. Ebenso haben die Normen der Gütesiegel von Fairtrade, Rainfo-rest Alliance, UTZ und 4C Association Auswirkungen auf die Produktivität der Farmer, sodass die Farmer durch die Gütesiegel keine Nachteile hinsichtlich der Produktionsmenge im Vergleich zu herkömmlicher Herstellung und Verarbeitung haben. Gebühren für den Erhalt des Gütesiegels gibt es nur bei Fairtrade, Rainforest Alliance und 4C Association. Das deutsche Bio-Siegel verlangt keine Gebühren und UTZ sowie das EU-Bio-Siegel liefern keine Angaben über die Gebühren, die für die Vergabe des Gütesiegels anfallen.

Die Kontrolle über die Einhaltung der jeweiligen Normen der Gütesiegel erfolgt bei dem EU-Bio-Siegel und dem Bio-Siegel in Deutschland sowie bei UTZ jedes Jahr. Die 4C Association, Fairtrade und Rainforest Alliance kontrollieren nur alle drei Jahre, ob deren Standards weiterhin eingehalten werden. Um einen Einblick in die Nachvoll-ziehbarkeit des Prozesses der Gütesiegelvergabe zu bekommen, wurde dieses Kriteri-um ebenfalls untersucht. Dabei erhielt man nur bei Fairtrade, Rainforest Alliance und 4C Association Informationen über den Vergabeprozess. Zusammenfassend ist zu sagen, dass der Informationszugang über das Internet sehr gut ist. Allerdings ist die Webseite des EU-Bio-Siegels sehr undurchsichtig. (vgl. Die Bundesanstalt für Land-wirtschaft und Ernährung, b/Europäische Kommission, 2014/TransFair Verein zur Förderung des Fairen Handels mit der „Dritten Welt" e.V./UTZ Certified/Rainforest Alliance/4C Association)

4.4 Analyse des deutschen Kaffeemarktes

Es wurden die Gütesiegel mit den jeweiligen Anbietern betrachtet und dabei wurde festgestellt, dass die größten Anbieter in Deutschland mindestens ein allgemein bekanntes Gütesiegel verwenden. Doch wie sieht die Situation auf dem deutschen Markt genau aus?

Rohkaffee in Tonnen

Die Top-20-Exportländer (2010) von Rohkaffee nach Menge; in Tonnen

	2000	2010
Brasilien	967 042	1 791 064
Vietnam	733 900	1 217 868
Indonesien	337 600	432 781
Kolumbien	508 399	410 493
Deutschland	167 070	328 464
Guatemala	291 540	235 410
Peru	142 909	229 654
Honduras	167 000	214 967
Belgien	74 459	214 298
Äthiopien	118 911	211 840
Indien	161 508	177 926
Uganda	142 559	151 715
Mexiko	280 059	102 601
Nicaragua	82 347	101 901
Elfenbeinküste	308 057	96 446
Costa Rica	132 700	74 218
El Salvador	150 398	64 425
Papua-Neuguinea	66 600	58 810
Kamerun	88 863	47 942
Kenia	86 948	43 135

Quelle: FAO

Abb. 4-11: Export von Rohkaffee
Quelle: Tchibo GmbH (2013): Kaffee in Zahlen No. 2 2013, Hamburg, S. 70-101

Im Jahr 2010 haben sich 85% des gesamten deutschen Kaffeemarktes auf sechs große Anbieter verteilt: Aldi Süd, Tchibo, Melitta, Eduscho (unter Tchibo), Jacobs und Dallmayr. Diese sechs lenken im Moment den Markt und bilden daher ein Oligopol. Auf diesem Markt kam es in der Vergangenheit zu Preisabsprachen, die von Seiten des Bundeskartellamtes untersucht wurden. (vgl. Kröner 2014). Alleine im Jahr 2014 wurde von drei der sechs großen Anbieter (Melitta, Tchibo und Dallmayr) eine Geldstrafe in Höhe von 159,5 Millionen Euro verhängt. (vgl. Dpa 2014)

Der Preis für Kaffee wird allerdings größtenteils auf internationaler Ebene bestimmt. Am kostenintensivsten sind der Transport und die Beschaffung des Rohstoffes. Unter den restlichen Kosten finden sich Positionen wie Kaffeesteuer (im Moment 2,19 € pro

Kilogramm), Mehrwertsteuer (7%) und die Handelsspanne im Einzelhandel, also die Differenz zwischen dem Einkaufspreis und dem Netto-Verkaufspreis. Hinzu kommen je nach Kaffeeart und –marke zusätzlich noch Lizenzgebühren, wie Fairtrade ö.Ä. (vgl. Brameier 2011). Somit kann der Preis von Kaffee auf dem deutschen Markt nicht sehr unterschiedlich sein, da der Kostenanteil des Produktionsprozess relativ gering ist.

Im Jahr 2010 gab es 156 kaffeeverarbeitende Unternehmen in Deutschland. Dies entspricht einem Zuwachs von 12% in nur 2 Jahren. (vgl. Rasche 2013, S. 22f.) Dieser Zuwachs kann Folge eines steigenden Verbrauchs sein. 2010 sind 1.614.780 kg Kaffee verarbeitet worden, im Jahr 2011 bereits 1.763.421 kg. Bis zum Jahr 2020 wird der Verbrauch voraussichtlich weiterhin steigen (vgl. Lau 2013, S. 42f.). Doch der deutsche Kaffeemarkt lebt nicht nur von dem eigenen Verbrauch, sondern auch von Exporten des verarbeiteten Kaffees. Dies bemerkt man auch an den Entwicklungen in den letzten zehn Jahren: Im Jahr 2000 sind 167.070 t an verarbeitetem Kaffee exportiert worden, im Jahr 2010 waren es bereits 328.464 t, also ca. das Doppelte (vgl. Tchibo GmbH 2013, S. 76).

4.5 Aktueller Forschungsstand

Der Streit über die Angabe von Informationen auf Lebensmittelverpackungen ist seit einigen Jahren stark entfacht und beschäftigt Experten bis hin zu Verbraucherschützern und den Endkonsumenten. (vgl. Reuter 2014)

Die Diskussion über mehr Lebensmitteltransparenz ist derzeit sehr präsent. Fraglich ist, was Konsumenten unter Transparenz verstehen und ob sie ihre Kaufentscheidung aufgrund von bestimmten Informationen treffen. Die Studie „Verbraucherverständnis von Transparenz" von der Universität Göttingen besagt, dass die Konsumenten zwar Transparenz in der Lebensmittelbranche wollen, jedoch dafür keinen höheren Preis zahlen. Zudem wünschen sich die Verbraucher mehr Informationen über die Herkunft und Verarbeitung von Lebensmitteln. Auffallend ist jedoch, dass vorhandene Informationen wenig Beachtung finden und kaum in die Kaufentscheidung mit einfließen. Die Ursache hierfür könnte der aktuelle Wissensstand, generelle Überlastung, zu viele oder zu wenige Informationen oder auch grundlegende Gleichgültigkeit sein. Lediglich 23% der Befragten haben einen hohen Transparenzwunsch und dies auch oft nur bei dem Erstkauf eines Produktes. Bemerkenswert ist, dass das Transparenzbedürfnis bei tierischen Lebensmitteln um einiges höher ist als bei Produkten wie Alkohol oder Reis. Die Themen wie die Frische der Produkte (84% der Befragten), der Einsatz von Medikamenten sowie die Tierhaltung (72,8% der Befragten) sind für die Verbraucher trotzdem sehr bedeutend. Die Verwendung von Gentechnik bei der Herstellung sowie die Preise der Lebensmittel spielen bei den Verbrauchern eine weitere wichtige Rolle. Aufgrund der Informations- und Transparenzbedürfnisse der Konsumenten haben sich Verbraucherzentralen, staatliche Organisationen sowie unabhängige Institutionen eingeschaltet, um die Verbraucherinteressen zu vertreten. (vgl. Nitzko/Spiller/Bergmann 2014, S. 2ff.)

Um die Verbraucher bei ihrer Kaufentscheidung zu unterstützen, werden seit einigen Jahren Gütesiegel für die Produktkennzeichnung verwendet. Fraglich ist, ob die Siegelvielzahl die Informations- und Transparenzbedürfnisse der Konsumenten befriedigt. Aufgrund dieser Fragestellung wurde die Umfrage „Akzeptanz und Nutzung von Güte- und Qualitätssiegeln auf Lebensmitteln" von Buxel und Schulz (vgl. Buxel/Schulz 2010) durchgeführt.

Die für die vorliegende Arbeit relevanten Ergebnisse betreffen das EU-Bio-Siegel, das nationale Bio-Siegel und das Fairtrade-Siegel. Die Umfrage ergab zum Thema Bekanntheit, dass das deutsche Bio-Siegel zu 89,9%, Fairtrade zu 40,7% und das EU-Bio-Siegel lediglich zu 14% bei den Befragten bekannt ist. In diesem Zusammenhang ergab sich zudem, dass das nationale Bio-Siegel die höchste Käuferreichweite hat. Auffallend ist zudem, dass fast 50% der Befragten angegeben haben, sich mit den Gütesiegeln auszukennen, aber dennoch den Gütesiegeln nicht voll vertrauen. Überraschend ist, dass 85% der Testpersonen die Siegelvergabe für eine gute Sache halten und befürworten. Lediglich 15% sind die Gütesiegel gleichgültig. Trotzdem achten viele nicht bewusst bei ihrer Kaufentscheidung auf die Angabe eines Gütezeichens.

Im Hinblick auf die ausgewählten Testpersonen dieser Untersuchung wurden folgende Korrelationskoeffizienten gemessen: Es konnte ein leichter negativer Zusammenhang zwischen dem Alter der Befragten und der Anzahl an bekannten Siegeln gemessen werden. Zudem wurde beim Bildungsstand und der Anzahl der Siegel, die bekannt sind, ein leichter positiver Zusammenhang beobachtet. (vgl. Buxel/Schulz 2010, S. 12ff.)

In der Studie „Gütesiegel in Deutschland, Repräsentative Bevölkerungsbefragung zu Bekanntheit, Relevanz und Vertrauen bei Gütesiegeln, unter Spezialbetrachtung von Servicesiegeln" der Dr. Grieger & Cie. Marktforschung, Hamburg, 2013, fällt zudem auf, dass die Unabhängigkeit eines Testinstituts für die Verbraucher hinsichtlich der Glaubwürdigkeit oftmals ausschlaggebend ist. Festzustellen ist, dass die hohe Anzahl an verschiedenen Siegeln auf einer Verpackung nicht das Vertrauen zu einem Produkt steigert. Des Weiteren bestätigen 60% der Befragten, dass sie aufgrund der Siegelvielzahl den Überblick über die Siegel verloren haben. (vgl. Dr. Grieger & Cie. Marktforschung 2013, S. 18ff.) Auf Basis dieses Wissenstandes eröffnet sich uns die Frage, ob die Verbraucher die Bedeutung der Gütesiegel überschätzen.

4.6 Untersuchung des Kundenverhaltens

Im Folgenden wird die Methode der Untersuchung, die Durchführung sowie deren Auswertung und Erkenntnisgewinnung erläutert.

4.6.1 Methode: Fragebogen

Die Überprüfung der Hypothese: „Verbraucher überschätzen die Bedeutung der Gütesiegel in der Kaffeebranche" erfolgte mithilfe eines Fragebogens. Der Fragebogen diente dazu, Einflussfaktoren auf den Kauf von Gütesiegeln festzustellen.

Der Fragebogen enthält 14 Items mit geschlossenen und offenen Fragen. Das erste Item fragt nach dem Alter und das zweite nach dem Geschlecht. Das dritte Item stellt die Frage nach dem höchsten Bildungsstand. Das Item Nr. 4 bezog sich darauf, ob die Verbraucher die im Fragebogen aufgeführten Gütesiegel für Kaffee kennen. Dies soll Auskunft darüber geben, ob die Verbraucher eines von diesen Siegeln schon mal gesehen haben. Hierbei sind auch Mehrfachnennungen möglich, da die Probanden mehrere Siegel kennen könnten. Das nächste Item 5 bezieht sich auf die Bedeutung der Gütesiegel aus Item 4. Bei dieser offenen Frage soll herausgefunden werden, ob die Teilnehmenden wirklich wissen, was das einzelne Gütesiegel bedeutet.

Im folgenden Item 6 soll in Erfahrung gebracht werden, woher die Verbraucher die Information haben, was das Gütesiegel bedeutet (Item 5). Diese Frage ist erneut eine offene Fragestellung. In Item 7 soll erforscht werden, wie sehr den Gütesiegeln vertraut wird. Hierbei wurde eine Skala (sehr stark, stark, wenig, sehr wenig und gar nicht) verwendet. Für jedes Gütesiegel sollte ein Kreuz auf dieser Skala gesetzt werden. In Item 8 wird gefragt, ob es zu viele Gütesiegel für den Probanden gibt und Item 9 stellt die Frage, ob der Teilnehmende sich mehr Informationen über die Siegel wünscht. Das anschließende Item (Item 10) stellt dem Verbraucher die Frage, ob mehr Transparenz gewünscht wird.

Bei Item 11 wird erforscht, aufgrund welcher Eigenschaften die Probanden ihre Kaufentscheidung treffen. Bei der Auswahl der Eigenschaften (Geschmack, Gütesiegel, Vorschlag von Freunden, Design/Aussehen, gesunde Produkte, Marke, Preis, schon immer gekauft, Verfügbarkeit oder Sonstiges) sind Mehrfachnennungen möglich. Ob der Proband Kaffeeprodukte mit Gütesiegel kauft, soll in Item 12 betrachtet werden. Der Verbraucher kann zwischen „regelmäßig", „manchmal", „nein" und „keine Ahnung" wählen. „Keine Ahnung" soll zeigen, dass der Verbraucher beim Kauf nicht auf Gütesiegel achtet. Item 13 teilt sich in zwei Kategorien auf. Wer in Item 12 angibt, dass er Kaffeprodukte mit Siegel kauft, soll in der offenen Frage darstellen, warum ihm dies wichtig ist. Wer in Item 12 angibt, dass er Kaffeeprodukte mit Siegel nicht kauft, soll ebenfalls in Item 13 darstellen, warum ihm dies nicht wichtig ist.

In Item 14 soll erfahren werden, aus welchem Grund der Teilnehmende denkt, dass ein Kaffee mit Gütesiegel besser sei als ein Kaffee ohne Gütesiegel. Auch hier sind Mehrfachnennungen zwischen den Antwortmöglichkeiten (Geschmack, Gütesiegel,

Vorschlag von Freunden, Design/Aussehen, gesünder, Marke, Preis, schon immer gekauft, Verfügbarkeit, Sonstiges und Kaffee mit Gütesiegel ist nicht besser als Kaffee ohne Gütesiegel) möglich.

4.6.2 Durchführung der Untersuchung

Der Fragebogen wurde vor der Durchführung mit 16 freiwilligen Studentinnen und Studenten vorgetestet. Dabei sollten die Teilnehmenden darüber Auskunft geben, ob die Anweisungen und Erklärungen der Untersuchungsgeber verständlich waren. Außerdem wurden sie gebeten, zu erklären, ob und wie sie die Fragen des Fragebogens verstanden haben. Daraufhin wurde der Fragebogen überarbeitet.

Die überarbeitete Fassung wurde nun an verschiedene Personen verteilt. Um ein ausgeglichenes Verhältnis zu schaffen, wurden die Fragebögen in einem mittelständischen Unternehmen und zwei größeren Konzernen verteilt. Da die Befragung als vertraulich eingestuft worden ist, sollen hier keine Namen der jeweiligen Unternehmen genannt werden. Dabei wurde den befragten Personen jeweils eine Woche Zeit gegeben, um die Fragebögen gewissenhaft auszufüllen.

Insgesamt nahmen 65 Personen an der Untersuchung teil. Die Befragten bestanden in etwa zu gleichen Teilen aus Frauen und Männern. Eine Analyse nach Unterschieden in den Antworten des Fragebogens aufgrund des Geschlechts und des Bildungsstandes wurde nicht vorgenommen.

4.6.3 Auswertung und Erkenntnisse

Nachfolgend wird der Fragebogen ausgewertet und es werden Erkenntnisse daraus abgeleitet.

Bekanntheitsgrad und Bedeutung der Gütesiegel

Bekanntheitsgrad und Bedeutung wurden nach unterschiedlichen Altersklassen ausgewertet, da lediglich diese beiden Fragestellungen große altersabhängige Unterschiede aufzeigten.

Die Bekanntheit der Gütesiegel im Alter zwischen: 16 – 30 Jahren (n = 30)

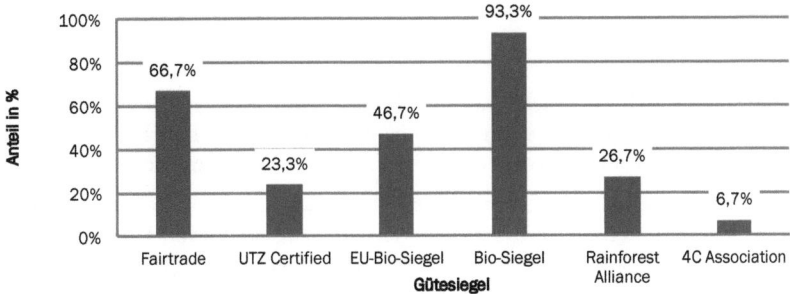

Abb. 4-12: Bekanntheit der Gütesiegel im Alter von 16 – 30 Jahren
Quelle: eigene Darstellung

Abb. 4-12 zeigt auf, dass das Bio-Siegel bei den Probanden am bekanntesten ist. Die Mehrheit der Befragten gab an, dass sie dieses Gütesiegel schon mal in irgendeiner Form auf Produkten gesehen haben. Knapp zwei Drittel der Befragten gaben zudem an, Fairtrade zu kennen. Diese beiden Gütesiegel sind in Deutschland in dieser Altersklasse der Teilnehmenden am bekanntesten. Das 4C Association-Siegel kannten in dieser Untersuchung die wenigsten Teilnehmenden.

Ein möglicher Grund für den hohen Bekanntheitsgrad des deutschen Bio-Siegels und des Fairtrade-Siegels könnte die hohe Anzahl an Berichterstattungen in den unterschiedlichsten Medien sein. Zudem sind diese Siegel auf vielen verschiedenen Produkten zu finden. Die geringe Bekanntheit der 4C Association könnte an dem nicht vorhandenen prägnanten Logo liegen. Diese Kennzeichnung findet man lediglich klein gedruckt auf der Rückseite einer Verpackung.

Die Bedeutung der Gütesiegel im Alter zwischen 16 – 30 Jahren (n = 30)

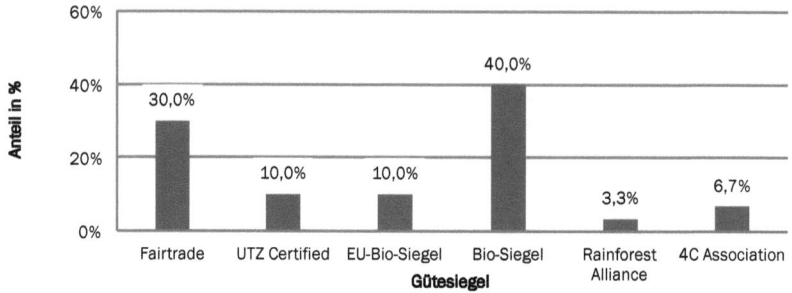

Abb. 4-13: Kenntnis der Bedeutung der Gütesiegel im Alter der 16 – 30 Jährigen
Quelle: eigene Darstellung

Aus Abb. 4-13 lässt sich erkennen, dass die Teilnehmenden die Bedeutung des deutschen Bio-Siegels und Fairtrade-Siegels am häufigsten kennen. Die Bedeutung der Gütesiegel von Rainforest Alliance ist den Probanden am unbekanntesten.

Wie bereits in „Bekanntheit der Gütesiegel im Alters zwischen 16 – 30 Jahren" ermittelt, sind die bekanntesten Siegel das Bio-Siegel und Fairtrade-Siegel. Dies wird auch bei der Bedeutung der Gütezeichen festgestellt. Das Bio-Siegel und Fairtrade-Siegel ist den Teilnehmenden am bekanntesten. Auffallend ist jedoch, dass über 93 % das Bio-Siegel kennen, aber nur 40% dessen Bedeutung bekannt ist. Dasselbe gilt für das Fairtrade-Siegel, nur mit anderen Prozentzahlen. Ein Grund hierfür könnte sein, dass zwar das Siegel bekannt ist, aber die Teilnehmenden sich nicht über die Bedeutung informieren oder nicht informiert werden. Interessant ist zudem, dass 4C Association am unbekanntesten ist, und dennoch die Teilnehmenden mehr über die 4C Association wissen als über die Rainforest Alliance. Dies könnte auf die Logoauswahl und die Häufigkeit der Kennzeichnung auf Verpackungen zurückgeführt werden.

Die Bekanntheit der Gütesiegel im Alter zwischen 31 – 60 Jahren (n = 20)

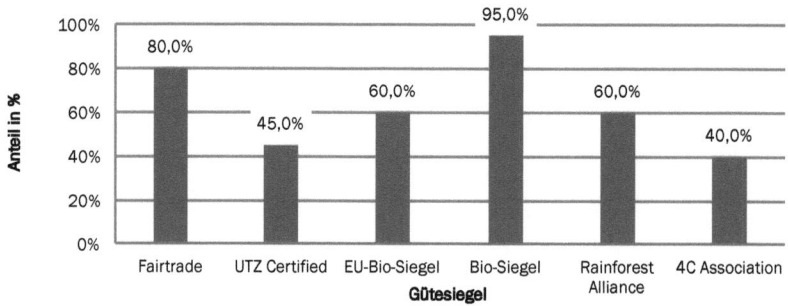

Abb. 4-14: Bekanntheit der Gütesiegel im Alter von 31 - 60 Jahren
Quelle: eigene Darstellung

Wie in der Altersklasse der 16 – 30- Jährigen sind auch hier die beiden bekanntesten Gütesiegel das Bio-Siegel und das Fairtrade-Siegel. Das 4C Association ist wiederum das unbekannteste Gütesiegel. Auffallend ist jedoch, dass diese Altersklasse deutlich mehr Gütesiegel kennt als die Altersklasse der 16 – 30- Jährigen.

Die generelle höhere Bekanntheit der Gütesiegel in dieser Altersklasse könnte daran liegen, dass diese Altersklasse von den Eltern unabhängig einkauft und sich somit mehr mit ihren eingekauften Produkten beschäftigt. Für die hohe Bekanntheit des Bio-Siegels und Fairtrade-Siegels könnte wiederum die hohe Medienpräsenz und die Häufigkeit der Angabe dieser Siegel auf verschiedenen Produkten sprechen.

Die Bedeutung der Gütesiegel im Alter zwischen 31 – 60 Jahren (n = 20)

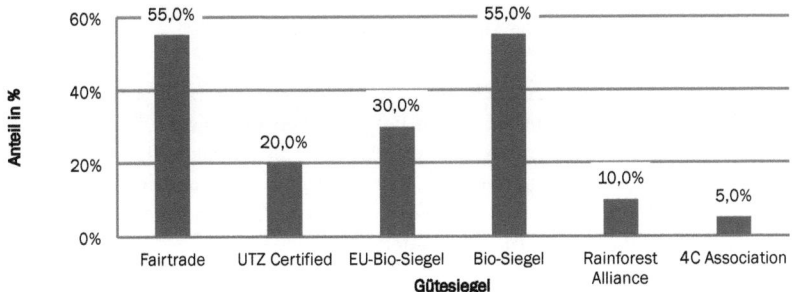

Abb. 4-15: Kenntnis der Bedeutung der Gütesiegel im Alter der 31 – 60-Jährigen
Quelle: eigene Darstellung

Die Bedeutung des Fairtrade-Siegels und des Bio-Siegels konnte von dieser Altersklasse am häufigsten richtig zugeordnet werden. Auffallend ist wieder, dass nur knapp über die Hälfte der Befragten die Bedeutung des deutschen Bio-Siegels kannten, obwohl 95 % dieses Siegel als bekannt angaben. Daraus könnte man generell schließen, dass die über 30-Jährigen sich mehr über die Gütesiegel informieren als die Altersklasse zwischen 16 und 30 Jahren. Trotzdem gibt es noch Nachholbedarf im Sinne der eigenständigen Informationsbeschaffung und des unkomplizierten Informationszugangs.

Die Bekanntheit der Gütesiegel im Alter der über 60-jährigen (n = 15)

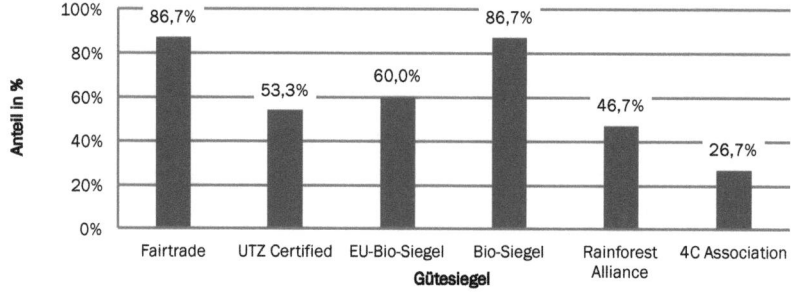

Abb. 4-16: Bekanntheit der Gütesiegel im Alter der über 60-Jährigen
Quelle: eigene Darstellung

In dieser Altersklasse sind das deutsche Bio-Siegel und das Fairtrade Gütesiegel mit der gleichen Prozentzahl von über 86 % die bekanntesten Gütesiegel. Weiterhin sind die Gütesiegel 4C Association und Rainforest Aliiance die unbekanntesten in dieser Umfrage. Auffallend ist, dass der generelle Bekanntheitsgrad der Siegel im Vergleich zu der Altersklasse 31-60 Jahre gesunken ist. Dies könnte ein Zeichen für das abnehmende Interesse an nachhaltigen bzw. Bio-Produkten sein.

Die Bedeutung der Gütesiegel im Alter der über 60-jährigen (n = 15)

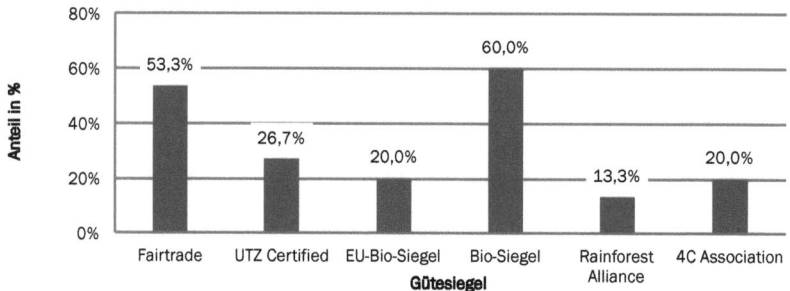

Abb. 4-17: Kenntnis der Bedeutung der Gütesiegel im Alter der über 60- Jährigen
Quelle: eigene Darstellung

Am häufigsten bekannt ist den über 60-Jährigen die Bedeutung des Bio-Siegels, auch im Vergleich zu den anderen Altersklassen. Die Kenntnis über das Fairtrade-Siegel ist zur Altersklasse (31-60) etwas gesunken. Auffällig ist, dass in dieser Altersklasse die Bedeutung des Rainforest Alliance Gütesiegels am unbekanntesten ist und die Kenntnis über die 4C Association genau gleich häufig wie bei dem europäischen Bio-Siegel ist. Auch in dieser Altersklasse scheint der Informationsdrang nicht stark ausgeprägt zu sein.

Das Vertrauen der Verbraucher in die Gütesiegel

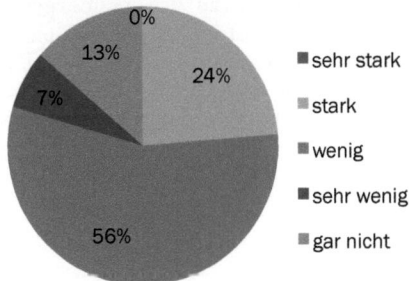

Abb. 4-18: Anteile über das Vertrauen in die Gütesiegel
Quelle: eigene Darstellung

In Frage 7 geht es um das Vertrauen der Verbraucher in die Gütesiegel. Hierbei sollte das Vertrauen zu den einzelnen Gütesiegeln angegeben werden. Jedoch gaben die Teilnehmenden lediglich eine allgemeine, nicht differenzierte Einschätzung ab. Hier erkennt man einen klaren Trend. Mit über der Hälfte der Stimmen sagt der Großteil der Befragten aus, dass sie den Gütesiegeln eher wenig vertrauen. Das ist auch ein Indiz dafür, dass die meisten Gütesiegel wahrscheinlich unbekannt sind und auch deren Bedeutung eher intransparent ist. Lediglich etwa ein Viertel der Befragten sagte aus, dass sie ein starkes Vertrauen in die Gütesiegel haben. Zudem hatte keiner der Befragten ein sehr starkes Vertrauen in die Gütesiegel. Die restlichen 20% haben sich auf die Bereiche sehr wenig Vertrauen und gar kein Vertrauen eingeteilt. Es dominieren die negativen Beurteilungen gegenüber den positiven. Hier kann man wiederum auf fehlende Informationstransparenz und generelle Skepsis gegenüber den Gütesiegeln (ungeachtet des Gütesiegels) schließen (Abb. 4-18).

Anzahl der Gütesiegel

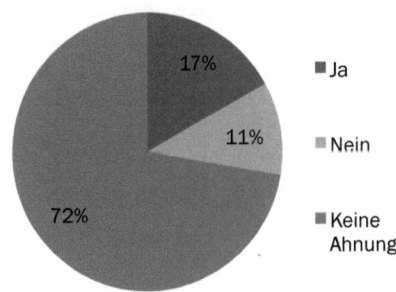

Abb. 4-19: Anteile der Häufigkeit der Gütesiegel
Quelle: eigene Darstellung

In diesem Abschnitt wurde untersucht, ob es zu viele Gütesiegel nach Meinung der Untersuchten gibt. Die Mehrheit der Teilnehmenden gab an, dass sie die Häufigkeit der Gütesiegel nicht einschätzen können, wie sich aus Abb. 4-19 ergibt. Dies könnte an der fehlenden Bekanntheit oder dem Desinteresse an den Gütesiegeln liegen. Lediglich 17 % empfinden die Angabe der Gütesiegel auf Produktverpackungen als zu viel. Die Angabe für „zu viele" und „nicht zu viele" Gütesiegel unterscheidet sich nur um 6 %. Grund für dieses Auswertungsergebnis könnte sein, dass nur wenige Personen auf die Gütesiegel bei ihrem Einkauf achten und die Gütezeichen gar nicht auffallen.

Mehr Information zu den Gütesiegeln

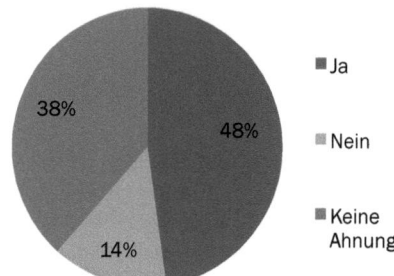

Abb. 4-20: Die Anteile an Informationswunsch
Quelle: eigene Darstellung

In Item 9 soll nun geklärt werden, ob die Befragten sich mehr Informationen zu den einzelnen Gütesiegeln wünschen. Die meisten der Probanden haben, wie in Abb. 4-20 ersichtlich, bejahend geantwortet, dass sie sich mehr Informationen wünschen. 38% der Befragten gaben an, dass sie sich unschlüssig sind, ob sie mehr Informationen wollen. Lediglich 14% gaben an, dass sie keine weiteren Informationen über die verschiedenen Gütesiegel wollen.

Die Analyse zeigt auf, dass der Verbraucher grundsätzlich mehr Informationen will, aber wegen der bisher fehlenden Informationsquellen kein Interesse an Gütesiegeln beim Kaffeekauf hat. Grund hierfür könnte die generelle Verwirrung über die Bedeutung der Gütesiegel sein. Die Kaufentscheidung wird vielleicht nach anderen Kriterien getroffen. Dieses Ergebnis könnte zudem das generelle Misstrauen in die Gütesiegel widerspiegeln. Das Vertrauen in die Gütezeichen kann dann vermutlich durch mehr und transparentere Informationen nicht gesteigert werden.

Transparenz der Gütesiegel

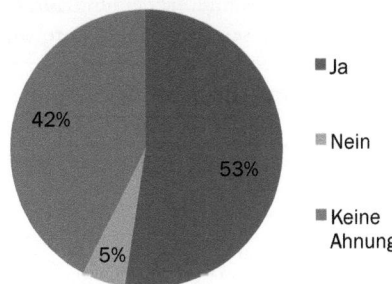

Abb. 4-21: Anteile der Transparenz der Gütesiegel
Quelle: eigene Darstellung

Die Mehrheit der Befragten hat sich dafür ausgesprochen, dass ihnen die Transparenz der Gütesiegel fehlt (Abb. 4-21). Lediglich 5% der Teilnehmenden haben keinen Bedarf an mehr Transparenz. Sehr viele gaben wiederum an, dass sie sich unschlüssig sind, ob sie mehr Transparenz haben wollen (Abb. 4-21). Auffallend ist, dass sich die Teilnehmenden mehr Transparenz als Informationen wünschen. Hier könnte man darauf schließen, dass zwar Informationen vorhanden sind, jedoch diese nicht transparent und damit unverständlich für die Verbraucher sind. Dies spricht für die Notwendigkeit einer höheren Transparenz der Gütesiegel.

Kriterien für die Kaufentscheidung von Kaffeeprodukten

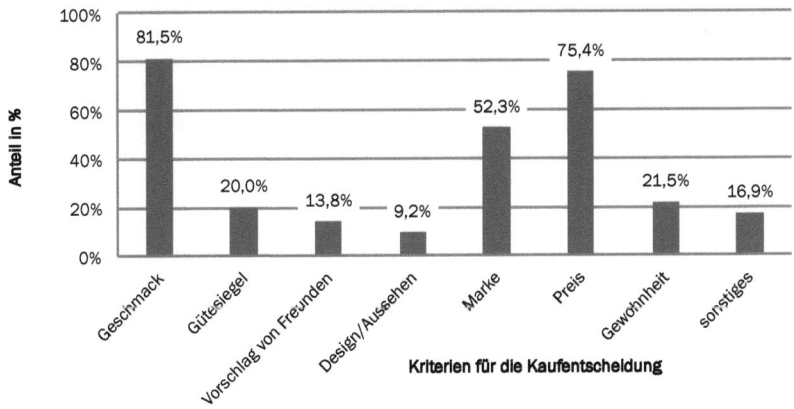

Abb. 4-22: Anteile der Kriterien für die Kaufentscheidung
Quelle: eigene Darstellung.

Bei Item 11 soll erforscht werden, welche Kriterien für den Kauf von Kaffeeprodukten für den Verbraucher relevant sind (Abb. 22). Hier sind Mehrfachnennungen möglich. Am häufigsten genannt wurden dabei Geschmack, Preis und Marke. Das

Design/Aussehen des Produktes ist für die wenigsten Teilnehmenden ein Kaufkriterium. Zudem treffen lediglich 20% der Probanden ihre Kaufentscheidung aufgrund der Angabe eines Gütesiegels auf dem Kaffeeprodukt. Dieses Ergebnis könnte wiederum auf mangelndes Interesse bzw. auf das fehlende Wissen über die Gütesiegel zurückgeführt werden. Weitere Gründe könnten zudem die Informations- und Transparenzdefizite der Gütesiegel sein.

Kaufentscheidung bei Kaffee mit Gütesiegeln

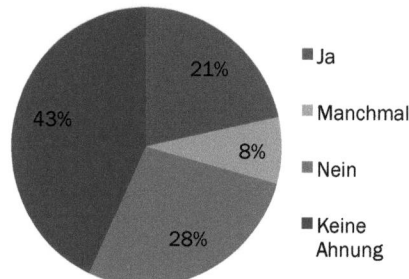

Abb. 4-23: Häufigkeit des Kaufes von Kaffee mit Gütesiegeln?
Quelle: eigene Darstellung

Die Befragten sollten hier angeben, ob sie überhaupt Kaffeeprodukte mit einem Gütesiegel kaufen. Die meisten sind sich darüber unklar (Abb. 4-23). Dies könnte bedeuten, dass die Probanden nicht darauf achten, ob sie Produkte mit Gütesiegel oder ohne Gütesiegel kaufen. Viele kaufen keine Produkte mit Gütesiegeln. Dies könnte wiederum daran liegen, dass ein Mangel an Informationen, Transparenz oder Interesse besteht. Auffallend ist jedoch, dass fast genauso viele Teilnehmende Kaffeeprodukte mit Gütesiegel kaufen. Somit ist die Angabe von Gütesiegeln auf Kaffee nicht unbedeutend. Die wenigsten Testpersonen kauften Kaffee mit Gütesiegeln nur manchmal. Ein möglicher Grund hierfür könnte sein, dass das Produkt für einen bestimmten Zweck, zum Beispiel für die Arbeitsstätte, gekauft wird.

Ist Kaffee mit Gütesiegeln generell besser als Kaffee ohne Gütesiegel?

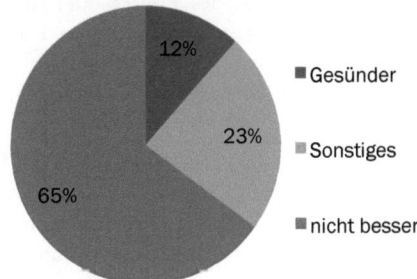

Abb. 4-24: Gründe für den Kauf von Kaffeeprodukten mit Gütesiegeln
Quelle: eigene Darstellung

Als letzte Frage steht aus, ob die Befragten Kaffee mit Gütesiegeln als besser empfinden als Kaffee ohne ein Gütesiegel. Falls dies der Fall ist, sollte zudem der Grund genannt werden. Die Antwortmöglichkeiten waren dieselben wie die in Frage 11. Allerdings gab es hier ein relativ eindeutiges Ergebnis. 65% der Befragten gaben an, dass sie nicht denken, dass Kaffee mit Gütesiegeln besser sei als anderer Kaffee. Der Trend, der sich durch den ganzen Fragebogen gezogen hatte, wird hier also mit einer abschließenden Frage beantwortet. Es herrscht extrem große Skepsis gegenüber den Gütesiegeln. Gerade mal 12% gaben an, dass sie denken, dass der Kaffee mit Gütesiegeln gesünder sei, aufgrund von biologischem Anbau o.Ä. 23% gaben „Sonstiges" als Grund an, warum sie denken, dass Kaffee mit Gütesiegeln besser sei. Die Angabe des Grundes „Sonstiges" könnte das moralische Empfinden der Teilnehmenden sein.

Repräsentativität

Die Ergebnisse dieser Studie sind nur eingeschränkt repräsentativ, da die Stichprobengröße (n = 65) für eine quantitative Erforschung über die Bedeutung der Gütesiegel in der Kaffeebranche aus Verbrauchersicht zu klein war.

4.7 Fazit

Die Untersuchung über das Kundenverhalten in Hinsicht auf die Bedeutung von Gütesiegeln hat einige Erkenntnisse erbracht. Die Bekanntheit der Gütesiegel nimmt mit zunehmendem Alter der Verbraucher zu, flacht jedoch ab dem 60. Lebensjahr wieder ab. Zudem ist auffallend, dass viele Kunden die Gütesiegel kennen, aber nicht wissen was diese bedeuten. Aufgrund dieser Erkenntnisse ist es auch schlüssig, dass viele Kunden den verschiedenen Gütesiegeln nicht vertrauen. Bemerkenswert ist zudem, dass das Empfinden über die Anzahl an Gütesiegeln nicht dem aktuellen Forschungsstand entspricht. Dieser gibt an, dass die Verbraucher von Gütezeichen überschwemmt werden. Positiv festzustellen ist, dass sich die Hälfte der Befragten mehr Informationen wünschen. Trotzdem zeichnet sich eine gewisse Resignation der Kunden ab, da die bisherigen Informationen nur wenig transparent und somit schwer verständlich sind. Die Untersuchung ergab außerdem, dass die meisten Endverbraucher ihre Kaufentscheidung aufgrund des Geschmacks, des Preises oder der Marke treffen und nicht aufgrund der Angabe eines Gütesiegels. Der Kauf von Kaffee mit Gütesiegeln ist den Kunden zwar wichtig, aber trotzdem achten die meisten Kunden nicht auf die Angabe der Gütesiegel auf den Kaffeeprodukten. Zudem denken die meisten Kunden nicht, dass Kaffee mit Gütesiegeln besser oder gesünder sei.

Aufgrund dieser Ergebnisse wird unsere Hypothese, dass die Verbraucher die Bedeutung der Gütesiegel überschätzen, widerlegt. Das Wissen über die Bedeutung der Gütesiegel ist bei den meisten Verbrauchern, obwohl viele Siegel bekannt sind, nicht vorhanden. Trotz dieser Tatsache haben die Kunden keinen deutlichen Wunsch, mehr über die Gütesiegel zu erfahren und reagieren größtenteils gleichgültig auf das Thema Gütesiegel.

Die Frage, ob die Kaffeeindustrie den Trend der Gütesiegel richtig erkannt hat, kann anhand dieser Forschungsarbeit nicht eindeutig beantwortet werden. Der aktuelle Forschungsstand der unterschiedlichen Studien ergab, dass die Unternehmen auf dem richtigen Weg sind und die Angabe von Gütezeichen immer mehr an Bedeutung gewinnt. Die Untersuchung bestätigt dies jedoch nicht.

Abschließend kann man jedoch sagen, dass die Angabe von Gütesiegeln und damit die Gewährleistung von gewissen Mindeststandards für nachhaltig handelnde Unternehmen mit einer verantwortungsvollen Unternehmensführung eine Selbstverständlichkeit sein sollte. Zudem verursacht die Angabe von Gütesiegeln aus betriebswirtschaftlicher Sicht nur geringe Zusatzkosten (wenig Gebühren, etc.). Die Vorteile aus ökologischer und sozialer Sicht überwiegen die ökonomischen Nachteile, wie zum Beispiel höhere Einkaufspreise für den Kaffee.

Literaturverzeichnis

4C Association: Cooperation with other standards.
http://www.4c-coffeeassociation.org/our-services/cooperation-with-other-standards.html, abgerufen am: 17.01.2015

Bio Verlag GmbH: Bio-Zeichen: Ein Blick genügt.
http://www.naturkost.de/basics/biozeichen.htm, abgerufen am: 17.01.2015

Brameier, U. (2011): Fairer Handel – alles andere ist kalter Kaffee!
http://www.fairtrade-deutsch-land.de/fileadmin/user_upload/mitmachen/sch ueler_ecke/materialien_unterricht/2011_Fairtrade_Unterrichtseinheit_Kaffee. pdf, abgerufen am: 06.12.2014

Bundesanstalt für Landwirtschaft und Ernährung: Bio-Siegel.
http://www.oekolandbau.de/bio-siegel/, abgerufen am: 17.01.2015

Bundesanstalt für Landwirtschaft und Ernährung: Auf einen Blick: Informationen zum Bio-Siegel.
http://www.oekolandbau.de/fileadmin/redaktion/Bildarchiv/Bio-Siegel/user_ upload/Dokumente/Broschueren/Auf_einen_Blick.pdf, abgerufen am: 17.01.2015

Buxel, H./Schulz, S. (2010): Akzeptanz und Nutzung von Güte- und Qualitätssiegeln auf Lebensmitteln: Ergebnisse einer empirischen Untersuchung, Münster

Deutscher Kaffeeverband e.V. (a): Nachhaltigkeit Fairtrade und Transfair.
http://www.kaffeeverband.de/kaffeewissen/nachhaltigkeit/fairtrade-a-transfair, abgerufen am: 12.01.2015

Deutscher Kaffeeverband e.V. (b): Nachhaltigkeit Rainforest Alliance.
http://www.kaffeeverband.de/kaffeewissen/nachhaltigkeit/rainforest-alliance, abgerufen am: 12.01.2015

Die Verbraucher Initiative e.V. (Bundesverband) (a): Fairglobe. http://label-online.de/label/fairglobe/, abgerufen am: 07.12.2014

Die Verbraucher Initiative e.V. (Bundesverband) (b): One World. http://label-online.de/label/one-world-aldi-sued/, abgerufen am: 07.12.2014

Dpa (2014): Melitta soll wegen Kaffeekartels 55 Millionen Euro Strafe zahlen.
http://www.faz.net/aktuell/wirtschaft/preisabsprachen-melitta-soll-wegen-kaffeekartells-55-millionen-euro-strafe-zahlen-12796685.html, abgerufen am: 05.12.2014

Dr. Grieger & Cie. Marktforschung (2013): Gütesiegel in Deutschland, Repräsentative Bevölkerungsbefragung zu Bekanntheit, Relevanz und Vertrauen bei Gütesiegeln, unter Spezialbetrachtung von Servicesiegeln, Hamburg,

Europäische Kommission (2014): Das EU-Bio-Logo garantiert. http://ec.europa.eu/agriculture/organic/consumer-trust/certification-and-confidence/the-organic-logo-guarantees/index_de.htm, abgerufen am: 17.01.2015

GEPA – The Fair Trade Company (2014): Siegel. http://www.fairtrade.de/index.php/mID/3.3.4/lan/de/itt/Durchblick_im_Si egel-Dschungel/index.html#Das_Guetezeichen_der_WFTO, abgerufen am: 12.01.2015

Kröner, T. (2014): Die deutsche Kaffeewirtschaft. http://www.die-kaffeeseite.de/die-deutsche-kaffeewirtschaft.php, abgerufen am: 05.12.2014

Lau, P. (2013): Respekt!, in Kaffee in Zahlen No. 2, S. 30-52

Melitta Europa GmbH & Co. KG: Mission eco & care. http://www.melitta.de/de/MISSION-eco-care-641,164696.html, abgerufen am: 07.12.2014

Mondelez Deutschland Services GmbH & Co. KG (2014): Jacobs Cares. https://www.jacobscares.com, abgerufen am: 07.12.2014

Nitzko S./Spiller, A./Bergmann, K. (2014): Transparenz und Verbraucher ein Missverständnis?, Berlin

Rainforest Alliance: http://www.rainforest-alliance.org/de, abgerufen am: 19.01.2015

Rasche, U. (2013): Mit allen Sinnen, in: Tchibo GmbH (2013): Kaffee in Zahlen No. 2 2013, Hamburg

Rees, J. (2009): Nespresso-Ökobilanz soll verbessert werden. http://www.wiwo.de/unternehmen/energie/kaffee-nespresso-oekobilanz-soll-besser-werden/5598946.html, abgerufen am: 12.01.2015

Reuter, B. (2014): Transparenz bei Lebensmittel: 40 Prozent der Verbraucher ist Kennzeichnung egal. http://green.wiwo.de/transparenz-bei-lebensmitteln-40-prozent-der-verbaucher-ist-kennzeichnung-egal/, abgerufen am: 17.01.2015

Rheingau-Taunus-Kreis: Nachhaltigkeit wirkt!. http://www.rheingau-taunus-fairtradekreis.de/106-startseite/50-transfair-studie-fairtrade-wirkt.html, abgerufen am: 12.01.2015

Sattler, H. (1991): Herkunfts- und Gütezeichen im Kaufentscheidungsprozess: die Conjoint-Analyse als Instrument der Bedeutungsmessung, Stuttgart

Stiftung Warentest (2009): Mehr Schein als Sein, Heft 5-2009, S. 27-31

Tchibo GmbH (2013): Kaffee in Zahlen No. 2 2013, Hamburg

Transfair Verein zur Förderung des Fairen Handels mit der "Dritten Welt" e.V.: Über Fairtrade. https://www.fairtrade-deutschland.de/ueber-fairtrade/, abgerufen am: 12.01.2015

UTZ Certified: Besserer Anbau. Bessere Zukunft. https://www.utzcertified.org/de, abgerufen am: 17.01.2015

5 Nachhaltiges Personalmanagement vor dem Hintergrund des demografischen Wandels und der Personalknappheit

von Markus Feiler, Katharina Olenberg, Michael Rau

Ergebnis

Der demographische Wandel ist für die Unternehmen bereits heute spürbar. Die Auswirkungen werden in den nächsten Jahren voraussichtlich aber noch deutlich zunehmen. Ein an den Vorstellungen der Nachhaltigkeit ausgerichtetes Personalmanagement kann einen wesentlichen Beitrag leisten, diesen Herausforderungen zu begegnen. Als wirksame Handlungsfelder erweisen sich das betriebliche Gesundheitsmanagement, der Ansatz des lebenslangen Lernens, die Unterstützung der Work-Life-Balance sowie die Förderung der Diversity.

Inhaltsverzeichnis

5.1	Einleitung	124
5.2	Begriffliche Abgrenzung	125
5.2.1	Demografischer Wandel	125
5.2.2	Nachhaltiges Personalmanagement	125
5.2.3	Personalknappheit	126
5.3	Forschungsstand und Hypothese	128
5.4	Demografischer Wandel und Personalknappheit	128
5.4.1	Aktueller Stand des demografischen Wandels	128
5.4.2	Prognose für die Zukunft	130
5.4.3	Auswirkungen auf die Unternehmen	131
5.5	Nachhaltiges Personalmanagement	133
5.5.1	Auswahl der Handlungsfelder	133
5.5.2	Handlungsfelder	134
5.5.2.1	Gesundheitsmanagement	134
5.5.2.2	Lebenslanges Lernen	136
5.5.2.3	Work-Life-Balance	138
5.5.2.4	Diversity Management	139
5.5.3	Auswertung	140
5.6	Fazit	143

5.1 Einleitung

Der demografische Wandel in Deutschland ist in den letzten Jahren ein häufig diskutiertes Thema und in vielen Bereichen der Gesellschaft stellt man sich die Frage, wie mit der zunehmend älter werdenden Bevölkerung umgegangen werden soll. Ein weiterer Effekt, der in Bezug zum demografischen Wandel im Zentrum der Diskussion steht, ist der Fachkräftemangel. Unternehmen bemängeln bereits heute zunehmend, dass sie nicht ausreichend Bewerbungen für offene Stellen erhalten und Schwierigkeiten haben, insbesondere Positionen mit hohen Qualifikationsanforderungen zu besetzen. Zusätzlich spielt auch der Rückgang der erwerbstätigen Personen eine immer wichtiger werdende Rolle. Außerdem werden Aspekte wie zunehmender Stress bei der Arbeit, Burnout und die Gesundheitserhaltung von Mitarbeitern in den Medien thematisiert.

Neben dem demografischen Wandel gewinnt zunehmend das Thema der Nachhaltigkeit eine hohe Relevanz in der Gesellschaft. Der schonende Umgang mit Ressourcen jeglicher Art und auch die Berücksichtigung der Konsequenzen heutigen Handelns für zukünftige Generationen stehen im Fokus. Auch Unternehmen erhalten zunehmend Interesse an einer nachhaltigen Entwicklung. (vgl. Ehnert 2008, S. 187)

Inwieweit kann nun ein Zusammenhang zwischen einer nachhaltigen Entwicklung der Unternehmen und einem Lösungsansatz hinsichtlich der entstehenden Personalknappheit durch den demografischen Wandel gesehen werden? „Mitarbeitergewinnung und Mitarbeiterbindung werden die alles entscheidenden Erfolgsfaktoren der Zukunft sein", so Weißenrieder und Kosel (Weißenrieder/Kosel 2010, S. 15). In der Literatur gewinnt zunehmend die Orientierung des Personalmanagements am Nachhaltigkeitsaspekt an Bedeutung (vgl. Zaugg 2009/Ehnert 2008/Hornung 2013). Somit kommt die Frage auf, was für eine Rolle nun ein nachhaltig gestaltetes Personalmanagement vor dem Hintergrund des demografischen Wandels und der Personalknappheit spielt. Des Weiteren ist es auch interessant zu klären, wie die Folgen der Personalknappheit für Unternehmen aussehen und welche Maßnahmen in diesem Zusammenhang ergriffen werden können, um der vielschichtigen Problemstellung entgegenzuwirken und die Zukunft von Unternehmen durch leistungsfähige und engagierte Mitarbeiter zu sichern. Diese Aspekte werden in der vorliegenden Arbeit aufgegriffen und näher untersucht.

Dazu wird im Folgenden zunächst auf die Abgrenzung der zentralen Begriffe des demografischen Wandels, des nachhaltigen Personalmanagements und der Personalknappheit eingegangen. Im darauf folgenden Kapitel wird die Situation des demografischen Wandels in Deutschland herausgearbeitet, indem zunächst die aktuelle Sachlage beschrieben und davon ausgehend eine Prognose für die Zukunft getroffen wird. Mit diesem Verständnis zeigt das Kapitel letztlich auf, welche Auswirkungen die durch den demografischen Wandel entstehende Personalknappheit auf die Unternehmen hat. Im Anschluss daran behandelt das nächste Kapitel Möglichkeiten des nachhaltigen Personalmanagements, den Auswirkungen entgegenzuwirken. Dabei wird zunächst beschrieben, woran sich die Auswahl der Felder orientiert. Daran schließt sich die nähere Betrachtung der Bereiche Gesundheitsmanagement, Lebenslanges Lernen, Diversity Management und Work-Life-Balance an. Außerdem erfolgt eine Auswertung der Möglichkeiten im Hinblick auf die Auswirkungen der Personalknappheit. Zum Abschluss wird im letzten Kapitel ein Fazit gezogen.

5.2 Begriffliche Abgrenzung

Zunächst ist es von Bedeutung, die wesentlichen Begriffe, die in dieser Arbeit verwendet werden, zu definieren. In diesem Kapitel werden die zentralen Begriffe demografischer Wandel, nachhaltiges Personalmanagement sowie Personalknappheit erläutert und abgegrenzt.

5.2.1 Demografischer Wandel

Die Veränderung der Bevölkerung eines Landes durch das Ansteigen des Durchschnittsalters wird umgangssprachlich mit dem Ausdruck demografischer Wandel definiert. Der wissenschaftlich korrekte Ausdruck hierfür ist jedoch demografische Alterung. (vgl. Springer Gabler a) Im üblichen Sprachgebrauch hat sich jedoch der Ausdruck „demografischer Wandel" etabliert, weshalb in dieser Arbeit diese Bezeichnung verwendet wird. Betrachtet man den demografischen Wandel in Deutschland, so entsteht ein Trend hin zur alternden Gesellschaft. Gründe hierfür sind die sinkenden Geburtenraten und die steigenden Lebenserwartungen. Durch die demografische Entwicklung und dem fortschreitenden Strukturwandel wird sich unsere Gesellschaft spürbar verändern. (vgl. Lexikon der Nachhaltigkeit 2014 a)

5.2.2 Nachhaltiges Personalmanagement

Um dem Begriff nachhaltiges Personalmanagement (NPM) näher zu kommen ist es sinnvoll, zunächst das Personalmanagement sowie die Nachhaltigkeit getrennt voneinander zu definieren. Unter Personalmanagement „versteht man heute die Summe der mitarbeiterbezogenen Maßnahmen, die zur Verwirklichung der Unternehmensziele herangezogen werden" (Bartscher/Stöckl/Träger 2012, S. 52).

Der Begriff der Nachhaltigkeit wird in vielen unterschiedlichen Zusammenhängen verwendet, ohne dass jeder darunter dasselbe versteht. In der Literatur wird zur Definition häufig der Brundlandt-Bericht der Vereinten Nationen von 1987 herangezogen. Eine nachhaltige Entwicklung sollte demnach die Bedürfnisbefriedigung der jetzigen Generation sicherstellen, ohne dabei den zukünftigen Generationen diese Möglichkeit zu nehmen. (vgl. Lexikon der Nachhaltigkeit 2014 b)

Wie bereits der Begriff der Nachhaltigkeit gibt es auch für das NPM in der Literatur bislang keine einheitliche Definition. Elias-Linde (2013) verweist ebenfalls darauf, dass es in der wissenschaftlichen Literatur verschiedene Auffassungen zum Thema nachhaltiges Personalmanagement, welches auch als nachhaltiges Humanressourcenmanagement bezeichnet wird, gibt. Zum einen wird NPM als wissenschaftlicher Modebegriff wahrgenommen, welcher Eigenschaften wie „langfristig, ressourcenorientiert, systematisch, ganzheitlich, integrativ, nachhaltig und zukunftsfähig" beinhaltet. Andererseits wird er auch als normativ-strategisches Konzept gesehen. Mit der vernunftorientierten Perspektive der Nachhaltigkeit im Personalmanagement definiert Elias-Linde (2013) Personalmanagemententscheidungen dann als nachhaltig, wenn die Ressource Personal aus Unternehmenssicht intern und extern bestehen bleibt und erweitert wird. (vgl. Elias-Linde 2013, S. 163)

Nach Weißenrieder und Kosel (2010) geht es beim NPM zentral um die Orientierung an langfristigen Zielen des Unternehmens über mehrere Generationen. Zusätzlich wird der Schwerpunkt nicht auf die Kostenoptimierung und den kurzfristigen Gewinn gelegt, sondern auf die „nachhaltige Entwicklung als Voraussetzung für langfristigen wirtschaftlichen Erfolg" (Weißenrieder/Kosel 2010, S. 11). Nachhaltige Personalarbeit ist in erster Linie „gestaltende und kulturprägende, auf Visionen und fundamentalen Werten beruhende Personalarbeit" (Weißenrieder/Kosel 2010, S. 11). Jedoch ist auch der Unternehmenserfolg beim NPM bedeutend, aber nur durch engagierte und qualifizierte Mitarbeiter dauerhaft zu erreichen. (vgl. Weißenrieder/Kosel 2010, S. 11f.)

Auch Zaugg (2009) bemerkt, dass das Thema des NPM bereits 1995 zum ersten Mal in der Wissenschaft in Erscheinung trat, bis heute aber keine genaue Definition in der Literatur vorhanden ist. Er definiert Personalmanagement als „dann nachhaltig, wenn es langfristig ausgerichtet ist und die Bedürfnisse aller Anspruchsgruppen berücksichtig" (Zaugg 2009, S. 61). Zentral ist dabei „der Aufbau, die Entwicklung und der Erhalt strategischer Kompetenzen, die zur Wertschöpfung der Unternehmung beitragen, die Arbeitsmarktfähigkeit der Mitarbeiter sicherstellen und gesellschaftliche Werte berücksichtigen" (Zaugg 2009, S. 61).

Bei jeder dieser Definitionen liegt der Fokus auf einer langfristigen Ausrichtung des Unternehmens. Für die vorliegende Arbeit mit dem Bezug zur Personalknappheit und dem demografischen Wandel wird NPM als Ansatz gesehen, der das Erreichen von Unternehmenszielen über einen langfristigen Zeitraum im Fokus hat. Dabei ist es wichtig, dass die Ressource der Mitarbeiter so verwaltet wird, dass diese dem Unternehmen dauerhaft produktiv erhalten bleibt und auch die individuellen Bedürfnisse der Mitarbeiter berücksichtigt. Nicht zu vernachlässigen ist dabei, dass Unternehmen den wirtschaftlichen Erfolg als ein wichtiges Ziel setzen, welches allerdings nur durch engagierte und qualifizierte Mitarbeiter langfristig erreicht werden kann.

5.2.3 Personalknappheit

Zur Begriffsbestimmung der Personalknappheit bedarf es zuerst der Definition von Personal und Knappheit. Als Personal werden die zur Leistungserbringung eingesetzten Mitarbeiter eines Unternehmens definiert. (vgl. Springer Gabler b) Knappheit bedeutet ein hohes Bedürfnis nach einem Gut, welches dem geringen Angebot des Gutes gegenübersteht. (vgl. Elias-Linde 2013, S. 30f.)

$$\text{Knappheit} = \frac{\text{Hohes Bedürfnis eines Gutes}}{\text{Geringes Angebot eines Gutes}}$$

Personalknappheit ist somit der hohe Bedarf des Gutes Personal im Verhältnis zu dem geringen Angebot des Gutes Personal.

$$\text{Personalknappheit} = \frac{\text{Hohes Bedürfnis an Personal}}{\text{Geringes Angebot an Personal}}$$

Personalknappheit bezieht sich nicht nur auf die Anzahl von theoretisch verfügbaren Arbeitskräften, sondern auch auf bestimmte Merkmale wie die Qualifikation oder Berufsausbildung. Deshalb kann zwischen relativer und absoluter Personalknappheit differenziert werden. Bei der relativen Personalknappheit kann die Stellenbesetzung im Unternehmen trotz gegebener Arbeitslosenquote erschwert werden bzw. mehr Zeit beanspruchen. Abhängig von der benötigten Qualifikation für einen Arbeitsplatz fallen erhöhte Kosten für das Unternehmen an. Bei höheren Qualifikationsansprüchen der zu besetzenden Stellen müssen oft Abstriche bei der persönlichen Qualifikation der Bewerber vorgenommen werden. Generell wächst die Personalknappheit bei entsprechend hohen Qualifikationsanforderungen an den Arbeitsplatz. (vgl. Elias-Linde 2013, S. 32) Die absolute Personalknappheit kann für ein einzelnes Unternehmen darin bestehen, dass die Besetzung einer Stelle aufgrund des quantitativen Mangels von potenziellen Mitarbeitern gar nicht möglich ist. Diese Problematik kann durchaus langfristig anhaltende Folgen für ein Unternehmen verursachen. (vgl. Elias-Linde 2013, S. 33f.) Daher werden im Verlauf dieser Ausarbeitung die konkreten Folgen näher untersucht. Zusammenfassend lässt sich somit die Problematik der Personalknappheit in vier verschiedene Dimensionen gliedern:

Qualitativ:
Die von den Unternehmen gestellten Anforderungen an die individuellen Arbeitskräfte werden nicht erbracht.

Quantitativ:
Das Unternehmen benötigt eine bestimmte Anzahl an Mitarbeitern um die Aufgaben zu verrichten.

Zeitlich:
Es wird unterschieden zwischen dauerhafter Personalknappheit oder temporärer Personalknappheit.

Räumlich:
Betrifft die Personalknappheit einzelne Abteilungen, Standorte oder das gesamte Unternehmen.

(vgl. Elias-Linde 2013, S. 34)

5.3 Forschungsstand und Hypothese

Der Ursprung der Thematik Personalknappheit stammt aus den 60er Jahren. Zur damaligen Zeit wurde die Personalknappheit wie wir sie heute kennen jedoch nicht thematisiert, vielmehr verwies die Literatur auf die vorhandene Arbeitslosigkeit. Etwa 20 Jahre später wurde der Fokus von der Arbeitslosigkeit hin zur Massenarbeitslosigkeit ausgedehnt. Angekommen im Jahr 2000 wurde erstmals die Personalknappheit, wie wir sie heute als drohenden Fachkräftemangel kennen, thematisiert. Entsprechende Lösungsansätze zur Behebung des Problems bzw. die mitwirkenden Rollen der Unternehmen werden jedoch nicht ausreichend in Betracht gezogen und weisen zum Teil enorme Lücken auf. Die Personalwirtschaft bietet im Allgemeinen ausreichend Fachliteratur, jedoch nicht im Bereich der Personalknappheit. Im Fokus liegen die gegebenen Instrumente, die im Bereich der Personalwirtschaft eingesetzt werden. Externe und interne Unternehmensfaktoren werden nicht berücksichtigt. Im Personalplanungsbereich werden Empfehlungen und mögliche Ursachenerklärungen angeboten, jedoch lediglich auf kurz- oder mittelfristiger Ebene. Andere Bereiche wie das Personalmarketing akzeptieren die Personalknappheit und auch die Personalausstattung schenkt ihr nur geringe Aufmerksamkeit. (vgl. Elias-Linde 2013, S. 21f.)

Ausgehend von diesem Forschungsstand stellt sich die Frage, inwieweit es für Unternehmen relevant ist, der Personalknappheit nachhaltig durch Maßnahmen des Personalmanagements entgegenzuwirken und welche Lösungsansätze dabei bestehen. Daher wird in der nachfolgenden Ausarbeitung folgende Hypothese untersucht: „Der Demografische Wandel und die damit einhergehende Personalknappheit gewinnen zunehmend an Bedeutung für die Unternehmen. Somit sollte das nachhaltige Personalmanagement die Bereiche Gesundheitsmanagement, Lebenslanges Lernen, Work-Life-Balance und Diversity-Management nachhaltig integrieren und nicht außer Acht lassen."

5.4 Demografischer Wandel und Personalknappheit

Der demografische Wandel ist ein aktuelles und viel diskutiertes Thema, das in einem besonderen Zusammenhang mit der Personalknappheit steht. Um diese Diskussion aufzunehmen, wird die frühere und aktuelle Bevölkerungssituation in Deutschland genauer beleuchtet und eine Prognose hinsichtlich der zukünftigen Entwicklung abgegeben.

5.4.1 Aktueller Stand des demografischen Wandels

Das Bild der Pyramide in Bezug auf den Altersaufbau der Bevölkerung in Deutschland war lange Zeit das Sinnbild für die Bevölkerungsentwicklung. Im Jahre 1950 bildeten viele junge Leute das Fundament und nach oben hin, zu den älteren Altersgruppen, nahm die Anzahl der Bevölkerung kontinuierlich ab. Die Zahl der unter 20-jährigen betrug im Jahr 1950 21,1 Millionen Menschen, somit waren die unter 20-jährigen mit einem Anteil von 30% in der deutschen Bevölkerung vertreten. Die Gruppe der 20–64 Jahre alten Personen war in diesem Jahr mit 41,5 Millionen Menschen vertreten, was einen prozentualen Anteil von 60% der deutschen Bevölkerung ausmachte. Die letzte Gruppe der über 65-jährigen machte im Jahr 1950 den geringsten Anteil von 10% mit 6,7 Millionen Menschen aus. (vgl. Demographie-Netzwerk)

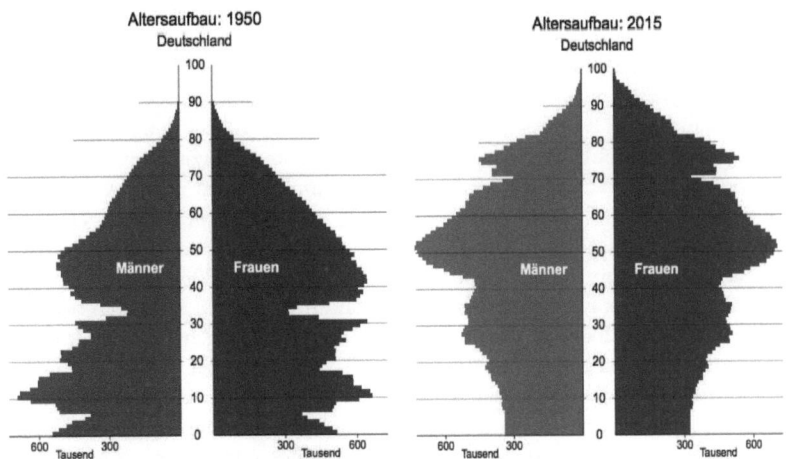

Abb. 5-1: Altersaufbau 1950 und 2015 in Deutschland
Quelle: Statistisches Bundesamt 2009: Koordinierte Bevölkerungsvorausberechnung.
https://www.destatis.de/bevoelkerungspyramide/, abgerufen am: 10.01.2015

Wird heutzutage, im 21. Jahrhundert, der Altersaufbau der Bevölkerung in Deutschland betrachtet so fällt eine deutliche Veränderung auf. Die Gruppe der unter 20-jährigen ist von 30% auf 18% gesunken, was einer Anzahl von 14,2 Millionen Menschen entspricht. Bei der Gruppe der Erwerbstätigen im Alter von 20-64 blieb der prozentuale Anteil weitgehend unverändert und stieg lediglich um ein Prozent von 60% auf 61% an. Dennoch erhöhte sich die Anzahl dieser Altersgruppe um 8,5 Millionen. Waren 1950 nur 41,5 Millionen Menschen im erwerbstätigen Alter so sind es heutzutage schon 49 Millionen Menschen. Die größte Veränderung zeigt sich aber bei der Gruppe der über 65-jährigen. (vgl. Demographie-Netzwerk)

Durch die Weiterentwicklung der Medizin, die veränderten Lebensweisen und Lebensstandards steigt die Lebenserwartung der Menschen und macht den demografischen Wandel der Gesellschaft deutlich. Im Jahre 2015 sind im Gegensatz zu 1950 mehr als doppelt so viele Menschen im Alter von über 65 Jahren, was einen prozentualen Anteil von 22% mit einer Anzahl von 17,5 Millionen Menschen entspricht. Durch diese statistischen Erhebungen des Altersaufbaus der Bevölkerung ist deutlich zu erkennen, dass das Fundament immer mehr schrumpft und die Mitte immer breiter wird. Somit wird heute nicht mehr von der Pyramide beim Altersaufbau der Bevölkerung in Deutschland gesprochen sondern von dem sogenannten Dönerspieß. (vgl. Demographie-Netzwerk)

5.4.2 Prognose für die Zukunft

Die Zahlen im 21. Jahrhundert sprechen ein deutliches Zeichen, denn der demografische Wandel zeigt eine eindeutige Veränderung zu früher auf. Durch den seit Mitte der 1970er Jahre anhaltenden Geburtenrückgang und der ständig steigenden Lebenserwartung veränderte sich die deutsche Gesellschaft kontinuierlich. Die heutigen Größenverhältnisse in den einzelnen Generationen haben sich gegenüber früher stark verändert. Den größten Anteil der heutigen Bevölkerung bildet die mittlere Generation. Die Gruppe der sogenannten Erwerbstätigen ist somit für die Finanzierung der Bevölkerung zuständig. Da die mittlere Generation in den nächsten Jahrzehnten auch immer älter wird und sich die Gruppe der Erwerbstätigen immer mehr in die Gruppe der Rentner und älterer Personen verschiebt, wird in Zukunft immer weniger junges Personal vorhanden sein. Dies führt dann zwangsläufig zu einer hohen Personalknappheit. (vgl. Bundeszentrale für politische Bildung) Im Jahr 2030 wird anhand der Prognosen die Anzahl der Einwohner in Deutschland nur noch 77 Millionen betragen. Im Vergleich zum Jahr 2008, in dem noch 82 Millionen Menschen in Deutschland lebten, ist das ein Rückgang von fast 6%. Ebenfalls wird erwartet, dass bis zum Jahr 2030 der Geburtenrückgang immer mehr zunimmt. Die Gruppe der unter 20-jährigen soll sich laut Statistiken von 15,6 Millionen auf 12,9 Millionen verringern, was einem Rückgang von 17% entspricht. Auch bei den Erwerbstätigen wird, ähnlich wie bei den unter 20-jährigen, ein Rückgang von etwa 15% um 7,5 Millionen Menschen prognostiziert. Die Altersgruppe der über 65-jährigen wird sich im Jahr 2030 voraussichtlich um rund ein Drittel von 16,7 Millionen auf 22,3 Millionen Personen erhöhen. Die insgesamt für Deutschland prognostizierte Entwicklung ist jedoch nicht in jedem Bundesland gleich. Sowohl bei den Geburten- als auch den Sterberaten werden Unterschiede in den einzelnen Ländern vorhergesagt. Es wird eine verstärkte Binnenwanderung in Richtung Süddeutschland entstehen. Somit wird einerseits in den Einwanderungsländern der Bevölkerungsrückgang eingedämmt aber andererseits vor allem in den neuen Bundesländer der Bevölkerungsrückgang und die Alterung der Gesellschaft verstärkt. Es entsteht nur eine Verschiebung der Bevölkerung in andere Bundesländer, aber der demografische Wandel wird sich wie in den letzten Jahren abgezeichnet weiter fortsetzen und dadurch Folgen hinsichtlich der Personalknappheit haben. (vgl. Statistische Ämter des Bundes und der Länder 2011)

Bereits heute wird das umlagefinanzierte Rentensystem, in welches die Erwerbstätigen mit ihren Beiträgen die Renten zahlen, stark beansprucht. Auch für das demografische Problem der immer älter werdenden Gesellschaft und das somit entstehende Problem für die Rentenkassen ist noch keine wirkliche Lösung gefunden. Die steigende Zahl der Rentner und die fallende Zahl der Beitragszahler führen in Zukunft zu einer weiteren Beitragserhöhung. Nicht nur die sozialen Systeme werden durch weniger Erwerbstätige belastet, auch das Wirtschaftswachstum und die Innovationsfähigkeit können unter der immer älter werdenden Gesellschaft leiden. Damit in Deutschland weiterhin Wirtschaftswachstum möglich ist, kann das gleich bleibende Produktionskapital nur durch technischen Fortschritt kompensiert werden. Hierbei stellt sich allerdings die Frage, ob eine immer älter werdende Gesellschaft und die damit verbundenen älteren Erwerbstätigen hinsichtlich der Innovationsfähigkeit mit der jüngeren Bevölkerungen mithalten können. Abzuwarten bleibt daher, ob Investitionen in Zukunft in den Ländern getätigt werden, in denen eine jüngere Bevölkerung vorherrscht. (vgl. Lexikon der Nachhaltigkeit 2014 a)

5.4.3 Auswirkungen auf die Unternehmen

Wie bereits erwähnt, kann es bei der Personalknappheit einerseits zum Mangel an Arbeitskraft in quantitativer Weise und andererseits zum Mangel an ausreichend qualifizierten Mitarbeitern kommen. Gemäß Elias-Linde (2013) gibt es zu den Folgen von Personalknappheit kaum Literatur, da über die letzten Jahre die gesellschaftlichen Auswirkungen der Arbeitslosigkeit im Zentrum der Forschung standen. (vgl. Elias-Linde 2013, S. 51) Dennoch gibt es sowohl positive als auch negative Folgen der Personalknappheit sowie des demografischen Wandels für Unternehmen, die von großer Bedeutung sind und daher auch zukünftig erforscht werden sollten.

Ein positiver Aspekt wäre eine erhöhte qualitative Flexibilität der Mitarbeiter. Wenn die Unternehmen den Bedarf an gewissen Positionen nicht extern decken können, wäre es möglich, durch entsprechende Qualifikationsmaßnahmen sicherzustellen, dass intern ausreichend qualifiziertes Personal verfügbar ist. So ist im Falle eines kurzfristigen Arbeitsanstiegs qualifiziertes Personal vorhanden und kann flexibel eingesetzt werden, was zu Kosten- und Zeitersparnissen führt. Zusätzlich macht die Personalknappheit es notwendig, auch vermehrt Frauen, ältere und ausländische Arbeitskräfte beim Einstellungsprozess zu berücksichtigen. Dies führt zu einem Zuwachs der Diversität im Unternehmen, was sich durch neue oder erweiterte Perspektiven, Arbeitsweisen und Kompetenzen positiv auf den Arbeitsalltag auswirken kann. (vgl. Elias-Linde 2013, S. 54) Somit können diese Gesichtspunkte über einen langfristigen Zeitraum gesehen trotz Personalmangels vorteilhaft für ein Unternehmen sein.

Eindeutig überwiegen aber die negativen Auswirkungen der Personalknappheit auf die Unternehmen. Durch weniger potentielle Erwerbstätige sinkt auch die Bewerberzahl bei den Unternehmen, was die Suche nach neuen Mitarbeitern erschwert. Dies führt zu einer Intensivierung der Personalbeschaffung und geht auch mit einem erhöhten Kostenaufwand einher. Außerdem kann es nötig werden, dass das angebotene Entgelt erhöht wird, um gegenüber der Konkurrenz attraktiver für Bewerber zu erscheinen. (vgl. Elias-Linde 2013, S. 51) Zusätzlich könnten zur bisherigen Personalbeschaffung auch weitere Maßnahmen notwendig werden wie bspw. die Beauftragung externer Personaldienstleister oder eine erhöhte Präsenz auf Job-Messen, die zu einem weiteren Kostenanstieg führen.

Nicht besetzte Stellen können dazu führen, dass die Mitarbeiter mehr Arbeit übernehmen und mehr Leistung erbringen müssen. Dies kann eine Überbelastung der Mitarbeiter erzeugen und zu steigender Unzufriedenheit, Konflikten unter den Mitarbeitern, Fehlern in der Leistung oder auch zu Fehlzeiten führen. Dadurch können wiederum Kosten entstehen. Die Produktivität kann sinken und Kosten für Personal, auch durch eventuellen Einsatz von Zeitarbeitskräften, steigen. Auch die Überforderung von Mitarbeitern kann zum Problem werden, wenn diese Aufgaben übernehmen müssen, welche die eigenen Qualifikationen übersteigen. Dies macht eine Weiterbildung von Mitarbeitern notwendig, was ebenfalls Kosten verursacht. Insgesamt kann der Mangel auch dazu führen, dass Aufträge nur verzögert bearbeitet oder überhaupt nicht entgegen genommen werden können. Alle diese Umstände erschweren die Unternehmensentwicklung. (vgl. Elias-Linde 2013, S. 52ff.)

Doch nicht nur die Personalknappheit hat Auswirkungen, auch die Tatsache, dass durch den demografischen Wandel die Bevölkerung immer älter wird, zeigt sich in den Unternehmen. Häufig führt eine sinkende Beschäftigungszahl in Unternehmen auch zum Anstieg des Durchschnittsalters der Belegschaft, was ebenfalls negative Folgen haben kann. Die Erhaltung und Förderung der Arbeitsleistung der älteren Mitarbeiter geht mit steigenden Kosten einher. (vgl. Elias-Linde 2013, S. 52ff.) Das steigende Durchschnittsalter macht es außerdem notwendig, Arbeitsbedingungen altersgerecht umzugestalten, um die Produktivität zu halten.

Vor dem Hintergrund der Nachhaltigkeit ist zu betrachten, was die Personalknappheit und der demografische Wandel für spezielle Folgen für die Mitarbeiter eines Unternehmens haben können. Auch hier kann es, jedoch individuell unterschiedlich, zu positiven Wirkungen kommen. Die Erhöhung der Arbeitsquantität kann als Gelegenheit gesehen und genutzt werden, um Überstunden aufzubauen und eine Lohnsteigerung zu erreichen. Auch der Einsatz von Zeitarbeitnehmern und befristet beschäftigten Mitarbeitern ist auf individueller Ebene betrachtet positiv. Zusätzlich steigern die Erhöhung von Qualifizierungsmaßnahmen berufliche Chancen der Mitarbeiter sowie auch die Möglichkeiten, innerhalb des Unternehmens aufzusteigen. Doch fast all diese positiven Aspekte können individuell betrachtet auch eine gegenteilige Wirkung haben. Erhöhter Arbeitsaufwand kann auch zu Unzufriedenheit führen, wenn Mitarbeiter ihr Privatleben einschränken müssen oder durch das hohe Arbeitspensum und die Überbelastung nicht ausreichend Zeit zur Regeneration zur Verfügung haben. Eine steigende physische und psychische Belastung erhöht das Krankheitsrisiko und kann zum Burnout-Syndrom führen. (vgl. Elias-Linde 2013, S. 55)

Eine im November 2010 durchgeführte Befragung zeigt auf, welche Folgen Unternehmen aktuell in der Praxis wahrnehmen. So wurden 1.900 Unternehmen in Deutschland befragt, welche Auswirkungen der demografische Wandel bereits heute auf das Unternehmen hat. Dabei gaben etwa 46% den Fachkräftemangel an, welcher am häufigsten von den Unternehmen festgestellt wird. Die Überalterung der Belegschaft wird bereits von etwa 30% der befragten Unternehmen beobachtet.

Außerdem wird bei 15% der Unternehmen ein Absinken der Qualifikation und des Wissensstands eigener Fachkräfte wahrgenommen und bei ca. 11% eine Abnahme der Leistungs- und Innovationsfähigkeit. (vgl. Statista GmbH 2015 a)

Die Personalknappheit vor dem Hintergrund des demografischen Wandels macht deutlich, dass besonders das Personalmanagement geeignete Maßnahmen ergreifen muss, dem wachsenden Problem entgegenzuwirken. Möglichkeiten, die in diesem Zusammenhang von einem nachhaltig gestalteten Personalwesen ergriffen werden können, werden im nächsten Kapitel vorgestellt.

5.5 Nachhaltiges Personalmanagement

Nach der Darstellung der Personalknappheit aufgrund des demografischen Wandels sowie dessen Bedeutung für Unternehmen, wird im Folgenden auf mögliche Gegenmaßnahmen des NPM eingegangen. Dabei wird zunächst dargestellt, woran sich die Auswahl der Handlungsfelder orientiert. Anschließend wird auf die Bereiche Gesundheitsmanagement, Lebenslanges Lernen, Work-Life-Balance und Diversity Management eingegangen.

5.5.1 Auswahl der Handlungsfelder

Nachfolgend wird auf Maßnahmen innerhalb der nachhaltigen Personalgestaltung eingegangen. Diese zielen darauf ab, die Personalressourcen im Unternehmen so zu pflegen und zu entwickeln, dass sie nicht verbraucht und langfristig genutzt werden können. Elias-Linde (2013) nennt dabei das magische Dreieck der nachhaltigen Personalgestaltung, wobei drei Felder nachhaltig berücksichtigen werden müssen. Diese sind Kompetenzen und Fähigkeiten, Gesundheit und Wohlbefinden und Motivation und Einstellung. Es sollen Belastungen vermieden und eine Förderung der Mitarbeiter erreicht werden. (vgl. Elias-Linde 2013, S. 206ff.)

Um Maßnahmen speziell im NPM zu ermitteln, orientiert sich die Auswahl zusätzlich am 5-Säulen-Konzept von Hornung (2013). Dabei konzentrieren sich die Elemente des NPM auf fünf grundlegende Säulen: Gesundheitsmanagement, lebenslanges Lernen, Organisation und Arbeitsgestaltung, Personal- und Rekrutierungspolitik und Führung. Innerhalb dieser Elemente gibt es Handlungsfelder, die eine frühzeitige Reaktion auf Effekte des demografischen Wandels ermöglichen. Hierbei kann ein Unternehmen den Schwerpunkt für die eigene Personalarbeit, je nach eigener Ausrichtung und Vorstellungen, mehr auf die eine oder andere Säule legen. Wichtig dabei ist es, alle Säulen zu berücksichtigen und die Balance des Konzeptes zu halten, sodass ein NPM mit einhergehendem Vorteil gegenüber Konkurrenten zukünftig erreicht werden kann. (vgl. Hornung 2013, S. 16f.) Auch Ehnert (2008) stellt fest, dass Praktiken eines nachhaltigen Personalmanagement zum Erhalt, zur Entwicklung oder Regeneration von Personalressourcen beitragen sollen und nennt in diesem Zusammenhang Themen wie Work-Life-Balance, die Gesundheitsvorsorge oder die Regeneration von Mitarbeitern. (vgl. Ehnert 2008, S. 189)

Im Rahmen dieser Arbeit lassen sich nicht alle Elemente des NPM inhaltlich vertiefen. Daher wird im Folgenden auf diejenigen Felder eingegangen, die in einem besonderen Zusammenhang zu den Auswirkungen des demografischen Wandels stehen.

5.5.2 Handlungsfelder

5.5.2.1 Gesundheitsmanagement

Das Gesundheitsmanagement ist eine strategische Orientierung, die zum einen durch präventive Handlungen und zum anderen durch gesundheitsfördernde Maßnahmen die Gesundheit jedes einzelnen Mitarbeiters steigern soll. (vgl. Hornung 2013, S. 20) Ein Gesundheitsmanagement im Sinne des NPM zielt aber nicht nur auf reaktive Gesundheitsförderung ab, also das Handeln bei bereits entstandenen Einschränkungen in der Leistungsfähigkeit, sondern auf proaktive Gesundheitsförderung, die eine Fehlentwicklung gänzlich vermeiden soll. (vgl. Elias-Linde 2013, S. 213) Somit ist ein Teil der Arbeit des Personalmanagements in einem Unternehmen, die Gesundheit und das Wohlbefinden der Mitarbeiter physisch und psychisch zu erhalten und darin entsprechend zu investieren. Dass Unternehmen dem Thema Gesundheit eine hohe Relevanz beimessen, zeigt die von Zaugg (2009) durchgeführte Nachhaltigkeitsstudie. Demnach steht die Gesundheit der Mitarbeiter an vierter Stelle der Ziele der Unternehmen und 66% der Unternehmen evaluieren gesundheitsrelevante Daten regelmäßig. Nahezu genauso viele (65%) haben die Gesundheitsförderung in Form einer Person oder einer Organisationseinheit institutionalisiert. Dies geschieht jedoch bei großen Unternehmen häufiger als bei kleinen und mittleren. (vgl. Zaugg 2009, S. 261) Beim Aufbau eines nachhaltigen Gesundheitsmanagements gibt es zusätzlich mehrere Voraussetzungen die erfüllt sein müssen. Dies beinhaltet die Sammlung und Analyse von Gesundheitskennzahlen über mehrere Jahre, eine effiziente Organisationsstruktur, eine Unternehmenskultur die das Thema Gesundheit entsprechend berücksichtigt und die Kooperation mit Sozialpartnern innerhalb und außerhalb eines Unternehmens. (vgl. Georg 2008, S. 141)

Durch den demografischen Wandel wird es vor allem wichtig, die Beschäftigungsfähigkeit von älteren Mitarbeitern sicherzustellen. Gerade die Erhaltung der Gesundheit und dadurch eine Sicherstellung der Arbeitsleistung ist dabei ein wichtiger Faktor. Somit ist die Berücksichtigung der Gesundheit älterer Mitarbeiter von hoher Bedeutung für das NPM. Dies lässt sich in verschiedenen Weisen ausgestalten. Zum einen können diese Aspekte bei der Arbeitsgestaltung mit einfließen und Arbeitsbedingungen geschaffen werden, die frei von Zeitdruck oder einseitiger physischer Belastung sind. Auch die Arbeitszeitgestaltung kann durch flexibilisierte Pausen je nach Belastung oder flexiblen Ruhestandsregelungen angepasst werden. Zum anderen kann eine altersgerechte Gesundheitsförderung in Form von bspw. Muskeltraining eingeführt werden. (vgl. Elias-Linde 2013, S. 213) Weitere Instrumente, die Unternehmen im Bereich Gesundheitsmanagement verwenden können, sind etwa die Gestaltung von Gesundheitstagen in den Unternehmen, welche die Mitarbeiter umfassend über eine gesündere Lebensweise informieren. Gleiches gilt für das Angebot von Sportkursen oder die Kostenübernahme bei Präventionskursen sowie die Kooperation mit Fitness-studios. (vgl. Scheferling 2013)

Ein Praxisbeispiel zur verbesserten Gestaltung von Arbeitsplätzen für ältere Mitarbeiter bietet das Werk der BMW AG in Dingolfing. Die Produktionsstrecke der Achsgetriebemontage wurde hier so umgestaltet, dass Mitarbeiter möglichst beschwerdefrei bis ins hohe Alter arbeiten können. Bei der ergonomischen Gestaltung wurden sowohl die Meinungen der Mitarbeiter als auch die von Ärzten und Therapeuten eingeholt. Es wurden u.a. spezielle Hocker angeschafft, die das Arbeiten im Sitzen ermöglichen. Zusätzlich wurden nach Gewicht und Fuß individuell angepasste Sicherheitsschuhe bestellt oder auch Parkett statt Beton verlegt, um eine Schonung der Gelenke zu erreichen. Des Weiteren rekrutierte BMW eine Physiotherapeutin, die den Mitarbeitern Ausgleichsübungen vermittelt und außerdem wurde ein Ruhe- und Fitnessraum angelegt. Nach eigenen Aussagen ist die Produktivität der älteren Mitarbeiter dieser Produktionsstrecke nach der Testphase nicht geringer ausgefallen als die der Jüngeren. Es zeigte sich sogar eine Steigerung in der Qualität. BMW hat diese Änderungen im Rahmen ihres Demografie-Projektes „Heute für Morgen" realisiert, welches bereits seit 2004 besteht und darauf abzielt, die Gesundheit und Leistungsfähigkeit der immer älter werdenden Belegschaft zu erhalten. (vgl. Bomholt 2011)

Ein weiteres Beispiel, welches einen anderen Ansatz enthält, liefert das Unternehmen Bayer AG. Bis zum Jahr 2020 wird das Durchschnittsalter der Belegschaft in Deutschland von 45 Jahren (im Jahr 2010) auf 53 steigen und auch der Anteil der über 60-jährigen wird von einem Prozent auf 18% ansteigen. Um die Gesundheit und Leistungsfähigkeit der Mitarbeiter ins hohe Alter zu erhalten, setzt Bayer bei der Arbeitszeit an und hat im Jahr 2010 die Gesamtbetriebsvereinbarung „Lebensarbeitszeit und Demografie" eingeführt. Demnach können Tarifmitarbeiter, die im Schichtbetrieb arbeiten und das 56. Lebensjahr erreicht haben, bis zu 20 schichtfreie Tage pro Jahr nutzen. Der Ausgleich des Lohns geschieht über ein Langzeitkonto, welches über einen Demografiefond läuft und in welchen das Unternehmen etwa 4,8 Millionen Euro pro Jahr investiert. So sollen Mitarbeiter im fortgeschrittenen Alter entlastet werden, damit die Wahrscheinlichkeit steigt, dass das Arbeiten ohne Einschränkungen noch bis zum Renteneintrittsalter möglich ist. (vgl. Bomholt 2012)

5.5.2.2 Lebenslanges Lernen

Lernen ist Teil des Lebens, jeder lernt fast täglich neue Dinge hinzu und entwickelt sich weiter. Auch das Lernen in einem Unternehmen spielt eine wichtige Rolle. Bezogen auf Handlungsfelder des Personalmanagement ist das Lernen in die Personalentwicklung einzuordnen.

Die Personalentwicklung zielt darauf ab, die Qualifikation und Leistung der Mitarbeiter zu verändern. Dieses soll anhand von Bildung, Karriereplanung und Arbeitsstrukturierung unter Beachtung persönlicher und unternehmerischer Ziele erreicht werden. (vgl. Berthel/Becker 2013, S. 414) Dabei sollen die Aktivitäten systematisch und langfristig die Mitarbeiter zur ihrer Aufgabenerfüllung befähigen oder diese sichern. (vgl. Hornung 2013, S. 26) Das NPM soll im Rahmen der nachhaltigen Personalentwicklung die Mitarbeiter dahingehend entwickeln, dass ein Vorteil für die Unternehmen generiert werden kann. Es wird in diesem Sinn zwischen personenbezogener und betriebsbezogener Personalentwicklung differenziert. Bei der personenbezogenen Personalentwicklung steht der Mitarbeiter im Fokus, der nicht überfordert werden soll und der durch die Weiterentwicklung fachlicher und persönlicher Kompetenzen seine Arbeitsfähigkeit sichert. Die betriebsbezogene Personalentwicklung beinhaltet den Umstand, dass die Maßnahmen nicht nur einen Nutzen für den Einzelnen haben sollen, sondern auch für das gesamte Unternehmen.

Hornung (2013) formuliert sechs Anforderungen für eine nachhaltige Personalentwicklung. Zum einen geht es darum, dass Mitarbeiter gemeinsam mit ihren Vorgesetzten über Qualifizierungsmöglichkeiten sprechen und nötige Maßnahmen in die Wege leiten (Partizipation). Obwohl in der Theorie eine Trennung zwischen dem jährlichen Mitarbeitergespräch und dem Personalentwicklungsgespräch erfolgen sollte, ist eine Zusammenlegung in der Praxis auch aus zeitökonomischen Gesichtspunkten sinnvoll (vgl. Hornung 2013, S. 26). Zaugg (2009) betont bei diesem Kriterium, dass die Partizipation der Mitarbeiter und deren Bereitschaft sich zu entwickeln, zentrale Voraussetzungen für die nachhaltige Personalentwicklung sind. Eigenverantwortliche, selbstverwaltete Bildungsbudgets sind dabei ein wichtiger Ansatz, der von Unternehmen bereitgestellt werden sollte. (vgl. Zaugg 2009, S. 306) Des Weiteren ist es in der Praxis schwierig, nur Einzelmaßnahmen durchzuführen, weshalb Personengruppen identifiziert werden sollten, die ähnliche Bedürfnisse haben, nicht nur hinsichtlich der Qualifikation (Anspruchsgruppenorientierung). Weiterhin wichtig ist die Strategieorientierung wobei sich, wie bereits erwähnt, die Ziele der Personalentwicklung an den Zielen des Unternehmens orientieren sollten. Auch im Rahmen der Wertschöpfung sollen die Maßnahmen der Personalentwicklung Unternehmensziele erreichen (Wertschöpfungsorientierung). Allerdings handelt es sich hierbei nicht nur um finanzwirtschaftliche Aspekte, sondern auch bspw. um die Mitarbeiterzufriedenheit. Wenn Mitarbeiter als bewertete Ressource im Unternehmen angesehen werden (Humankapital), so steigert sich ihr Wert mit einer Personalentwicklungsmaßnahme und somit auch der Wert des gesamten Unternehmens. Die Kompetenz- und Wissensorientierung zielt auf den Erwerb oder Erhalt von Wissen und Kompetenzen durch Aus-, Fort- und Weiterbildung im klassischen Sinne ab. Allerdings ist hier zu beachten, dass unterschiedliche Lernformen aufgrund von altersgemischten Teams nötig sein können. Die letzte Anforderung an eine nachhaltige Personalentwicklung ist die zum einen zeitliche Flexibilität, die besonders bei der Gestaltung des Dienstplanes im Schichtbetrieb ein Thema ist. Durch gute strategische und organisatorische Planung sollen die betreffenden Mitarbeiter die Möglichkeit haben, an Personalentwicklungsmaßnahmen teilzunehmen. Außerdem ist eine inhaltliche Flexibilität bei den Schulungen wichtig, was auf einen aktuellen Wissensstand der Referenten abzielt sowie eine Orientierung an der spezifischen Praxis der Teilnehmer, um den Theorie-Praxis-Transfer zu vereinfachen. (vgl. Hornung 2013, S. 26ff.)

Um nachhaltiges Lernen zu ermöglichen oder zu erleichtern ist es nach Elias-Linde (2013) wichtig, Änderungen in der Methodik und der Didaktik der Mitarbeiterqualifizierung anzustreben und ergänzend Methoden wie Planspiele, Fallstudien und E-Learning zu etablieren. Auch durch erfahrungsbasierte Methoden soll ein besseres Lernen ermöglicht werden, wie Training on-the-job, oder auch feedbackbasierte Methoden wie Coaching und Mentoring. Außerdem ist die Entwicklung der Führungskräfte zur Bindung dieser an das Unternehmen erfolgsrelevant. (vgl. Elias-Linde 2013, S. 111) Zusätzlich sollte eine nachhaltige Personalentwicklung sicherstellen, dass alle Mitarbeiter (bspw. auch niedrig qualifizierte) im Rahmen des lebenslangen Lernens die Möglichkeit zur Weiterbildung erhalten und somit neue Lernchancen genutzt werden. Insbesondere steht bei älteren Mitarbeitern oft die Karriereplanung nicht mehr so stark im Vordergrund und es wird wenig in deren Entwicklung investiert. Hierbei ist es nützlich, das von älteren Mitarbeitern bevorzugte praxisnahe Erfahrungslernen einzusetzen, sowie verhaltenssteuernde Feedbackmechanismen zu nutzen. (vgl. Elias-Linde 2013, S. 212) Ebenfalls ist die Berücksichtigung der Altersgruppe der zu entwickelnden Mitarbeiter wichtig. Je nach Alter lernt man nicht mehr oder weniger, sondern unterschiedlich. Für jüngere Mitarbeiter kann es leichter sein, komplexe theoretische Zusammenhänge zu verstehen, wobei Ältere besser über praktische Aneignung lernen. In der Praxis wird auch dies noch zu wenig beachtet. Darüber hinaus ist in der Praxis nicht nur die Weiterbildung an sich sondern auch ein darauf abgestimmtes Controlling dazu wichtig, um sicherzustellen, dass der Transfer in den Praxisalltag erfolgreich ist und Maßnahmen auch sinnvoll für die Praxis sind. Zusätzlich sollen Mitarbeiter als Multiplikator durch die Weitergabe ihres erworbenen Wissens an Kollegen einen Mehrwert schaffen. (vgl. Hornung 2013, S. 29)

Ein Bespiel aus der Praxis gibt ein Großunternehmen der Chemieindustrie mit Sitz in Deutschland. Die Mitarbeiter erhalten individuelle Beratung in einem eigens errichteten Lernzentrum bezüglich Qualifizierungsfragen, können entsprechende Lernpakete auswählen und modernste Lernmedien nutzen. Damit zielt das Unternehmen darauf ab, die Produktivität und Innovationsfähigkeit insbesondere älterer Mitarbeiter zu erhalten. (vgl. Bundesministerium für Arbeit und Soziales 2010, S. 96)

5.5.2.3 Work-Life-Balance

Eine eindeutige Definition für Work-Life-Balance (WLB) ist schwierig. Die WLB beschäftigt sich hauptsächlich mit zwei Parametern: Familie und Beruf und das „Wellness"-Konzept (betrifft das Wohlbefinden und die Gesundheit). Bei einer Umfrage im „Stressreport" stellte sich heraus, dass 18% der befragten Erwerbstätigen ihr Privatleben vernachlässigen um ihren Verpflichtungen im Arbeitsleben nachzukommen. Des Weiteren gaben 41% eine erschwerte Vereinbarkeit von Berufs- und Privatleben an. (vgl. Menz/Kratzer/Pangert 2015, S. 13)

Die Einbeziehung einer flexiblen und familienbewussten Arbeitskultur lässt sich anhand mehrerer praktischer Beispiele darstellen. Im Folgenden wird anhand der Robert Bosch GmbH die Möglichkeit, Familie und Beruf in die Arbeitskultur einfließen zu lassen, dargestellt.

Die Robert Bosch GmbH formuliert Leitlinien für eine flexible und familienbewusste Arbeitskultur. Unter anderem greifen die Leitlinien das mobile Arbeiten im Sinne von Telearbeit auf, sowie die Ermöglichung eines schnellen Wiedereinstiegs in den Berufsalltag durch Teilzeitarbeit (z.B. nach Mutterschaftsurlaub). Außerdem sind individuelle Lösungen, die sich durch flexible Arbeitszeiten gestalten lassen, wichtig und auch die allgemeine Rücksichtnahme auf die Arbeitnehmer und deren persönliche Herausforderungen (z.B. familienbezogen). (vgl. Bosch GmbH a)

Im Bereich der Pflege und Kinderbetreuung unterstützt Bosch seine Mitarbeiter außerordentlich. Bei der Suche nach einer passenden Kindertagesstätte bietet das Unternehmen seine Hilfe an, während zugleich für die Kinder im Schulalter Ferienbetreuung am jeweiligen Unternehmensstandort angeboten wird. Im Falle der Pflegebedürftigkeit von älteren Familienmitgliedern bietet Bosch Teilzeit, Pflegezeit oder Telearbeit an. (vgl. Bosch GmbH b)

Die Entwicklung der aktuellen Arbeitskonzepte strebt gegen zwei Pole: Am positiven Pol steht der Ausgleich durch eine WLB, während der negative Pol durch Burnout der Mitarbeiter gekennzeichnet ist. Um einen Ausgleich bzw. ein Streben Richtung WLB zu ermöglichen, bedarf es gezielter Gestaltungsanpassungen, welche heutzutage in fast allen größeren Unternehmen Bestandteil sind (z.B. Zeitmanagement). Dennoch sind in der Realität die Bemühungen um die WLB oft unzureichend. Wiederholt werden entsprechende Methoden, wie das zuvor erwähnte Zeitmanagement, nur für ausgewählte Mitarbeitergruppen angeboten. Prinzipiell lässt sich jedoch ein Trend beobachten: die Größe eines Unternehmens steht im direkten Zusammenhang mit der Implementierungsgüte der WLB. (vgl. Menz/Kratzer/Pangert 2015, S. 14)

Ein weiterer Aspekt der WLB bezieht sich auf das Burnout-Syndrom. Das Wort Burnout beschreibt den Zustand, in welchem sich ein Mensch in vollkommener Erschöpfung hinsichtlich Körper, Emotion und Geist befindet und ein spürbar vermindertes Leistungsvermögen aufweist. Im Endstadium steht dem Menschen ein Nervenzusammenbruch bevor. (vgl. Burnout-Syndrom) Psychosomatische Beschwerden, chronische Müdigkeit als auch Antriebs-und Lustlosigkeit sind Anzeichen eines

Burnouts. Mitarbeiter die erste Anzeichen eines bevorstehenden Burnouts aufweisen, sind aus Unternehmenssicht nur geringfügig produktiv und mindern die Effizienz eines Unternehmens drastisch. In Anbetracht der aktuellen Personalknappheit ist dies ein schwerwiegendes Problem, da qualifizierte Mitarbeiter durch den Faktor Burnout zusätzlich verkleinert werden. (vgl. Kaiser/Ringsletter 2010, S. 101f.) Wie bereits zuvor erwähnt, kann einem Burnout unter anderem durch eine ausgeglichene WLB entgegengewirkt werden.

5.5.2.4 Diversity Management

Der Begriff Diversity Management (DM) stammt ursprünglich aus Amerika und wird seit den 90er Jahren auch in Europa verwendet. (vgl. Hahn/Steuer/Stangel-Meseke 2014, S. 5) DM kann folgendermaßen erläutert werden: „Maßnahmen die zu einer positiven Gestaltung und Förderung von Gemeinsamkeiten der Individuen innerhalb des Unternehmens führen" (Merx 2009).

Einer der zentralen Aspekte von DM ist die Berücksichtigung des demografischen Wandels. Ziel ist es, die Unternehmensstruktur anzupassen, indem durch Vielfalt und Gleichbehandlung ein Nutzenzuwachs für alle Betroffenen entsteht. Im Bereich des DM existieren unter anderem drei fundamentale Faktoren: Kultur, Geschlecht und Alter. (vgl. Hahn/Steuer/Stangel-Meseke 2014, S. 5)

Im Nachfolgenden wird die Umsetzung des DM hinsichtlich der drei Faktoren am Beispiel der Daimler AG veranschaulicht.

Heutzutage agiert die Mehrheit der Unternehmen auf internationalen Märkten. In Bezug auf den Faktor Kultur bedarf es einer Anpassung der betroffenen Organisationsstrukturen innerhalb des Unternehmens, um das weitere Bestehen unterschiedlicher Kulturen zu ermöglichen. (vgl. Hahn/Steuer/Stangel-Meseke 2014, S. 8) Eine reibungslose Zusammenarbeit von Mitarbeitern verschiedener Kulturen kann nur gewährleistet werden, wenn kulturelle Besonderheiten und Meinungsbilder durch entsprechende Schulungen der Mitarbeiter aufgeklärt und innerhalb des Unternehmens integriert werden. (vgl. Hahn/Steuer/Stangel-Meseke 2014, S. 9ff.)

Die Daimler AG agiert weltweit an 90 Unternehmensstandorten auf fünf Kontinenten. Die dadurch entstehende Vielfalt hilft dem Unternehmen die regionalen Kundenwünsche besser zu bedienen. Interkulturalität wird speziell durch verschiedene Ansätze gefördert. Zum einen durch den Einsatz von Mentoren-Programmen. Außerdem werden die Mitarbeiter weltweit eingesetzt. Des Weiteren werden bis zum Jahr 2020 50% des Traineeprogramms „CAReer" aus internationalen Teilnehmern bestehen. (vgl. Daimler AG)

Gleichberechtigung ist ein zentraler gesellschaftlicher Aspekt, vor allem im Bereich der Geschlechter. Die Berufswahl und eventuelle Familienplanung ist selbst im 21. Jahrhundert für Frauen durch Benachteiligungen gekennzeichnet. (vgl. Hahn/Steuer/Stangel-Meseke 2014, S. 12) Trotz dieser Benachteiligung haben sich die Vorstellungen von Männern und Frauen in den letzten Jahren verändert. Männer wünschen sich mehr Integration im Familienleben während Frauen trotz Nachwuchs einen Arbeitsplatz suchen. (vgl. Hahn/Steuer/Stangel-Meseke 2014, S. 14) Unternehmen sind häufig nach wie vor durch eine männliche Arbeitskultur geprägt. Dennoch sind 85% der Frauen und 74% der Männer der Meinung, dass eine Mischung von männlichen und weiblichen Managern zu einem Anstieg des ökonomischen Erfolgs führt. Familienorientierte Unternehmen bewirken außerdem einen Anstieg der Arbeitszufriedenheit und des Mitarbeiterengagements und verringern Fehlzeiten. (vgl. Hahn/Steuer/Stangel-Meseke 2014, S. 15f.)

Die Daimler AG strebt bis zum Jahr 2020 an, dass 20% der Beschäftigten in Führungspositionen Frauen sind. Das Unternehmen versucht dieses Ziel anhand von Bildungs- und Förderungsprogrammen als auch mit Hilfe von Diversity Workshops zu erreichen. (vgl. Daimler AG)

Im Jahr 2030 wird die deutsche Bevölkerung auf etwa 77 Millionen Einwohner sinken. Des Weiteren wird die Anzahl der Erwerbstätigen im Alter von 20-64 Jahren um 24% sinken. Dabei haben gegenwärtig 58% aller Personen im Rentenalter das Verlangen, weiterhin Arbeiten zu dürfen. Diese Erkenntnis bietet eine Vielzahl an Potentialen für Unternehmen. Ältere Mitarbeiter besitzen eine Fülle an Kompetenzen, welche sich über die Jahre entwickelt haben. Folglich haben jüngere Mitarbeiter die Chance, von älteren Mitarbeitern zu lernen. Gelingt es den Unternehmen, ältere und jüngere Mitarbeiter zusammenzuführen, entsteht für alle Betroffenen ein Nutzenzuwachs. (vgl. Hahn/Steuer/Stangel-Meseke 2014, S. 18)

Aktuell sind bei der Daimler AG fünf Arbeitnehmergenerationen vertreten. Diese Erkenntnis war einer der Gründe, warum das Unternehmen es sich zum Ziel gesetzt hat, diese unterschiedlichen Generationen miteinander zu vereinen und einen Mehrwert für alle daraus zu entwickeln. Insbesondere sind die Führungspositionen durch unterschiedliche Altersgruppen geprägt. Des Weiteren existiert eine Vielzahl an Angeboten zur Förderung der Ergonomie, der Qualifizierung und des lebenslangen Lernens. Im Jahr 2013 führte das Unternehmen zusätzlich das Konzept Senior Experts ein. Hierbei haben ehemalige Mitarbeiter die Chance, ihr angeeignetes Expertenwissen durch die Teilnahme an befristeten Projekten einzubringen. (vgl. Daimler AG)

5.5.3 Auswertung

Die dargestellte Situation in Deutschland hinsichtlich der demografischen Entwicklung macht deutlich, dass sich Unternehmen zukünftig neuen Herausforderungen bezüglich der Folgen des demografischen Wandels stellen werden müssen. Der absolute Mangel an Arbeitskräften, wie er sich bis 2030 entwickeln soll, macht es für Unternehmen bereits heute notwendig, Maßnahmen und Strategien zu ergreifen, um zukünftig genug Arbeitskraft im Unternehmen zur Verfügung zu haben. Der erste Teil der eingangs aufgestellten Hypothese - „der Demografische Wandel und die damit einhergehende Personalknappheit gewinnen zunehmend an Bedeutung für die Unternehmen" - lässt sich unserer Meinung nach eine Übereinstimmung bezüglich der dargestellten Situation feststellen. Die erwähnten Auswirkungen des demografischen Wandels auf die Unternehmen und die Mitarbeiter machen einen konkreten Handlungsbedarf im Bereich Personalmanagement erforderlich. Dies gilt vor allem bei den immer älter werdenden Arbeitnehmern. Die möglichen Auswirkungen, die im Absinken der Arbeitsleistung bestehen, sollten angegangen werden. Ein nachhaltig gestaltetes Personalmanagement sollte sich deshalb gezielt mit dem Thema der Arbeitsgestaltung und der Arbeitsbedingungen auseinandersetzen und vorrangig die Bedürfnisse der älteren Mitarbeiter berücksichtigen. Hierbei ist das Augenmerk auf das Gesundheitsmanagement zu legen. Es soll Mitarbeiter befähigen, noch im höheren Alter gesund und produktiv zu bleiben. Auch sind ältere Mitarbeiter nicht per se weniger produktiv als jüngere. Es gibt zwar physisch gesehen eine negative Veränderung, doch dem gegenüber steht die Erfahrung und oft soziale Kompetenz, die ebenfalls einen Wert besitzen und zur Produktivität beitragen. (vgl. Bundesministerium für Arbeit und Soziales 2010, S. 13) Für ein nachhaltiges Personalmanagement ist dabei eine proaktive Vorgehensweise gefragt, um Fehlentwicklungen gar nicht erst entstehen zu lassen. (vgl. Elias-Linde 2013, S. 213) Die Gesundheit der Mitarbeiter ist bereits heute für viele Unternehmen bedeutsam.

Wie bei den Auswirkungen der Personalknappheit erwähnt, nannten Unternehmen auch das Absinken der Qualifikation und des Wissenstands eigener Fachkräfte sowie eine Abnahme der Leistungs- und Innovationsfähigkeit als bereits spürbare Folgen des demografischen Wandels. Hier könnte die Idee des lebenslangen Lernens im Zusammenhang mit einer nachhaltigen Personalentwicklung eine erfolgsbringende Gegenmaßnahme darstellen. Um die Mitarbeiter weiterhin zu befähigen, effektiv ihrer Beschäftigung nachzugehen, ist eine kontinuierliche Weiterentwicklung verschiedener Kompetenzen und des Wissen ein wichtiger Aspekt. Vor allem kann die Überalterung der Belegschaft ein Senken der Innovationsfähigkeit des Unternehmens hervorrufen. In der nachhaltigen Personalentwicklung ist daher auch ein Überdenken von Lernmethoden sinnvoll sowie ein intensiver Einbezug der Mitarbeiter in die Entwicklungs- und Karriereplanung. Die Fähigkeit immer wieder Neues zu lernen soll möglichst bestehen bleiben. Auch im Hinblick auf die relative Personalknappheit kann eine nachhaltige Personalentwicklung ein guter Ansatz sein. Durch die kontinuierliche Qualifizierung könnte erreicht werden, dass interne Personalressourcen zur Deckung von Positionen, auch hochqualifizierter, genutzt werden können. Dies kann eine Lösung darstellen, wenn extern keine geeigneten Bewerber zur Verfügung stehen. Hinsichtlich des demografischen Wandels wird sich diese Problematik zukünftig verschlimmern, weshalb es für Unternehmen sinnvoll ist, in diesem Bereich bereits heute strategisch anzusetzen. Entscheidend dafür sind aber auch die Einstellung der eigenen Mitarbeiter und die Motivation zur Entwicklung, was eine erfolgreiche Umsetzung erschweren kann.

Aufgrund von Mehrarbeit und zunehmenden Stress können Überforderung und Überbelastung der Mitarbeiter sowie ein erhöhtes Krankheitsrisiko als mögliche Auswirkungen von Personalknappheit gesehen werden. Eine ausgewogene Work-Life-Balance kann hierbei zur Wahrung der Arbeitnehmerqualität beitragen. Dadurch können die individuellen Bedürfnisse der Arbeitnehmer erfüllt werden, aber auch Unternehmensziele erreicht werden. Ein steigendes Wohlbefinden sowie ausreichende Regenerationszeit können sich positiv auf die Leistungsfähigkeit von Mitarbeitern und somit auf die Produktivität des Unternehmens auswirken. Eine ausgewogene WLB sollte aus Sicht des Arbeitnehmers und des Unternehmens angestrebt werden, um das Personal auch zukünftig zu erhalten. Die damit verbundenen Kosten stehen nicht in Relation zur Außerachtlassung einer ausgewogenen WLB.

Anhand der drei wichtigen Aspekte (Kultur, Geschlecht und Alter) lässt sich durchaus eine Notwendigkeit von Diversity Management in den Unternehmen ableiten. Bezogen auf die Personalknappheit kann DM von wachsender Bedeutung für eine erfolgreiche Entwicklung von Unternehmen sein. Die Personalknappheit macht es nötig, dass auch vermehrt Frauen oder ausländische Mitarbeiter eingestellt werden. Die Integration von Frauen in Führungspositionen, die Beachtung der kulturellen Unterschiede sowie die Vereinigung von allen vorhandenen Altersgruppen sind mit Chancen für das Unternehmen verbunden.

Auch den zweiten Teil unserer Hypothese – „somit sollte das nachhaltige Personalmanagement die Bereiche Gesundheitsmanagement, Lebenslanges Lernen, Work-Life-Balance und Diversity Management nachhaltig integrieren und nicht außer Acht lassen"- sehen wir mit der Herausarbeitung der Auswirkung und der Darstellung dieser Bereiche sowie deren Einfluss auf bestehende Probleme, bestätigt.

Es stellt sich auch die Frage, inwieweit diese Bereiche bereits eine Rolle für Unternehmen spielen. In einer Umfrage, die von Kienbaum in Deutschland im Jahr 2014 durchgeführt wurde, wurden 190 Personalverantwortliche befragt, welches derzeit die wichtigsten Aspekte der Personalarbeit sind. Dabei sind unter den 17 abgefragten Feldern an den ersten drei Stellen die Aspekte Arbeitgeberattraktivität, Steigerung der Führungs- und Managementqualitäten sowie Change Management zu finden. Die Themen Work-Life-Balance, Diversity Management und Qualifizierung und Weiterbildung siedeln sich unter den letzten fünf Plätzen an. (vgl. Statista GmbH 2015 b)

Dies könnte einen Hinweis darauf darstellen, dass Unternehmen aktuell den Bereichen, die entsprechend dieser Arbeit als besonders relevant befunden wurden, noch nicht ausreichend Bedeutung beimessen. Außerdem sind es gerade die Bereiche WLB, DM und die Qualifizierung und Weiterbildung, die eine Verbesserung hinsichtlich der in Kapitel 5.4.3 genannten Auswirkungen des demografischen Wandels in der Praxis, erreichen könnten.

Weiterhin lässt sich mit den Bereichen auch das für die Personalverantwortlichen wichtige Thema der Arbeitgeberattraktivität erreichen. Durch die Bereiche Gesundheitsmanagement, Work-Life-Balance, Lebenslanges Lernen und Diversity Management lässt sich auch insgesamt die Zufriedenheit der Mitarbeiter steigern. Dies stellt für beide Seiten, also sowohl für die Mitarbeiter aber auch die Unternehmen, einen Vorteil dar. Zum einen kann die Produktivität der Mitarbeiter steigen, wenn diese gesund und ausgeruht sind und sich wertgeschätzt fühlen, zum anderen berichten sie auch positiv über ihren Arbeitgeber, was das Image des Unternehmens als attraktiver

Arbeitgeber verbessern kann. Dies kann ein wichtiger Aspekt dabei sein, neue Mitarbeiter zu werben.

Für das Angehen dieser Probleme und Herausforderungen kann ein nachhaltig gestaltetes Personalmanagement die Lösung sein. Für den Erfolg des Unternehmens zielt das klassische Personalmanagement meist nur auf die kurzfristige ökonomische Effizienz und Effektivität ab, was bedeutet, dass Mitarbeiter möglichst effizient eingesetzt, auch eventuell ausgenutzt und ausgebeutet werden. Dies wird allerdings zum Problem, sobald es nicht mehr ausreichend Personalressourcen hinsichtlich Menge und Qualität gibt. (vgl. Ehnert 2008, S. 188, online)

Dies macht wiederum deutlich, dass ein nachhaltig gestaltetes Personalmanagement für die zukünftige Entwicklung eines Unternehmens an Bedeutung gewinnt. Ein NPM orientiert sich an langfristigen Zielen des Unternehmens, was im Hinblick auf die zunehmende Personalknappheit durch den demografischen Wandel von hoher Relevanz sein wird. Hinsichtlich der Komplexität und des Aufwands der zuvor genannten Punkte des NPM gibt es keine Musterlösung, die auf alle Unternehmen, ob große oder kleine, gleichermaßen angewandt werden kann. Dass es bereits positive Beispiele hinsichtlich einer nachhaltigen Gestaltung der beschriebenen Felder gibt, veranschaulichten die Praxisbeispiele.

5.6 Fazit

Der demografische Wandel ist und bleibt ein relevantes und aktuelles Thema in der Gesellschaft. Für die Zukunft ist es bedeutend, dass die absolute Anzahl von Erwerbstätigen sinken wird und die Anzahl älterer Menschen ansteigt. Dies macht deutlich, dass eine Personalknappheit zu erwarten ist. Die dargestellten Auswirkungen auf Unternehmen und Arbeitnehmer stellen eine Herausforderung dar.

Als Ansatzpunkt diesen Herausforderungen strategisch entgegenzutreten, kann ein nachhaltig gestaltetes Personalmanagement dienen, da es Ziele über mehrere Generationen verfolgt. Ebenfalls ist es das Ziel, dass die Ressource Personal langfristig zur Verfügung steht. Die möglichen Handlungsfelder, die dabei eine besondere Rolle spielen, sind das Gesundheitsmanagement, das Diversity Management, Lebenslanges Lernen und die Work-Life-Balance. Sie zielen insgesamt darauf ab, dass die Mitarbeiter in einem Unternehmen hinsichtlich ihrer Arbeitsfähigkeit gestärkt werden, in dem Qualifikation, Wissen und Leistungsfähigkeit erhalten bleiben. Ein besonderes Augenmerk liegt dabei auf der Förderung älterer Menschen, um sie möglichst lange im Unternehmen einzubinden.

Unternehmen spüren bereits heute die Auswirkungen der Personalknappheit. Dies macht ein zügiges Handeln notwendig. Frühzeitige Maßnahmen können Wettbewerbsvorteile verschaffen. Es kann einen entscheidenden Vorteil bringen, das Personalmanagement im Sinne der Nachhaltigkeit auszurichten.

Literaturverzeichnis

Bartscher, T./Stöckl, J./Träger, T. (2012): Personalmanagement: Grundlagen, Handlungsfelder, Praxis, München

Berthel J./Becker F. G. (2013): Personalmanagement: Grundzüge für Konzeptionen betrieblicher Personalarbeit, 10. Aufl., Stuttgart

Bomholt, J. (2011): BMW Werk Dingolfing setzt Meilenstein mit eigenem Demographie-Projekt. http://www.umweltdialog.de/de/unternehmen/oekonomie/archiv/2011-02-22_BMW_Werk_Dingolfing_setzt_Meilenstein_mit_eigenem_Demographie-Projekt.php, abgerufen am: 06.01.2015

Bomholt, J. (2012): Bayer- Chancen des demografischen Wandels nutzen. http://www.umweltdialog.de/de/unternehmen/oekonomie/archiv/2012-11-06_Bayer_Chancen_des_demografischen_Wandels_nutzen.php, abgerufen am: 07.01.2015

Bosch GmbH (a): Leitlinien für eine flexible und familienbewusste Arbeitskultur. http://c-career-bosch-de.resource.bosch.com/media/de/public/de/documents/arbeiten_bosch/work_life_balance/beruf_familie/poster_guidelines_en.pdf, abgerufen am: 12.02.2015

Bosch GmbH (b): Beruf und Familie. http://your.bosch-career.com/de/web/de/de/arbeiten_bosch/work_life_balance/beruf_familie/beruf-familie, abgerufen am: 10.02.2015

Bundesministerium für Arbeit und Soziales (2010): Aufbruch in die altersgerechte Arbeitswelt. http://www.bmas.de/SharedDocs/Downloads/DE/PDF-Publikationen/anlage-bericht-der-bundesregierung-anhebung-regelaltersgrenze.pdf?__blob=publicationFile, abgerufen am: 08.01.2015

Bundeszentrale für politische Bildung: Demografischer Wandel. http://www.bpb.de/nachschlagen/zahlen-und-fakten/soziale-situation-in-deutschland/147368/themengrafik-demografischer-wandel (abgerufen 10.01.2015

Burnout-Syndrom: Burnout-Syndrom Definition. http://www.burn-out-syndrom.org/definition, abgerufen am: 13.01.2015

Daimler AG: http://www.daimler.com/karriere/das-sind-wir/diversity/, abgerufen am: 06.02.2015

Demographie-Netzwerk: Demographie Fakten. http://demographie-netzwerk.de/demographie-fakten.html, abgerufen am: 10.01.2015

Ehnert, I. (2008): Strategien und Praktiken eines Nachhaltigen Human Resource Management, in: uwf UmweltWirtschaftsForum Band 16 Ausgabe 4, S. 187-192

Elias-Linde, S. (2013): Personalknappheit und nachhaltiges Humanressourcenmanagement: Analyse, Lösungsansätze und Gestaltungsmöglichkeiten, Wiesbaden

Georg, D.: Ganzheitliches Gesundheitsmanagement bei der Liebherr Hausgeräte GmbH, in: Weißenrieder, J./Kosel, M. (Hrsg.) (2010): Nachhaltiges Personalmanagement in der Praxis- Mit Erfolgsbeispielen mittelständischer Unternehmen, Wiesbaden, S. 137-152

Hahn, P./Steuer, L./Stangel-Meseke, M. (2014): Diversity Management und Individualisierung: Maß-nahmen und Handlungsempfehlungen für den Unternehmenserfolg, Wiesbaden

Hornung, J. (2013): Nachhaltiges Personalmanagement in der Pflege - Das 5-Säulen Konzept, Heidelberg

Kaiser, S./Ringsletter, M. J. (2010): Work-Life-Balance: Erfolgsversprechende Konzepte und Instru-mente für Extremjobber, Heidelberg

Lexikon der Nachhaltigkeit (2014) (a): Demografischer Wandel. https://www.nachhaltigkeit.info/artikel/deographischer_wandel_1765.htm, abgerufen am: 10.01.2015

Lexikon der Nachhaltigkeit (2014) (b): Weltkommission für Umwelt und Entwicklung (Brundtland Bericht | Brundtland Report). https://www.nachhaltigkeit.info/artikel/brundtland_report_1987_728.htm, abgerufen am: 05.01.2015

Menz, W./Kratzer, N./Pangert, B. (2015): Work-Life-Balance: Eine Frage der Leistungspolitik Analy-sen und Gestaltungsansätze, Wiesbaden

Merx, A. (2009): Diversity Management. http://www.pro-diversity.de/downloads/Merx_FES_%20Diversity_Maerz2009.pdf, abgerufen am: 06.01.2015

Statista GmbH (2015) (a): Welche Auswirkungen hat der demografische Wandel bereits heute auf Ihr Unternehmen. http://de.statista.com/statistik/daten/studie/173235/umfrage/auswirkungen-des-demografischen-wandels-auf-unternehmen/, abgerufen am: 10.01.2015

Statista GmbH (2015) (b): Wichtigste Aspekte der Personalarbeit für Personalverantwortliche im Jahr 2014.
http://de.statista.com/statistik/daten/studie/319516/umfrage/umfrage-zu-
den-wichtigsten-zielen-und-prioritaeten-in-der-personalarbeit/ (abgerufen
10.01.2015

Statistische Ämter des Bundes und der Länder (2011): Demografischer Wandel in
Deutschland.
https://www.destatis.de/DE/Publikationen/Thematisch/Bevoelkerung/Vora
usberechnungBevoelkerung/BevoelkerungsHaushaltsentwicklung58711011190
04.pdf?__blob=publicationFile, abgerufen am: 10.01.2015

Scheferling, S. (2013): Nachhaltiges Personalwesen trotzt dem demografischen
Wandel.
http://www.umweltdialog.de/de/unternehmen/oekonomie/archiv/2013-01-
23_Dossier-nachhaltiges-Personalmanagement.php, abgerufen am: 06.01.2015

Springer Gabler (a): Demografischer Wandel.
http://wirtschaftslexikon.gabler.de/Definition/demografischer-wandel.html,
abgerufen am: 10.01.2015

Springer Gabler (b): Personal.
http://wirtschaftslexikon.gabler.de/Archiv/85245/personal-v8.html,
abgerufen am: 18.12.2014

Weißenrieder, J./Kosel, M. (2010): Nachhaltiges Personalmanagement in der Praxis:
Mit Erfolgsbei-spielen mittelständischer Unternehmen, Wiesbaden

Zaugg, R. J. (2009): Nachhaltiges Personalmanagement: Eine neue Perspektive und
empirische Explo-ration des Human Resource Management, Wiesbaden

6 Bietet die Global Reporting Initiative eine ausreichende Vergleichbarkeit von Nachhaltigkeitsberichten?

von Steffen Bauer, Gregor Funk, Carsten Gerwig, Daniel Schorb

Ergebnis

Die Berichtsleitlinien der Global Reporting Initiative (GRI) haben sich weltweit zum Standard für Nachhaltigkeitsberichte entwickelt. 26 der 30 größten DAX-Unternehmen nutzen diesen Standard. Hieraus ist zu erwarten, dass sich die Nachhaltigkeitsleistungen der Unternehmen gut miteinander vergleichen lassen. Dies ist jedoch nur eingeschränkt möglich. Die neuen, ab 2016 verpflichtenden G4-Leitlinien führen sogar zu einer noch geringeren Transparenz. Die Ursache liegt darin, dass die GRI-Leitlinien nicht nur für Transparenz sorgen sollen, sondern auch als eine Methodik zur Nachhaltigkeitssteuerung. Dies macht eine unternehmensindividuelle Ausgestaltung notwendig, was andererseits die Transparenz beeinträchtigt.

Inhaltsverzeichnis

6.1   Einleitung 148
6.2   Global Reporting Initiative.. 149
  6.2.1   Gründung und Entwicklung der Global Reporting Initiative 149
  6.2.2   Die Entwicklung des GRI Leitfadens 150
  6.2.3   Mission und Vision.. 151
  6.2.4   Berichterstattungsgrundsätze... 151
    6.2.4.1   Grundsätze zur Bestimmung der Berichtsinhalte............................. 151
    6.2.4.2   Grundsätze zur Bestimmung der Berichtsqualität........................... 152
  6.2.5   Entwicklungen von G3 zu G4 153
    6.2.5.1   Wesentlichkeitsanalyse 153
    6.2.5.2   Abschaffung der Anwendungsebenen... 153
    6.2.5.3   Externe Verifizierung... 153
    6.2.5.4   Inhaltliche Änderungen 154
    6.2.5.5   Neue Leitlinien.. 154

6.3 Untersuchung..**154**
6.3.1 Kommunikative Qualität 155
6.3.1.1 GRI-Index.. 155
6.3.1.2 Informationsbereitstellung 155
6.3.1.3 Erscheinungsbild.. 157
6.3.1.4 Berichtsstruktur und Inhalt 157
6.3.1.5 Integrated Reporting... 158
6.3.1.6 Sprache 158
6.3.1.7 Angebote zusätzlicher Informationen 159
6.3.2 Unternehmensstruktur.. 159
6.3.2.1 Branchenzugehörigkeit.. 159
6.3.2.2 Unternehmensgröße 160
6.3.3 Datenerhebung... 160
6.3.3.1 Wesentlichkeit.. 160
6.3.3.2 Quantitative Merkmale.. 163
6.3.3.3 Qualitative Merkmale 165
6.3.4 Zielableitung... 166
6.3.5 Glaubwürdigkeit.. 168
6.3.5.1 Offenheit 168
6.3.5.2 Bewertung durch Externe.. 169
6.4 Fazit..**170**

6.1 Einleitung

"CEOs and CFOs can make their business as understandable as they choose. Comparability starts with transparency." (Patrick Finnegan, IASB Board Member)

Ein wichtiges Werkzeug der Transparenz ist die Berichterstattung über Unternehmensleistungen - immer wichtiger wird dabei der Bereich Nachhaltigkeit. Die Frage, ob Unternehmen über ihre Nachhaltigkeitsleistung berichten sollten, stellt sich nicht mehr. 28 der DAX 30 Unternehmen berichteten 2014 über den klassischen Geschäftsbericht hinaus auch über ihre ökologischen und sozialen Leistungen. Davon berichteten 27 nach dem Standard der Global Reporting Initiative (GRI). Somit haben sich die GRI-Leitlinien in den letzten Jahren zu einem De-Facto-Standard für Nachhaltigkeitsberichterstattung entwickelt.

Die GRI verfolgt unter anderem den Grundsatz der Vergleichbarkeit:

> „Die Informationen im Bericht sollten so dargestellt werden, dass die Stakeholder Veränderungen in der Leistung einer Organisation im zeitlichen Verlauf analysieren und mit anderen Organisationen vergleichen können."

Quelle: GRI 2013 (a), S. 14

Ein Vergleich zwischen Berichten ist notwendig, um die Nachhaltigkeitsleistung einzelner Unternehmen bewerten und einstufen zu können. Dabei haben unterschiedliche Stakeholder auch unterschiedliche Interessen.

Wo Mitarbeiter eventuell Beschäftigungsindikatoren vergleichen, ist für Investoren unter Umständen die Nachhaltigkeitsstrategie von Bedeutung. Aus diesem Grund ist es wichtig, für die Berichterstattung eine höchst mögliche Standardisierung zu fordern, ohne dabei die Akzeptanz, Freiwilligkeit und das Engagement der Unternehmen zu gefährden.

Gegenstand unserer Untersuchung war, ob die Global Reporting Initiative - durch ihre Standardisierung - eine ausreichende Vergleichbarkeit von Nachhaltigkeitsberichten bietet. Teil der Untersuchung ist dabei nicht die Vergleichbarkeit über den zeitlichen Verlauf, sondern nur die Vergleichbarkeit zwischen Unternehmen. Dies möchten wir im Folgenden untersuchen.

6.2 Global Reporting Initiative

6.2.1 Gründung und Entwicklung der Global Reporting Initiative

Die Global Reporting Initiative (kurz GRI) ist eine Non-Profit-Organisation und hat es sich zur Aufgabe gemacht, weltweit anerkannte Richtlinien für Nachhaltigkeitsberichte zu entwickeln, die sowohl von Großunternehmen aber auch von klein- und mittelständischen Unternehmen, Regierungen und nichtstaatlichen Organisationen angewandt werden können.

> „Die GRI baut auf der Idee des nachhaltigen Wirtschaftens auf: Wirtschaften soll nicht nur rein ökonomischen und materiellen Zielen folgen; auch soziale und ökologische Bedürfnisse sollen bei der unternehmerischen Tätigkeit berücksichtigt und erfüllt werden."

Quelle: Barth 2011, S. 4

Gegründet wurde die GRI im Jahre 1997 in Boston als Gemeinschaftsinitiative der Organisation CERES (Coalition for Environmentally Responsible Economies) und dem Umweltprogramm der Vereinten Nationen (UNEP). CERES bezeichnet sich als nationale Koalition von Investoren, Umweltorganisationen und Interessengruppen, die sich in den USA für nachhaltiges Wirtschaften einsetzen. Auslöser der Gründung von CERES war die Ölpest vor der Küste Alaskas im Jahre 1989. Dort lief der Öltanker „Exxon Valdez" auf Grund und verlor fast elf Millionen Liter Rohöl. Die dadurch entstandene Umweltkatastrophe schädigte das Ökosystem erheblich und verseuchte mehr als 2000 Kilometer Küste. (vgl. Barth 2011, S. 3f.)

Seit dem Jahre 2001 ist die GRI eine eigenständige, gemeinnützige Organisation. Der Hauptsitz wurde 2002 nach Amsterdam verlegt, wo sich nun das zentrale Sekretariat der GRI befindet.

Derzeit hat die GRI Regionalbüros in Australien, Brasilien, China, Indien und den USA. Zudem hat die GRI eine globale strategische Allianz mit der Organisation für Wirtschaftliche Zusammenarbeit und Entwicklung (OECD), dem Umweltprogramm der Vereinten Nationen (UNEP), dem Global Compact der Vereinten Nationen (UNGC) und der Internationalen Organisation für Standardisierung (ISO). In Amsterdam findet auch regelmäßig die von der GRI organisierte Konferenz „Amsterdam Global Conference on Sustainability and Transparency" statt. Die Konferenz im Jahr 2013 zog mehr als 1.600 Führungskräfte im Bereich Nachhaltigkeit aus der ganzen Welt an, um drei Tage über die wichtigsten Herausforderungen und Chancen auf dem Weg in eine nachhaltigere Zukunft zu diskutieren. (vgl. GRI 2015) Heute ist die GRI eine Multi-Stakeholder-Initiative, in der Unternehmen, Investoren, Ratingagenturen, Wirtschaftsprüfer, Verbände, Gewerkschaften, Nichtregierungsorganisationen und Wissenschaftler gemeinsam kooperieren. (vgl. KPMG 2013, S. 22)

Die Richtlinien der Global Reporting Initiative sind zum weltweit meistbeachteten Standard zur Nachhaltigkeitsberichterstattung geworden. Von den G250, den 250 umsatzstärksten Unternehmen weltweit, berichteten 82 Prozent der Unternehmen nach dem Leitfaden zur Nachhaltigkeitsberichterstattung der GRI. Von den 100 umsatzstärksten Unternehmen in Deutschland berichteten im Jahr 2013 94 Prozent über ihre Nachhaltigkeit, davon nutzten 80% den Leitfaden der GRI. (vgl. KPMG 2013, S. 7-9)

6.2.2 Die Entwicklung des GRI Leitfadens

Die GRI veröffentlichte im Jahr 1999 ein Arbeitspapier des Leitfadens der Nachhaltigkeitsberichterstattung. Diese Richtlinien wurden circa ein Jahr lang in einer Testphase in verschiedenen Unternehmen auf Anwendbarkeit überprüft und ständig weiterentwickelt, sodass im Juni 2000 die erste Version des GRI Leitfadens veröffentlicht werden konnte. Durch kontinuierliche Tests, Überprüfungen, Beratungen und Revisionen sowohl des Leitfadens als auch der unterstützenden Dokumente, konnten in den folgenden Jahren immer wieder verbesserte und weiterentwickelte Leitfäden für die Nachhaltigkeitsberichterstattung erstellt werden. Die GRI wurde dabei durch die aktive Teilnahme von Unternehmen, ökologischen und gesellschaftlichen NGOs, verschiedenen Organisationen, Gewerkschaften, Investoren und anderen Stakeholdern weltweit unterstützt. (vgl. GRI 2002, S. 63)

Im Jahr 2002 wurden die weiterentwickelten Richtlinien Namens GRI G2 veröffentlicht. Die dritte Generation der Richtlinien GRI G3 wurde im Jahre 2006 publiziert, welche dann 2011 durch ein Update der Richtlinien auf GRI G3.1 erneuert wurden. Im Mai 2013 wurde die aktuellste Version der Richtlinien für die Nachhaltigkeitsberichterstattung namens GRI G4 vorgestellt. Unternehmen die einen Nachhaltigkeitsbericht nach den Anforderungen der GRI erstellen, können momentan noch entscheiden, ob sie diesen nach den Leitlinien G3, G3.1 oder G4 ausrichten.

Diese Übergangsphase ist bis Ende 2015 angesetzt. Ab Januar 2016 veröffentlichte Berichte sind in Übereinstimmung mit den G4-Leitlinien zu erstellen. (vgl. GRI 2013 (b), S. 14)

6.2.3 Mission und Vision

> „Unser Ziel ist es, Nachhaltigkeitsberichterstattung zur gängigen Praxis zu machen, indem Organisationen dazu angeleitet und dabei unterstützt werden."

Quelle: GRI 2015

Die GRI arbeitet kontinuierlich daran die Qualität, Detailgenauigkeit und Anwendbarkeit der Nachhaltigkeitsberichterstattung zu verbessern. Durch den Leitfaden soll eine für alle Organisationen transparente, standardisierte und vergleichbare Berichterstattung ermöglicht werden. Hierbei wird ein globaler Ansatz verfolgt, der auf dem Konsens möglichst vieler Stakeholder basiert.

> „Die Global Reporting Initiative (GRI) hat die Vision, dass die Berichterstattung über ökonomische, ökologische und soziale Leistung für alle Organisationen selbstverständlich und mit dem Jahresabschluss vergleichbar wird."

Quelle: GRI 2011, S. 39

Die Entwicklung eines für alle Unternehmen selbstverständlichen und weltweit akzeptierten Berichterstattungssystems ist allerdings ein lange andauerndes Vorhaben. Denn die Nachhaltigkeitsberichterstattung geschieht in den meisten Ländern noch auf freiwilliger Basis. Im Vergleich zur Nachhaltigkeitsberichterstattung gibt es die finanzielle Berichterstattung schon über ein halbes Jahrhundert. Sie wird durch unabhängige Experten extern geprüft und zieht regelmäßig die öffentliche Aufmerksamkeit auf sich. (vgl. GRI 2002, S. i)

6.2.4 Berichterstattungsgrundsätze

Die Berichterstattungsgrundsätze sind zur Erreichung von Transparenz von elementarer Bedeutung und sollten daher von allen Organisationen eingehalten werden. Die Grundsätze zur Bestimmung der Berichtsinhalte dienen zur Feststellung des Inhalts, den der Bericht abdecken soll. Es sollen die Aktivitäten der Organisation, ihre Auswirkungen und die wesentlichen Erwartungen und Interessen der Stakeholder berücksichtigt werden. Die Grundsätze zur Bestimmung der Berichtsqualität dienen zur Sicherstellung der Qualität und einer sachgerechten Darstellung der Informationen.

6.2.4.1 Grundsätze zur Bestimmung der Berichtsinhalte

Einbeziehung von Stakeholdern
Die berichtende Organisation soll seine Stakeholder angeben und erläutern, inwiefern auf die vertretbaren Erwartungen und Interessen der Stakeholder eingegangen wurde.

Nachhaltigkeitskontext

Der Bericht soll die Leistung der Organisation im größeren Zusammenhang einer nachhaltigen Entwicklung darstellen.

Wesentlichkeit

Im Vordergrund stehen Angaben, die wesentliche wirtschaftliche, ökologische und gesellschaftliche Auswirkungen der Organisation wiedergeben oder maßgeblichen Einfluss auf die Beurteilungen und Entscheidungen der Stakeholder haben können.

Vollständigkeit

Wesentliche Themen sollen so abgedeckt werden, dass eine ökonomische, ökologische und gesellschaftliche Leistungsbeurteilung im Berichtszeitraum möglich ist.

(vgl. GRI 2013 (a), S. 9ff.)

6.2.4.2 Grundsätze zur Bestimmung der Berichtsqualität

Ausgewogenheit

Um eine korrekte Beurteilung der Nachhaltigkeitsleistung der Organisation zu ermöglichen, soll der Bericht sowohl positive als auch negative Leistungsaspekte beinhalten.

Vergleichbarkeit

Die Daten über die Leistung der Organisation sollen so dargestellt werden, dass sie mit früheren Leistungen, den Zielvorgaben und auch mit der Leistung anderer Organisationen verglichen werden können.

Genauigkeit

Um die Nachhaltigkeitsleistung der Organisation bewerten zu können, sollen die Angaben ausreichend genau und detailliert sein.

Aktualität

Die Berichterstattung soll regelmäßig stattfinden, damit Stakeholder Informationen über die Nachhaltigkeitsleistung der Organisation rechtzeitig zur Verfügung stehen.

Klarheit

Informationen sollten so zur Verfügung gestellt werden, dass sie für die Stakeholder verständlich, nachvollziehbar und ohne unzumutbaren Aufwand zu finden sind.

Verlässlichkeit

Die bei der Erstellung des Berichts verwendeten Informationen und Verfahren sollten so gesammelt, aufgezeichnet, analysiert und weitergegeben werden, dass sie überprüfbar sind. Qualität und Wesentlichkeit der Informationen sollen festgestellt werden können.

(vgl. GRI 2013 (a), S. 13ff.)

6.2.5 Entwicklungen von G3 zu G4

Die im Mai 2013 veröffentlichte Version „GRI G4 - Leitlinien zur Nachhaltigkeitsberichterstattung" beinhaltet einige gravierende Änderungen im Vergleich zu den Vorgängerversionen. Wichtige Änderungen und Neuerungen dieser Version sind:

6.2.5.1 Wesentlichkeitsanalyse

Da es bei der Nachhaltigkeitsberichterstattung in den letzten Jahren einen Trend zu einer Datensammlung ohne Fokus auf die wesentlichen Themen gab, rückt nun das Prinzip der Wesentlichkeit stärker in den Fokus. Die Unternehmen sollen nur noch detailliert über Themen berichten, welche bei der Aktivität des Unternehmens bedeutende ökonomische, ökologische oder soziale Auswirkungen haben. Die Ermittlung relevanter Themen umfasst die Berücksichtigung aller relevanten Auswirkungen in Bezug auf die Aktivitäten, Produkte, Dienstleistungen und Beziehungen der Organisation entlang der kompletten Wertschöpfungskette. (vgl. GRI 2013 (a), S. 33f.) Die Festlegung der als berichtsfähig eingestuften Themen und deren Grenzen erfolgt über die Wesentlichkeitsanalyse, die mit Einbezug der Stakeholder stattfinden soll. Diese Änderung soll zu kürzeren, aber fokussierten Berichten führen. Die Leser sollen dadurch die Nachhaltigkeitsleistung des Unternehmens besser beurteilen können.

6.2.5.2 Abschaffung der Anwendungsebenen

Die Anwendungsebenen A, B und C wurden durch die zwei In-Accordance-Optionen „Core" bzw. „Kern" und „Comprehensive" bzw. „Umfassend" ersetzt. Grund dafür ist eine oftmals falsche Bewertung der Ebenen. Berichte nach Level A wurden häufig als besonders „gute" Berichte angesehen. Dabei bedeutet dieses Ebene nur, dass alle erforderlichen Indikatoren enthalten sind. Dies führte tendenziell zu einer Berichterstattung über Indikatoren, welche für das Nachhaltigkeitsmanagement der Unternehmen gar keine große Rolle spielten. Die „Comprehensive"-Version muss alle Standardangaben sowie alle Indikatoren zu den für wesentlich identifizierten Aspekten beinhalten. Die „Core"-Option ist die weniger umfangreiche Version. Sie erfordert weniger Standardangaben und mindestens einen Indikator pro wesentlichem Aspekt.

6.2.5.3 Externe Verifizierung

Das Zeichen „+", welches für die externe Verifizierung des Nachhaltigkeitsberichts stand, wird durch eine zusätzliche Spalte im GRI-Index ersetzt. In dieser Spalte kann man pro Indikator darauf hinweisen, ob dieser extern geprüft wurde.

6.2.5.4 Inhaltliche Änderungen

G4 beinhaltet zehn neue Kriterien im Bereich der Unternehmensführung. So wird zum Beispiel die Offenlegung der Gehälter verlangt. Zudem wurde ein neuer Bereich zu Ethik und Integrität eingeführt und durch eine Erweiterung der Systemgrenzen werden in verschiedenen Bereichen Angaben zur kompletten Wertschöpfungskette gefordert. (vgl. KPMG 2013, S. 27ff.)

6.2.5.5 Neue Leitlinien

Die neuen Leitlinien bestehen aus zwei separaten, sich ergänzenden Dokumenten:

Berichterstattungsgrundsätze und Standardangaben
Dieses Dokument beinhaltet die Kriterien, die bei der Erstellung des Nachhaltigkeitsberichts eingehalten werden sollen, die Berichterstattungsprinzipien im Sinne von Inhalt und Qualität und die notwendigen allgemeinen und spezifischen Standardangaben.

Umsetzungsanleitung
Das Umsetzungshandbuch enthält Erklärungen zur Anwendung der Berichterstattungsgrundsätze, zur Zusammenstellung der offenzulegenden Informationen und zur Auslegung der verschiedenen Konzepte in den Leitlinien. (vgl. GRI 2013 (b), S. 7)

6.3 Untersuchung

Wie in Kapitel 6.2 beschrieben, hat die GRI einen Rahmen für eine korrekte Nachhaltigkeitsberichterstattung erarbeitet, in dem Prinzipien und Indikatoren dargelegt werden, die Unternehmen nutzen können, um ihre ökonomischen, ökologischen und sozialen Leistungen zu messen. Hierbei stellt sich die Frage, ob die von der GRI ausgearbeiteten Rahmenbedingungen eine solide Grundlage für die Vergleichbarkeit der in den Nachhaltigkeitsberichten beschriebenen Inhalte bildet. Anhand der nachfolgenden Kriterien wird die Vergleichbarkeit untersucht.

Die nachfolgende Analyse basiert auf der einschlägigen Literatur (vgl. Beile/Jahnz/Wilke 2006). Übernommene Themenfelder wie die äußere Form von Nachhaltigkeitsberichten, Globale Arbeits- und Sozialstandards und Menschenrechte, oder die Verwendung von Kennzahlen in den Nachhaltigkeitsberichten wurden mit eigenen, für wichtig erachtete Gebiete wie der Berichtsstruktur, dem GRI-Index oder der Branchenzugehörigkeit ergänzt. Die Auswahl der zu analysierenden Bereiche erhebt nicht den Anspruch der Vollständigkeit. Vielmehr handelt es sich um eine Auswahl der unseres Erachtens wichtigsten Themenfelder.

6.3.1 Kommunikative Qualität

Ein wichtiges Kriterium für die Vergleichbarkeit von Nachhaltigkeitsberichten ist die kommunikative Qualität. Diesbezüglich ist ein von der Global Reporting Initiative geforderter Berichterstattungsgrundsatz die Klarheit der Berichterstattung. Dabei ist es wichtig dass ein Stakeholder die gewünschten Informationen mit einem angemessenen Aufwand und auf verständliche Art und Weise finden und interpretieren kann. (vgl. GRI 2013 (a), S. 16)

Die Vorgaben der GRI definieren nicht das äußere Erscheinungsbild der Nachhaltigkeitsberichte, sondern ein Mindestmaß an „Klarheit". Dies bietet den Unternehmen einen recht großen Gestaltungsspielraum, weshalb jeder Nachhaltigkeitsbericht individuell gestaltet und strukturiert ist. Dies kann sich negativ auf die Vergleichbarkeit auswirken und wird im Folgenden genauer betrachtet. Grundlage hierfür sind die aktuellen Nachhaltigkeitsberichte der DAX30 Unternehmen (Stand 06.01.2015). 28 der 30 Unternehmen haben einen Nachhaltigkeitsbericht veröffentlicht, die im Folgenden näher betrachtet werden. 26 Unternehmen haben ihren Bericht auf Basis des GRI-Standards erstellt (24 nach GRI 3.0 bzw. 3.1 und 2 nach 4.0). 26 der 28 Berichte sind nicht älter als 2013, zwei stammen aus 2012.

6.3.1.1 GRI-Index

Der GRI-Index führt – entweder separat oder innerhalb des Nachhaltigkeitsberichts – eine Liste aller GRI Leistungsindikatoren auf. Zu jedem Indikator muss das Unternehmen aufführen, ob es darüber berichtet hat und gegebenenfalls an die entsprechende Stelle verweisen. Wer also zum Beispiel Angaben zum Thema Kinderarbeit sucht, findet diese im GRI-Index unter dem Kriterium „HR5". Dies ist insbesondere deshalb wichtig, da jedes Unternehmen den Gesamtbericht unterschiedlich aufbaut und gestaltet. Der GRI-Index ist somit ein wichtiger Bestandteil und sehr hilfreich für die Vergleichbarkeit von Nachhaltigkeitsberichten. Allerdings muss der GRI-Index nach Vorgaben der GRI nicht innerhalb des Berichts enthalten sein. Teilweise wird der Index separat als Download angeboten. Es wäre für die Vergleichbarkeit von Vorteil, wenn der GRI-Index verpflichtend innerhalb des Berichts erfasst sein müsste.

6.3.1.2 Informationsbereitstellung

Alle betrachteten Unternehmen veröffentlichen ihre Nachhaltigkeitsberichte im Internet auf den Unternehmenswebseiten. In der Regel bieten sie auch eine gedruckte Version zum Bestellen an. Alle Nachhaltigkeitsberichte stehen im DIN A4-Format als PDF zum Download zur Verfügung, nur die Allianz verzichtet sowohl auf eine gedruckte als auch auf eine PDF-Version ihres Nachhaltigkeitsberichts. Dieser ist nur in Form einer Online-Version verfügbar. Diese ist zwar gut strukturiert aufgebaut und einfach zu bedienen, verschlechtert jedoch den Vergleich zu anderen Unternehmen, da die Berichtsform letztendlich eine andere ist. Viele Unternehmen bieten sowohl eine PDF-Datei zum Download als auch einen Online-Bericht an. Die Online-Berichte bieten zusätzliche Vorteile. Sie sind interaktiv nutzbar, wodurch innerhalb des Berichts schneller navigiert werden kann. Dies ist hilfreich, um ein bestimmtes Themengebiet direkt zu vergleichen. Außerdem können in Online-Berichten Grafiken nach Bedarf selbst generiert werden.

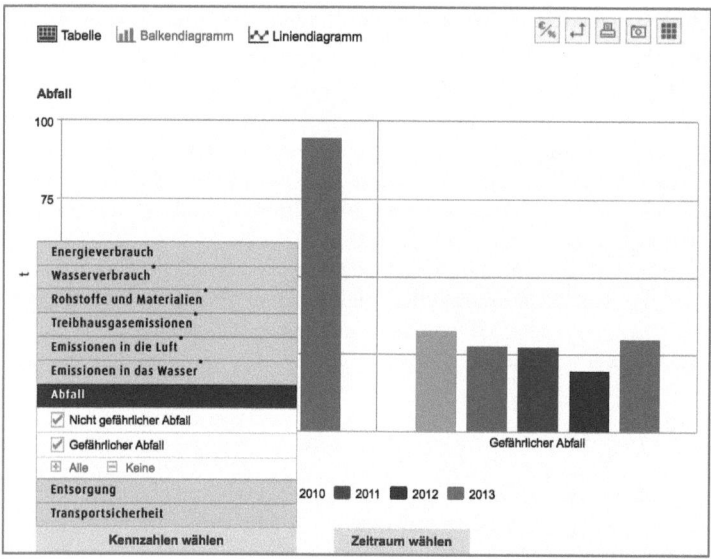

Abb. 6-1: Screenshot Linde „Vergleich ausgewählter Kennzahlen"
Quelle: http://corporateresponsibility.linde.de/cr-bericht/2013/nachhaltigkeit-messen/kennzahlenvergleich/umwelt-und-sicherheit.html, abgerufen am: 10.1.2015

Einige Unternehmen wie z.B. die Volkswagen AG, bieten online auch die Möglichkeit, einen „eigenen Bericht" zu erstellen. Dieser enthält dann ausschließlich die Informationen, die für den Nutzer relevant sind.

MEIN BERICHT

SIE HABEN DIE FOLGENDEN DOKUMENTE GESAMMELT:

Seite

Kennzahlen Menschen	Entfernen
Qualifizierung in den Berufsfamilien	Entfernen
Compliance	Entfernen
Als PDF herunterladen	Alle entfernen

Abb. 6-2: Screenshot VW „Mein Bericht"
Quelle: http://nachhaltigkeitsbericht2013.volkswagenag.com/my-report, abgerufen am: 10.1.2015

Der Vorteil von Online-Berichten mit innovativen Gestaltungsmöglichkeiten, Multimedialität und erhöhter Interaktion kann die Vergleichbarkeit beeinträchtigen. Durch die hohe Gestaltungsfreiheit und die geringere Standardisierung sind die Nachhaltigkeitsberichte schwieriger zu vergleichen. Somit ist es von Vorteil, immer auch eine gedruckte bzw. deren PDF-Version anzubieten, welche sich eigentlich zu einem Quasi-Standard entwickelt hat. Dies verhindert Medienbrüche zwischen den Berichten und fördert dadurch die Vergleichbarkeit.

6.3.1.3 Erscheinungsbild

Der Vergleich des Layouts beschränkt sich auf die PDF-Versionen der Nachhaltigkeitsberichte, da diese sich zu einem Quasi-Standard entwickelt haben. Die jeweiligen Online-Berichte unterscheiden sich zum Teil so erheblich, dass eine Vergleichbarkeit nur schwer möglich ist.

Für die Vergleichbarkeit ist es in jedem Fall von Vorteil, dass die meisten Unternehmen eine gedruckte – und deren PDF-Version – im DIN A4 Format veröffentlichen. Die GRI definiert für das Erscheinungsbild keine Vorgaben. Die Berichte können somit völlig frei gestaltet werden. Einige Unternehmen haben mehr Fließtext und beschreiben die Themenfelder qualitativ, andere konzentrieren sich weitgehend auf quantitative Kennzahlen. Somit schwankt auch der Umfang zwischen 29 Seiten bei Beiersdorf und bis zu 368 Seiten bei Siemens (Integrierter Bericht). Im Großen und Ganzen sind alle Berichte gut gestaltet und übersichtlich. Das Erscheinungsbild beeinträchtigt die Vergleichbarkeit nicht.

6.3.1.4 Berichtsstruktur und Inhalt

Die Gliederung innerhalb der Nachhaltigkeitsberichte ist sehr unterschiedlich, denn auch hier gibt es seitens der Global Reporting Initiative keine Vorgaben. Dies kann für die Vergleichbarkeit problematisch sein. Der GRI-Standard setzt voraus, dass die interessierten Stakeholder die Informationen, die sie benötigen, anhand eines Inhaltsverzeichnisses ohne großen Aufwand finden können. Alle betrachteten Berichte enthalten ein solches. Viele Berichte bieten zudem die Möglichkeit, innerhalb des PDFs oder der Online-Version, auf weitere Informationen zu verlinken. Dies erleichtert die Informationsgewinnung deutlich.

Zumeist befinden sich am Anfang des Berichts wichtige Kennzahlen, um sich in aller Kürze ein erstes Bild zu verschaffen. In aller Regel folgt diesem ein Vorwort des Vorstandsvorsitzenden oder ein Interview, welches in Kürze die strategischen Maßnahmen des Unternehmens bezüglich der Nachhaltigkeit vermittelt.

Unternehmen haben grundsätzlich die Möglichkeit, als Ergebnis der Wesentlichkeitsanalyse inhaltliche Schwerpunkte zu setzen. Legen die Unternehmen unterschiedliche Schwerpunkte, leidet darunter die Vergleichbarkeit. Die Global Reporting Initiative beschreibt in ihren Leitlinien den Grundsatz der Klarheit wie folgt: „Der Bericht vermeidet Fachbegriffe, Akronyme, Fachjargon oder andere, Stakeholdern vermutlich nicht vertraute Inhalte..." (GRI 2013 a, S. 16). Die Berichte unterscheiden sich jedoch hinsichtlich ihrem fachlichen Sprachniveau. Gemäß GRI sollen die Inhalte sprachlich für alle Zielgruppen verständlich sein. Bei Fachbegriffen soll der Bericht um Glossar ergänzt werden.

6.3.1.5 Integrated Reporting

Seit einigen Jahren zeichnet sich ab, dass Nachhaltigkeits- und Geschäftsberichte zunehmend integriert werden. Auch die GRI fördert das Integrated Reporting. Dabei betrachtet man den Bereich Nachhaltigkeit nicht isoliert, sondern man integriert für Nachhaltigkeit relevante Themen in die reguläre Geschäftsberichterstattung. Man stellt also die Verbindung von finanzieller und nicht-finanzieller Berichterstattung her. Dies soll jedoch nicht so geschehen, dass der Bereich Nachhaltigkeit nur dem Geschäftsbericht angehängt wird, sondern er sollte integriert werden. 2010 wurde das Integrated Reporting Council (IIRC) mit dem Ziel gegründet, für das Integrated Reporting ein Rahmenkonzept zu erstellen.

Eine Abgrenzung von der klassischen Nachhaltigkeitsberichterstattung erweist sich in der Praxis teils als schwierig. 9 der 28 betrachteten Unternehmen berichten integriert, jedoch nur 3 davon nach dem im Dezember 2013 von der IIRC veröffentlichten „International <ir> Framework". Die integrierte Berichterstattung erfordert vom Unternehmen ein Umdenken, nicht nur bei der Berichterstattung sondern auch in der strategischen und operativen Steuerung. Dies könnte langfristig dazu führen, dass nachhaltige Themen im Unternehmen denselben Stellenwert erhalten wie ökonomische Aspekte. Die integrierte Berichterstattung erscheint grundsätzlich sinnvoll und zukunftsweisend. Für die reine Vergleichbarkeit ist es jedoch eher von Nachteil, wenn die Berichterstattungen zusammengefasst werden, da Berichte dadurch größer, umfangreicher und komplizierter strukturiert werden und das Auffinden einer konkreten Information unter Umständen erschwert wird.

6.3.1.6 Sprache

Mit Ausnahme von Adidas berichten alle 28 betrachteten Unternehmen in deutscher und in englischer Sprache. Adidas berichtet ausschließlich in Englisch. Somit sind die Berichte auch international gut vergleichbar.

6.3.1.7 Angebote zusätzlicher Informationen

Die Unternehmen bieten häufig auch Informationen über den Rahmen der von den GRI geforderten Inhalte hinaus. Vor allem im Online-Bericht bieten sich hier vielfältige multimediale Möglichkeiten. Dazu gehören zum Beispiel:

- Videos / Filme
- Interviews
- Konkrete Fallbeispiele
- Interaktive Selbsttest ("wie nachhaltig bin ich?")
- Freiwillige Kennzahlen

Dies ist grundsätzlich zu begrüßen, da es unter Umständen förderlich für das Verständnis der einzelnen Themen ist. Es sollte jedoch, genau wie eine aufwändige Gestaltung, nicht über die eigentlichen Inhalte hinwegtäuschen bzw. von diesen ablenken.

6.3.2 Unternehmensstruktur

Die Leitlinien der Global Reporting Initiative sollen Berichterstattungsgrundsätze, Standardangaben und eine Umsetzungsanleitung zur Erstellung von Nachhaltigkeitsberichten für alle Organisationen, unabhängig von Größe und Branche, bieten. (vgl. GRI 2013 (b), S. 5) Ob dies durch unterschiedliche Anforderungen der Unternehmen gewährleistet werden kann, wird im Folgenden untersucht.

6.3.2.1 Branchenzugehörigkeit

Eine große Rolle bei der Bewertung, ob die GRI eine ausreichende Vergleichbarkeit von Nachhaltigkeitsberichten gewährleistet, spielt die neuhinzugefügte Wesentlichkeitsanalyse. Wie bereits in Kapitel 6.2 beschrieben, sind Unternehmen frei in ihrer Entscheidung, welche Aspekte sie in ihren Nachhaltigkeitsberichten behandeln. Dies variiert natürlich stark zwischen verschiedenen Unternehmen aus unterschiedlichen Branchen. Eine logische Konsequenz ist daher die schlechte Vergleichbarkeit der Berichte. Zum Beispiel sind Vergleiche zwischen einem Mobilfunkanbieter und einem Getränkehersteller in vielen Bereichen nur schwer möglich. Das liegt zum einen am unterschiedlichen Fokus, aber auch an den unterschiedlichen Produkten bzw. Dienstleistungen. Besonders plakativ ist dies beim Vergleich von E-Plus und Coca-Cola.

Auszug aus dem Nachhaltigkeitsbericht 2013 von Coca-Cola Deutschland:
„Wasserentnahme Gesamt 2013: 7.209.069.950 Liter."

Quelle: Coca-Cola GmbH 2014, S. 65

Auszug aus dem Nachhaltigkeitsbericht 2013 der E-Plus Group:
„Wasserentnahme Gesamt 2013: 52.580.000 Liter."

Quelle: E-Plus GmbH & Co. KG 2014, S. 10

Der erhebliche Unterschied der Verbräuche liegt natürlich am Produkt. Dies erschwert die Vergleichbarkeit selbst von quantitativen Merkmalen wie den Wasserverbrauch und gibt daher nur wenig Auskunft über die Leistung des Unternehmens.

6.3.2.2 Unternehmensgröße

Im Hinblick auf die Unternehmensstruktur und der Vergleichbarkeit von Nachhaltigkeitsberichten muss auch die Unternehmensgröße berücksichtigt werden. Natürlich sind große Unternehmen einem anderen Veröffentlichungsdruck ausgesetzt als kleinere und mittelständische Unternehmen. Somit hat ein Nachhaltigkeitsbericht bei einem großen Unternehmen einen anderen Stellenwert und wird somit auch anders behandelt. Dort gibt es eigens eingerichtete Abteilungen und Verantwortliche. Bei kleineren Unternehmen ist erst allmählich zu erkennen, dass immer mehr Unternehmen aktiv werden und der Nachhaltigkeitsberichterstattung mehr Aufmerksamkeit schenken.

6.3.3 Datenerhebung

6.3.3.1 Wesentlichkeit

Wie bereits im Kapitel 6.2.5.1 beschrieben wurde, stellt die Wesentlichkeitsanalyse (auch: Materialitätsmatrix) die wohl wichtigste Neuerung dar, welche mit der Einführung der GRI G4-Richtlinien im Vergleich zu deren Vorgängerrichtlinien G3 etabliert wurde. Im ersten Teil der Leitlinien zur Nachhaltigkeitsberichterstattung gibt die GRI unter dem Punkt „Ermittelte wesentliche Aspekte und Grenzen" (G4-12 bis G4-23) vor, wie die das Unternehmen betreffenden wesentlichen Aspekte aufgelistet und beschrieben werden sollen.

> Auszug aus dem GRI G4 Leitfaden:
> „Listen Sie sämtliche wesentliche Aspekte auf, die im Prozess zur Festlegung der Berichtsinhalte ermittelt wurden."

Quelle: GRI 2013 (b), S. 28

Das „Institut für ökologische Wirtschaftsforschung" und der Verein „future e.V. - Verantwortung übernehmen" vergeben im Zuge des von ihnen entwickelten Rankings von Umweltberichten die volle Punktzahl im Bereich Wesentlichkeit, wenn folgende Anforderungen erfüllt sind: Der Bericht muss auf die qualitativ und quantitativ wesentlichen Aspekte des Unternehmens ausgerichtet sein. Zusätzlich muss das Unternehmen alle wesentlichen Fragen der sozialen und ökologischen Verantwortung darstellen und beantworten, sowie die von ihnen gesetzten Schwerpunkte auf nachvollziehbare Art und Weise begründen. (vgl. Gebauer/Hoffmann/Westermann 2011) Beim Vergleich einiger bereits an den GRI G4-Standard angelehnter Berichte fallen sowohl Gemeinsamkeiten als auch deutliche Unterschiede auf.

Alle in diesem Kapitel betrachteten Nachhaltigkeitsberichte (Air Canada, Coca-Cola Deutschland, Daimler AG, Fraunhofer-Institutszentrum Stuttgart, Gesellschaft für internationale Zusammenarbeit (GIZ), Helvetia Schweiz, Samsung, SPAR) leiten die für das Unternehmen relevanten Handlungsfelder aus einem vorangegangenen Stakeholder-Dialog ab, wie es Punkt G4-27 der Berichterstattungsgrundätze und Standardangaben zur Nachhaltigkeitsberichterstattung vorschreibt:

Auszug aus dem GRI G4 Leitfaden:
„Nennen Sie die wichtigsten Themen und Anliegen, die durch die Einbindung der Stakeholder aufgekommen sind (...).“

Quelle: GRI 2013 (b), S. 30

So beschreibt das Fraunhofer-Institutszentrum Stuttgart ihre Vorgehensweise mit folgendem, die Wesentlichkeitsanalyse einleitenden Satz:

Auszug aus dem Nachhaltigkeitsbericht 2013 des Fraunhofer-Institutszentrum Stuttgart IZS:
„Die Eingrenzung der Inhalte des aktuellen Berichts basiert auf einem IZS-internen Lern- und Abstimmungsprozess unter Berücksichtigung von Fraunhofer-weit gewonnenen Ergebnissen aus Stakeholder-Dialogen.“

Quelle: Fraunhofer-Institutszentrum Stuttgart IZS 2014, S. 14

Auch am Beispiel von Coca-Cola Deutschland kann die Wichtigkeit, die einzelne Unternehmen dem Stakeholder-Dialog im Zuge der Wesentlichkeitsanalyse zuteil werden lassen, direkt aus dem Bericht abgelesen werden:

Auszug aus dem Nachhaltigkeitsbericht 2013 von Coca-Cola Deutschland:
„In unserer umfangreichen Stakeholder-Studie von 2012 haben wir 600 externe und 700 interne Stakeholder online befragt, um die Materialitätsmatrix von 2009 zu aktualisieren.“

Quelle: Coca-Cola GmbH 2014, S. 11

In diesem Zusammenhang negativ aufgefallen ist allerdings, dass es zu einer Vorauswahl der zu diskutierenden Themenfelder sowie der zu befragenden Stakeholder-Gruppierungen selbst kommen kann, wie folgender Auszug belegt:

Auszug aus dem Nachhaltigkeitsbericht 2013 von Coca-Cola Deutschland:
„Einzubindende Stakeholder sowie Themen wurden nach den Erkenntnissen aus früheren Stakeholderbefragungen, den Kriterien internationaler Standards (Global Compact, GRI), sowie der eigenen Strategie und Risikoanalysen vorausgewählt.“

Quelle: Coca-Cola GmbH 2014, S. 11

Im weiteren Verlauf der Wesentlichkeitsanalyse werden die aus den Dialogen gewonnenen Erkenntnisse intern besprochen, nach Themenfeldern kategorisiert und in die Unternehmensstrategie einbezogen. Allerdings bleibt es auch in diesem Zusammenhang dem Unternehmen selbst überlassen, inwiefern die ermittelnden Handlungsfelder gewichtet werden und in welchem Ausmaß diese in den Nachhaltigkeitsberichten diskutiert werden.

> Auszug aus dem Nachhaltigkeitsbericht 2012 der Helvetia Schweiz:
> „Die so definierten Schwerpunkte haben wir im Dialog mit der Geschäftsleitung gewichtet und mit einem kleinen Team, bestehend aus internen und externen Experten, diskutiert."

Quelle: Helvetia Schweiz AG 2013, S. 12

Da der Wesentlichkeitsanalyse kein fester Platz in den verschiedenen Nachhaltigkeitsberichten zugeordnet ist, leidet die Vergleichbarkeit dieses Themengebiets auf den ersten Blick stark. Während die Daimler AG der Wesentlichkeitsanalyse bereits auf den Seiten 3 und 4 ihres Nachhaltigkeitsberichts große Beachtung schenkt, befinden sich die wesentlichen Themenfelder in den Nachhaltigkeitsberichten anderer Unternehmen auf den Seiten 8 (GIZ und SPAR), Seite 11 (Air Canada), den Seiten 12 (Coca-Cola Deutschland und Helvetia Schweiz), Seite 15 (Frauenhofer-Institutszentrum Stuttgart) oder gar erst auf Seite 31 (Samsung). Weiterhin wird ein schnelles Auffinden der für das Unternehmen wesentlichen Themengebiete dadurch erschwert, dass lediglich drei (Coca-Cola Deutschland, Daimler AG, Helvetia Schweiz) der acht in diesem Kapitel untersuchten Unternehmen die Wesentlichkeitsanalyse explizit im Inhaltsverzeichnis führen. Weiterhin gibt lediglich die Daimler AG in ihrer Wesentlichkeitsanalyse an, auf welchen Seiten des Nachhaltigkeitsbericht die von dem Unternehmen und den Stakeholder-Gruppierungen für wesentlich befundenen Handlungsfelder näher beschrieben sind. Bei allen anderen Unternehmen ist die genaue Seitenzahl nur im GRI-Index nachzulesen.

Da auch eine Anweisung seitens der GRI für die Einhaltung einer einheitlichen Form der für die Unternehmen wesentlichen Handlungsfelder fehlt, variiert das in den Nachhaltigkeitsberichten verwendete Design zur Darstellung der Wesentlichkeitsanalyse stark. Während die Daimler AG die sie betreffenden Handlungsfelder des Nachhaltigkeitsmanagements in tabellarischer Form darstellt, stellt die GIZ diese gar in Form einer Word-Cloud dar. Die von den untersuchten Unternehmen gängigste angewandte Form entspricht der einer 2-Achsen-Matrix, in denen die wesentlichen Themengebiete nach der „Relevanz für das Unternehmen" und der „Relevanz für externe Stakeholder" angeordnet werden.

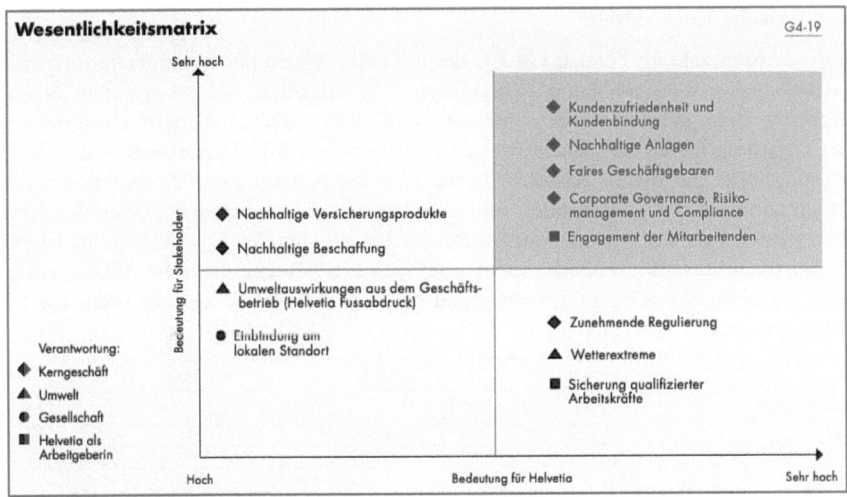

Abb. 6-3: Helvetia Wesentlichkeitsmatrix
Quelle: Helvetia Schweiz AG 2013, S. 12

Es ist festzustellen, dass die GRI mit der Einbeziehung der Wesentlichkeitsanalyse in Verbindung mit Stakeholder-Dialogen in die neuen G4-Richtlinien einen wichtigen inhaltlichen Entwicklungsschritt gegangen ist. Unternehmen müssen sich ernster mit den Interessen der Stakeholder befassen und die gewonnenen Erkenntnisse in ihren Nachhaltigkeitsberichten thematisieren. Expertenmeinungen zufolge könnte diese Entwicklung in Zukunft dafür sorgen, dass wesentliche Themen nicht nur genannt werden, sondern diese auch tatsächlich von den Unternehmen in den Mittelpunkt ihrer Geschäftsstrategien gerückt werden (vgl. PwC 2014). Um verschiedene Wesentlichkeitsanalysen nach heutigem Stand allerdings zügig und effektiv miteinander vergleichen zu können, sind die GRI Berichterstattungsgrundsätze und Standardangaben in diesem Bereich aus den oben genannten Gründen nicht ausreichend.

6.3.3.2 Quantitative Merkmale

Nicht nur im jährlich erscheinenden Geschäftsbericht, sondern auch im Nachhaltigkeitsbericht sind das Unternehmen betreffende Kennzahlen von großer Bedeutung. Die GRI Richtlinien listen in ihren „Leitlinien zur Berichterstattung und Standardangaben" eine Vielzahl von quantitativen Merkmalen auf, die angegeben und erläutert werden müssen. Allerdings hat es die GRI versäumt, ein einheitliches Kennzahlensystem vorzugeben. Um die an den unterschiedlichsten Stellen eines jeden Berichtes vorkommenden Kennzahlen einfacher und effektiver vergleichen zu können, wurden alle untersuchten quantitativen Merkmale einer von drei Hauptgruppen zugeordnet: ökonomische-, ökologische-, sowie soziale Kennzahlen. (vgl. Beile/Jahnz/Wilke 2006)

Ökonomische Kennzahlen

Die in der Mehrzahl im Bereich G4-EC der GRI-Richtlinien zur Berichterstattung und Standardangaben beschriebenen ökonomischen Kennzahlen, welche in einem Nachhaltigkeitsbericht gelistet werden müssen, sind dem Geschäftsbericht entnommen. Ihren Ursprung haben sie beispielsweise in der Gewinn- und Verlustrechnung (GuV-Rechnung) oder der Bilanz. Beispiele hierfür sind die Nennung der Umsatzerlöse oder Nettoeinnahmen, der Löhne oder sonstiger betrieblicher Leistungen, oder der Prozentsatz des Gesamtumsatzes einer Sparte des Unternehmens. Eine andere im Nachhaltigkeitsbericht vorkommende, nicht aber aus GuV-Rechnung oder Bilanz stammende ökonomische Kennzahl, ist dagegen die Kundenzufriedenheit als Indikator für Produktqualität.

	Einheit	2013		2012	2011
Geschäftstätigkeit					
Umsatz	in Mio. €	117.982	↗	114.297	106.540
Operating Profit/EBIT[1]	in Mio. €	10.815	↗	8.820	8.755

Abb. 6-4: Ausschnitt Daimler Kennzahlen
Quelle: Daimler AG 2014, S. 2

Trotz der guten Vergleichbarkeit, die aus dem Geschäftsbericht stammende Kennzahlen mit sich bringen, ist die Suche nach diesen in Nachhaltigkeitsberichten oftmals mühsam. Während die Daimler AG bereits auf Seite 2 den Umsatz unter anderen, das Geschäftsjahr 2013 betreffenden Kennzahlen für den Leser in tabellarischer Form bereitstellt, weist Coca-Cola Deutschland lediglich im Fließtext auf Seite 23 ihres Nachhaltigkeitsberichtes den Umsatz des gesamten Coca-Cola Konzerns aus. Darüberhinaus wird bei letzterem Unternehmen auf einen internen Vergleich mit den beiden letzten Geschäftsjahren verzichtet.

Auszug aus dem Nachhaltigkeitsbericht 2013 der Firma Coca-Cola:
„Mit (...) einem Umsatz von rund 46,9 Milliarden US-Dollar im Jahre 2013 sind wir einer der weltweit größten Hersteller alkoholfreier Getränke."

(Coca-Cola GmbH 2014, S. 23)

Auch das Vergleichen der Kundenzufriedenheit fällt schwer. Während T-Mobile Austria unter der Rubrik Kundenzufriedenheit auf Seite 5 damit wirbt, der beliebteste Netzbetreiber Österreichs zu sein, wird bei SPAR die Menge an zufriedenerer Kunden in Prozentzahlen lediglich auf Seite 36 genannt. Im Gegensatz dazu verzichtet E-Plus sogar ganz auf Angaben zur Kundenzufriedenheit in ihrem Nachhaltigkeitsbericht.

Ökologische Kennzahlen

In diesem Bereich widmet die GRI in ihren „Leitlinien zur Berichterstattung und Standardangaben" eine ganze Gruppe von Kategorien, die unter der Bezeichnung G4-EN zusammengefasst und erläutert sind. Es wurde unter anderem festgelegt, in welcher Einheit bestimmte Kennzahlen wie der Abfall- und Energieverbrauch oder Treibhausgasemissionen im Nachhaltigkeitsbericht angegeben werden müssen. Wo und in welcher Form die Ergebnisse der vorhergehenden Messungen in den einzelnen

Berichten gelistet werden müssen, ist hingegen nicht geregelt. So lässt sich der direkte Energieverbrauch eines Unternehmens nicht auf Anhieb an einer bestimmten dafür vorgesehenen Stelle finden. Auch bei der Einheit lässt die GRI den Unternehmen freie Wahl, die Angaben in Joule oder Wattstunden beziehungsweise deren dezimalen Vielfachen zu machen. Während die Takkt AG ihren Energieaufwand in Tausend Gigajoule auf Seite 13 in Form eines Schaubildes angibt, geben BMW sowie Volkswagen ihren Energieverbrauch in Millionen Wattstunden und in tabellarischer Form auf Seite 73, respektive Seite 131 an.

Soziale Kennzahlen

Soziale Kennzahlen beziehen sich im Wesentlichen auf die Mitarbeiterstruktur und -zufriedenheit im Unternehmen, die Arbeitssicherheit sowie die Aus- und Weiterbildung angestellter Mitarbeiter. In den GRI-Richtlinien zur Berichterstattung und Standardangaben werden die von Unternehmen im Nachhaltigkeitsbericht zu nennenden Kennzahlen im Bereich „Arbeitspraktiken und Menschenwürdige Beschäftigung" (G4-LA) gelistet und beschrieben. Es kann festgehalten werden, dass viele, längst aber nicht alle diesen Bereich betreffende Kennzahlen relativ mühelos in den Nachhaltigkeitsberichten gefunden und miteinander verglichen werden können.

Auszug aus dem GRI G4 Leitfaden:
„Geben Sie den Prozentsatz der Mitarbeiter nach Mitarbeiterkategorie in jeder der folgenden Diversitätskategorien an: Geschlecht, Altersgruppe, Minderheiten (...)."

(GRI 2013 (b), S. 68)

Gut vergleichbar sind die Unfallhäufigkeit und Krankenquote betreffende Kennzahlen, welche meist in tabellarischer Form unter der Rubrik Mitarbeiter aufgeführt sind. Auch informieren alle untersuchten Unternehmen über den Prozentsatz an Frauen, die in Führungspositionen sind. Diese Angaben werden im Nachhaltigkeitsbericht bis auf wenige Ausnahmen, wie der Gesellschaft für Internationale Zusammenarbeit oder E-Plus, meist in tabellarischer Form dargestellt. Andere, wie der Prozentsatz der Mitarbeiter, welche Minderheiten angehören, sind dagegen nur sehr schwer oder gar nicht auffindbar. Zudem schreibt die GRI zwar vor, dass die „Gesamtzahl und Prozentsatz der während des Berichtzeitraums erfolgten Personalfluktuation nach Altersgruppe, Geschlecht und Religion" (GRI 2013 (b), S. 65) angegeben werden muss, nicht aber wie diese Zahl genannt werden soll. Während Nestlé die Kennzahl tatsächlich Mitarbeiterfluktuation nennt, findet der Leser die Zahl bei E-Plus unter den Stichwörtern Mitarbeiterabgang beziehungsweise -zugang. Auch die Unterteilung dieser Gesamtzahl wie es von der GRI gefordert ist, erfolgt meist nicht im Nachhaltigkeitsbericht selbst, sondern lediglich als Hinweis, diese online abrufen zu können.

6.3.3.3 Qualitative Merkmale

Neben all den von der GRI im Nachhaltigkeitsbericht anzugebenden Kennzahlen sind auch unzählige qualitative Merkmale von den Unternehmen aufzulisten und zu beschreiben. Die GRI beschreibt in ihren „Richtlinien zur Berichterstattung und Standardangaben" eine Vielzahl der von den Unternehmen zu behandelten Themenbereiche. Da es für qualitative Merkmale schwerer fällt einen einheitlichen und allgemein gültigen Standard der Beantwortung zu generieren und sich Texte nur bedingt miteinander vergleichen lassen, lässt die GRI den Unternehmen große Freiheiten.

Auszug aus dem GRI G4 Leitfaden:
„Beschreiben Sie die Werte, Grundsätze, sowie Verhaltensstandards und -normen (Verhaltens- und Ethikkodizes) der Organisation."

(GRI 2013 (b), S. 42)

Alleine die Beantwortung des Themenbereichs Ethik und Integrität zugeordnete, zitierte Passus, erstreckt sich laut separat veröffentlichten GRI-Kodex der Daimler AG auf die Seiten 13, 14, 30/31, 36 und 71 ihres Nachhaltigkeitsberichts. Die Helvetia Schweiz dagegen beschreibt ihre Werte, Grundsätze, sowie Verhaltensstandards lediglich auf den Seiten 3, 7 und 24. Auch die Beschreibung der Compliance-Aktivitäten wird von Unternehmen zu Unternehmen unterschiedlich gegliedert und erstreckt sich auf unterschiedlich viele Seiten. Während Coca-Cola Deutschland nur sehr knapp über relevante Compliance-Themen wie das Compliance-Management, Compliance-Schulungen und Compliance-relevante Richtlinien hinweist, schildert Lufthansa auf mehreren Seiten die Compliance-Aktivitäten des Unternehmens. Besser vergleichbar ist dagegen der Bezug auf allgemeingültige Standards wie die „Allgemeine Erklärung der Menschenrechte" der Vereinten Nationen (UN), den Standards der Internationalen Arbeitsorganisation (ILO) oder den OECD-Leitsätzen für multinationale Unternehmen. Diese werden in vielen, wenn auch nicht in allen Nachhaltigkeitsberichten angesprochen.

Auszug aus dem Nachhaltigkeitsbericht 2013 von Volkswagen:
„Weiterhin stellen wir bei unserem Handeln sicher, dass es in Übereinstimmung steht mit den Erklärungen der International Labor Organisation (ILO), den Leitsätzen und Übereinkommen der Organisation for Economic Cooperation and Development (OECD) sowie den internationalen Pakten der Vereinten Nationen zu den Grundrechten und -freiheiten der Menschen."

(Volkswagen AG 2014, S. 18)

6.3.4 Zielableitung

Durch die Erstellung eines Nachhaltigkeitsberichts wird die positive Bedeutung des nachhaltigen Wirtschaftens in den Fokus gerückt. Es weckt das Bewusstsein aller Mitarbeiterinnen und Mitarbeiter sowie des Managements und wirkt somit positiv ins Unternehmen hinein. Er dient also auch internen Zwecken. Förderlich hierfür ist die Einbeziehung aller Mitarbeiterinnen und Mitarbeiter. Bei der Bewertung von Nachhaltigkeitsberichten wird häufig der Bedeutung für das Unternehmen selbst weniger Beachtung geschenkt. Die Anforderungen der Stakeholder stehen hier meist öfters im Vordergrund. Zielsetzung, Leistungsmessung und die Umsetzung von Veränderungen um die Geschäftstätigkeiten nachhaltiger zu gestalten, sind Funktionen der Nachhaltigkeitsberichterstattung, deren Bedeutung sich viele Unternehmen nicht im Klaren sind. Dabei spornt die Berichterstattung die Unternehmen an, sich kontinuierlich zu verbessern. Ein Unternehmen erkennt selbst schon bei der Erstellung des Berichts, wo Korrekturen anzusetzen sind.

Ziel eines Nachhaltigkeitsberichts sollte sein, dem Leser einen Eindruck von Zielen und Visionen des Unternehmens zu geben. Dabei ist es genauso wichtig bei kritischen oder nicht erreichten Aspekten auf die zukünftigen Maßnahmen einzugehen und Handlungen abzuleiten. Die Vergleichbarkeit dieser abgeleiteten Vorhaben gegenüber anderen Unternehmen ist bis heute oftmals nicht gewährleistet.

> Auszug aus dem Nachhaltigkeitsbericht 2013 von Coca-Cola Deutschland:
> „Gleichzeitig möchten wir die Chance ergreifen, durch vielfältige ökologische Maßnahmen in der Produktion – z.B. bei der Beschaffung von Energie und Wasser sowie bei deren effizienten Nutzung – maßgeblich zum Umweltschutz beizutragen."

(Coca-Cola GmbH 2014, S. 3)

Formuliert werden in diesem Beispiel keine konkreten Zahlen, Terminvorgaben oder Maßnahmen. Sie lassen den Leser im Unklaren wie die formulierten Ziele umgesetzt werden sollen und ob sie somit als realistisch einzustufen sind.

PRODUKTVERANTWORTUNG.				
Ziel	Erreichtes	Maßnahmen	Termin	Status (Veränderung zu 2012)
Kraftstoffverbrauch und CO_2-Emissionen				
TOP-ZIEL: CO_2-Emissionen Pkw. ▪ Reduktion der CO_2-Emissionen (Basis NEFZ) der EU-Neuwagenflotte bis 2016 auf **125 g CO_2/km** (entspricht einer Reduktion um rund **30 Prozent** im Zeitraum 2007 bis 2016).	**Weitere Reduktion um über 4 Prozent.** ▪ Nach erfolgreichem Erreichen des gesetzten Zwischenziels für 2012 sank die CO_2-Emission in der europäischen Flotte im Jahr 2013 um weitere 6 Gramm auf **134 g CO_2/km**, Reduktion um **24,7 Prozent** gegen über 2007.	▪ Fortsetzung der Pkw-Motoren-optimierung und fortschreitende Einführung in die Modellbaureihen ▪ Einführung 9-Gang-Automatik-getriebe NAG3 in weiteren Baureihen	2016	80 % ↗

Abb. 6-5: Ausschnitt Daimler Ziele
Quelle: Daimler AG 2014, S. 60

Daimler hingegen stellt alle abgeleiteten Ziele zusätzlich in einem interaktiven Online-portal zur Verfügung. Es werden nicht nur Ziele genannt, sondern diese werden auch mit Maßnahmen, Terminen und einem aktuellen Stand versehen. Ein Nachhaltigkeits-bericht soll also nicht nur positive oder negative Angaben über die Auswirkungen einer Organisation in Bezug auf Umwelt, Gesellschaft und Wirtschaft liefern. Er leitet vielmehr greifbare und konkrete Themen ab und dient daher einem besseren Ver-ständnis im Umgang mit Aktivitäten und Strategien einer passenden Nachhaltigkeits-entwicklung. Allgemein ist zu beobachten dass die Überprüfung der Ziele aus der Vergangenheit und die Ableitung neuer Ziele auf dieser Grundlage nur von wenigen Unternehmen konstant durchgeführt wird. (vgl. Burckhardt 2012, S. 6)

6.3.5 Glaubwürdigkeit

Entscheidend für die Wirkung eines Nachhaltigkeitsberichts ist nicht allein die Darstellung der wesentlichen Themen, sondern ebenso seine Glaubwürdigkeit. „Die Nachhaltigkeitsberichterstattung nach GRI stellt Transparenz vor allem da her, wo das Unternehmen sie haben möchte." (Burckhardt 2012, S. 7) Spielräume werden dazu genutzt, den Bericht möglichst positiv zu gestalten. Darunter leidet nicht nur der Informationsgehalt, sondern auch die Vergleichbarkeit. Diese setzt eine Zuverlässigkeit der Daten voraus (vgl. Burckhardt 2012, S. 32). Die Glaubwürdigkeit eines Nachhaltigkeitsberichts kann durch eine offene und transparente Berichterstattung gefördert werden (vgl. Gebauer/Hoffmann/Westermann 2011, S. 35). Ein guter Bericht ist also ein ehrlicher Bericht.

6.3.5.1 Offenheit

Bei der Untersuchung verschiedener Nachhaltigkeitsberichte im Zuge dieser Untersuchung ist aufgefallen, dass Defizite im Bereich des nachhaltigen Wirtschaftens weitgehend verschwiegen werden. Berichte neigen häufig dazu, die positiven Aspekte hervorzuheben und kritische Themen zu verschleiern. Nachvollziehbar wird dies, wenn man sich die Bedeutung einer positiven Berichterstattung vor Augen hält. Kein Unternehmen möchte seine Stakeholder oder seine eigenen Mitarbeiter beunruhigen bzw. verunsichern. Vergessen wird dabei häufig, das ein ehrlich erstellter Bericht, der auch kritische Aspekte beinhaltet, Vertrauen schaffen kann. Kritische Stakeholdermeinungen oder negative Rankingergebnisse sind für viele Unternehmen tabu in ihrem Nachhaltigkeitsbericht. Dabei können gerade diese für eine nachhaltige Wirtschaftstätigkeit positive Auswirkungen haben. Gewinnt ein Bericht an Relevanz, Benutzerfreundlichkeit und Glaubwürdigkeit, ist eine bessere Darstellung des Unternehmens möglich.

Die GRI stellt sich zur Aufgabe, für ausreichende Transparenz bei der Erstellung eines Nachhaltigkeitsberichts zu sorgen. Transparenz bedeutet in diesem Zusammenhang eine wahrheitsgemäße und vollständige Berichterstattung. Aber gerade an diesen Punkten mangelt es bei vielen Unternehmen, da es ihnen selbst überlassen ist, wie genau sie berichten. Den Anforderungen der GRI genügt es, über ein Thema rein formal zu berichten, ohne eine inhaltliche Aussage machen zu müssen. (vgl. Burckhardt 2012, S. 6) Die Unternehmen haben die Möglichkeit, die GRI-Richtlinien in unterschiedlichem Maße (A bis C) anzuwenden. Für die Bewertung A reicht es schon aus, die verschiedenen Kriterien der GRI nur zu erwähnen bzw. anzusprechen. Analysiert oder bewertet wird der Inhalt dieser Aussagen jedoch nicht. Ein gutes Beispiel hierfür sind Inhalte, die mit Prozentzahlen erwähnt werden. Ein Unternehmen kann somit verschleiern, wie es wirklich dasteht, sollte es nicht auch die absoluten Zahlen nennen. Die GRI bietet also nur einen begrenzten Rahmen, da sie nicht die Informationen bewertet und keine Offenheit und Transparenz der Unternehmen gewährleisten kann. (vgl. Burckhardt 2012, S. 7)

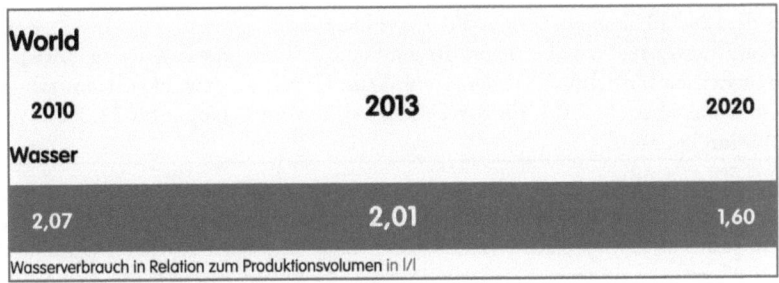

Abb. 6-6: Ausschnitt Coca-Cola Wasserverbrauch
Quelle: Coca-Cola GmbH 2014, S. 9

Dieses Beispiel zeigt sehr deutlich, wie wenig aussagekräftig eine Information in einem Nachhaltigkeitsbericht dargestellt werden kann. Die Information über den Wasserverbrauch bleibt unkommentiert und wird nicht weiter bewertet. Dies verhindert die Vergleichbarkeit zwischen Unternehmen und beeinträchtigt die Glaubwürdigkeit. Positiv aufgefallen sind hingegen Berichte, bei denen die Geschäftsführung selbst Stellung zu den Inhalten und deren Grundlage genommen hat und mit ihrem Namen für die Richtigkeit und Vollständigkeit stehen.

Viele Unternehmen haben auch die Möglichkeit genutzt, Stellungnahmen interner Interessensgruppen, z.B. durch den Betriebsrat, im Nachhaltigkeitsbericht zu erwähnen. Auch das Eingestehen eines möglichen Nachholbedarfs fällt positiv ins Auge.

6.3.5.2 Bewertung durch Externe

Unternehmen nutzen vermehrt die Bewertung eines Nachhaltigkeitsberichts durch Externe. Dies soll die Glaubwürdigkeit der Informationen erhöhen. Dabei kann man auf die Stellungnahme verschiedener Parteien, z.B. Umweltschutzorganisationen, zurückgreifen. Die wohl häufigste Methode ist jedoch die Zertifizierung durch Wirtschaftsprüfungsgesellschaften.

Dabei muss aber betont werden, dass solche Gutachten grundsätzlich nur die verlangten Kriterien der GRI-Richtlinien kontrollieren, nicht aber ob die getroffenen Aussagen korrekt sind. Wird ein Bericht zusätzlich extern geprüft und erfüllt er ausschließlich die Vollständigkeit der Kriterien, so erhält er zusätzlich zum Buchstaben A bis C ein Plus.

> Auszug aus dem Nachhaltigkeitsbericht 2010 der KiK:
> „Die Überprüfung der Richtigkeit der bei KiK erhobenen Primärdaten war nicht Gegenstand des Critical Review"

(KiK-Textilien und Non-Food GmbH 2014, S. 90)

Genau hier liegt also auch die Problematik der Glaubwürdigkeit durch Zertifizierungen Externer. Auch werden häufig aus Kosten- oder Zeitgründen nur Teile eines Nachhaltigkeitsberichts geprüft.

> Auszug aus dem Nachhaltigkeitsbericht 2013 von Daimler:
> „Wir haben auftragsgemäß eine betriebswirtschaftliche Prüfung zur Erlangung einer begrenzten Sicherheit hinsichtlich einzelner von Daimler AG ausgewählter Kennzahlen im Nachhaltikeitsbericht 2013, für das Geschäftsjahr vom 1. Januar bis 31. Dezember 2013 durchgeführt."

(Daimler AG 2014, S. 68)

Dieses Beispiel zeigt, dass nur einzelne, von Daimler ausgewählte Kennzahlen auch inhaltlich auf Korrektheit überprüft werden. Dies kann also nicht auf die Gesamtheit des Berichts übertragen werden. Die Gründe einer selektiven externen Überprüfung können darin liegen, dass manche Kennzahlen einer Überprüfung möglicherweise nicht standhalten oder dass dem externen Prüfer keine Einsicht gewährt werden soll. Solche Gesellschaften bieten neben der Prüfung und Zertifizierung auch Beratungsleistungen zur Erstellung von Nachhaltigkeitsberichten an. Man würde ihnen dadurch kostenlos eigenes Knowhow zur Verfügung stellen. Kritisch zu hinterfragen ist die tatsächliche Unabhängigkeit der Wirtschaftsprüfungsgesellschaften, da sie im Auftrag der Unternehmen arbeiten. Auch gibt es keine rechtmäßig vereinbarten oder standardisierten Qualifikationen der prüfenden Firmen oder der Prüfer selbst. Dies unterscheidet die Prüfung des Nachhaltigkeitsberichts von der Prüfung eines Geschäftsberichts.

Eine unternehmensübergreifende Vergleichbarkeit der Nachhaltigkeitsberichte kann also auch durch eine Bewertung von Externen nicht vollständig gewährleistet werden. Bei der Untersuchung zeigte sich auch, dass viele Unternehmen ganz auf eine interne oder externe Stellungnahme verzichten. Somit bleiben Nachhaltigkeitsberichte nur ein vom Unternehmen selbst gestaltetes Abbild ihres Handelns.

6.4 Fazit

„Vergleichbarkeit beginnt mit Transparenz." So formulierte es Patrick Finnegan. Dies wurde bereits als Grundsatz der Berichtsqualität erkannt, ob die Global Reporting Initiative mit ihren Leitlinien ausreichend dazu beiträgt, war Teil unserer Untersuchung.

Auffällig ist, wie deutlich der Stellenwert von Nachhaltigkeitsberichten bei den berichtenden Unternehmen variiert. Dies kann unter anderem folgende Ursachen haben: Zum einen die Größe, das Budget oder die Branche des Unternehmens, zum anderen aber auch der Druck, dem ein Unternehmen gegenüber seinen Anspruchsgruppen ausgesetzt ist. Noch immer besteht das größte Problem darin, dass Transparenz vor allem da hergestellt wird, wo das zu berichtende Unternehmen sie haben möchte.

Die Wesentlichkeitsanalyse ist für die Vergleichbarkeit nachteilig. Dem GRI ist es mit der Einführung jedoch gelungen, eine Basis zu schaffen, um wesentliche Themenfelder mit den Stakeholdern zu diskutieren. Infolgedessen könnten die in den Stakeholderdialogen angesprochenen Themenfelder weiter in den Fokus der Geschäftsstrategien rücken. Die Nachhaltigkeitsberichterstattung hat auch eine große Wirkung in das berichtende Unternehmen hinein, da es sich zwangsweise mit Nachhaltigkeitsthemen beschäftigen muss, die es zuvor eventuell nicht als relevant erachtet hat. Bei der Berichterstattung wird dem Berichtenden deutlich, wo Korrekturen anzusetzen sind und wo Nachholbedarf besteht. Dabei ist es genauso wichtig bei kritischen oder nicht erreichten Aspekten und Zielen auf die zukünftigen Maßnahmen einzugehen und Handlungen abzuleiten. Deshalb ist es auch nicht förderlich, dass Unternehmen zu verschiedenen Themen nur rein formal berichten, diese aber inhaltlich nicht kommentieren und bewerten. Ähnlich ist dies bei den unzähligen qualitativen Merkmalen. Zwar gibt die GRI vor, welche Themen angesprochen werden sollen, allerdings bleibt es jedem Unternehmen selbst überlassen, in welcher Länge und wie tief sie diese im Nachhaltigkeitsbericht beschreiben, was wiederum auf Kosten der Vergleichbarkeit geht. Bei den quantitativen Merkmalen hingegen ist eine Vergleichbarkeit in der Regel besser möglich.

Der wohl wichtigste Bestandteil der GRI-Leitsätze um Nachhaltigkeitsberichte schnell und effektiv vergleichen zu können, ist der GRI-Index. Er gibt das eigentliche Inhaltsverzeichnis der Leistungsindikatoren vor. Da die Erstellung des Index verpflichtend ist, stellt dieser eine wichtige Konstante bei den nach GRI erstellten Berichten dar.

Um die verschiedenen Nachhaltigkeitsberichte insgesamt vergleichbarer zu machen, müsste die Global Reporting Initiative weitere Standardisierungsvorgaben machen, was aber nicht auf Kosten der Akzeptanz geschehen darf. Die GRI muss einen Kompromiss aus Handlungsspielraum und Verbindlichkeit finden. Die reine Vergleichbarkeit von Nachhaltigkeitsberichten ist nicht das alleinige Ziel der GRI-Richtlinien. Die bessere Vergleichbarkeit geht mit einer geringeren Individualisierung und damit einer schlechteren Eignung zur nachhaltigen Steuerung einher. Zwischen diesen divergierenden Anforderungen ist ein kluger Kompromiss zu finden.

Literaturverzeichnis

Barth, V. (2011): Schöne Aussichten - Folge 2: Die Global Reporting Initiative, Frankfurt am Main

Beile, J./Jahnz, S./Wilke, P. (2006): Nachhaltigkeitsberichte im Vergleich - Auswertung und Analyse von Zielsetzung, Aufbau, Inhalten und Indikatoren in 25 Nachhaltigkeitsberichten, Hamburg

Burckhardt, G. (2012): WISO Diskurs, Soziale Indikatoren in Nachhaltigkeitsberichten – Freiwillig, verlässlich, gut, Bonn

Clauß, G. (1995): Psychologie Fachlexikon abc, Frankfurt am Main

Hilsing, S. (2009) online: Über Gewicht und Wichtigkeit, http://www.silkehilsing.de/diplomblog/?p=68, abgerufen am: 03.01.2015

Gebauer, J./Hoffmann, E./Westermann, U. (2009): Anforderungen an die Nachhaltigkeitsberichterstattung: Kriterien und Bewertungsmethode im IÖw/future-Ranking, Berlin/Münster

Global Reporting Initiative (2013) (a): G4 Leitlinien zur Nachhaltigkeitsberichterstattung - Umsetzungsanleitung, Amsterdam

Global Reporting Initiative (2013) (b): G4 Leitlinien zur Nachhaltigkeitsberichterstattung - Berichterstattungsgrundsätze und Standardangaben, Amsterdam

Global Reporting Initiative (2002): Sustainability Reporting Guidelines 2002 - Deutsche Übersetzung, Amsterdam

Global Reporting Initiative (2011): G3.0 Leitfaden zur Nachhaltigkeitsberichterstattung, Amsterdam

Global Reporting Initiative (2015): Deutsche Seite der GRI, https://www.globalreporting.org/languages/german/Pages/default.aspx, abgerufen am: 03.01.2015

KPMG (2013): Audit Committee News, Ausgabe 43, Zürich

PwC (2014): Neuer Leitfaden zur Nachhaltigkeitsberichterstattung rückt das Wesentliche in den Mittelpunkt, http://www.pwc.de/de/nachhaltigkeit/neuer-leitfaden-zur-nachhaltigkeitsberichterstattung-rueckt-das-wesentliche-in-den-mittelpunkt.jhtml, abgerufen am: 29.12.2014

Sponsel, R. (2001) online: Allgemeine Theorie und Praxis des Vergleichens und der Vergleichbarkeit, http://www.sgipt.org/wisms/verglbk0.htm, abgerufen am: 03.01.2015

Springer Gabler Verlag: Stichwort: Betriebsvergleich, http://wirtschaftslexikon.gabler.de/Archiv/1605/betriebsvergleich-v9.html, abgerufen am: 03.01.2015

Nachhaltigkeitsberichte:

adidas AG (2014): Sustainability Progress Report 2013

Air Canada (2014): Citizens of the World - Corporate Sustainability Report 2013

BASF SE (2014): BASF Bericht 2013

Bayer AG (2014): Geschäftsbericht 2013

Beiersdorf AG (2014): Nachhaltigkeitsbericht 2013

BMW AG (2014): Sustainable Value Report 2013

Coca-Cola GmbH (2014): Nachhaltigkeitsbericht 2013

Commerzbank AG (2014): Bericht zur unternehmerischen Verantwortung 2013

Continental AG (2014): GRI-Bericht 2013

Daimler AG (2014): Nachhaltigkeitsbericht 2013

Deutsche Bank AG (2014): Unternehmerische Verantwortung Bericht 2013

Deutsche Börse AG (2014): Unternehmensbericht 2013

Deutsche Lufthansa AG (2014): Balance Ausgabe 2014

Deutsche Post AG (2014): Unternehmensverantwortung 2013

Deutsche Telekom AG (2014): Corporate Responsibility Bericht 2013

E.ON SE (2014): E.ON Nachhaltigkeitsbericht 2013

E-Plus GmbH & Co. KG (2014): Verantwortung Verbindet - Bericht der E-Plus Gruppe 2013

Frauenhofer-Institutszentrum Stuttgart IZS (2014): Nachhaltigkeitsbericht 2012/13

GIZ GmbH (2014): „Nachhaltigkeit Leben", Nachhaltigkeitsbericht 2013

Heidelberg Cement AG (2013): Fundamente Nachhaltigkeitsbericht 2011/2012

Helvetia Schweiz AG (2013): Corporate Responsibility Bericht 2012

Henkel AG & Co. KGaA (2014): Nachhaltigkeitsbericht 2013

Infineon Technologies AG (2014): Geschäftsbericht 2013

K+S AG (2014): Unternehmens- und Nachhaltigkeitsbericht 2013

KiK Textilien und Non-Food GmbH (2014): Nachhaltigkeitsbericht 2013

Lanxess AG (2014): Geschäftsbericht 2013

Linde AG (2014): Corporate Responsibility Bericht 2013

Merck KGaA (2013): Corporate Responsibility Bericht 2012

Münchener Rückversicherungs-Gesellschaft AG (2014): Corporate Responsibility Bericht 2013/2014

Nestlé Deutschland AG (2014): Fortschrittsbericht 2013 - Gemeinsame Wertschöpfung durch Qualität

RWE AG (2014): Unsere Verantwortung Bericht 2013

SAP SE (2014): Geschäftsbericht 2013

Siemens AG (2014): Jahresbericht 2014

SPAR Österreich-Gruppe (2014): Nachhaltigkeitsbericht 2013

Takkt AG (2014): Nachhaltigkeitsbericht 2014

ThyssenKrupp AG (2014): Geschäftsbericht 2013_2014

T-Mobile Austria (2014): Gut Verbunden - Nachhaltigkeitsbericht 2013

Volkswagen AG (2014): Nachhaltigkeitsbericht 2013